Meid | Barock-Themen

Volker Meid

Barock-Themen

Eine Einführung in die deutsche Literatur des 17. Jahrhunderts

Reclam

RECLAMS UNIVERSAL-BIBLIOTHEK Nr. 17687

Gestaltung: Cornelia Feyll, Friedrich Forssman
Gesamtherstellung: Reclam, Ditzingen. Printed in Germany 2015

ISBN 978-3-15-017687-0

Auch als E-Book erhältlich

www.reclam.de

Inhalt

I. Epoche 9

Geschichte 9
Deutsche Literatur im europäischen Kontext und die Literaturreform 18
Nachahmung und Originalität 24
Literatur und Gesellschaft 28
Barock, Barockbegriff, Rezeption 33

II. Staat und Politik 38

Absolutismus 40
Recht auf Widerstand oder »heilig Recht« der Könige? 44
»Wer sich nicht anstelln kan / der taug zum herrschen nicht« 48
›Politische‹ Gesellschaftslehre als pädagogisches Projekt 54
Staatsräson 59

III. Religion, Konfession 65

Konfessionalisierung: Kirche, Staat und Politik 65
Konfession und Literatur 67
Geistliche Dichtung 75
Formen und Themen geistlicher Lyrik 76
Drama und Konfession: Protestantisches Schultheater, Jesuitendrama 86

IV. Krieg und Frieden 93

Meinungskampf 95
Krieg, »ein erschreckliches und grausames Monstrum« 103
Klage und Trost 113
Frieden 118

V. Gesellschaft 123

Die ständische Ordnung 123
Adel, Hof 124
Städte, Bürgertum 129
Bauern 134
Gesellschaftliches Versagen: Hexenwahn 140

VI. Neue Horizonte, Reisen 149

»Von Nutzbarkeit der frembden Reysen« 149
Kommerzielle und literarische Weiterverwertung 153
Dichter reisen 156
Satirische Reisen 164

VII. Bildung, Wissen, Wissenschaft 171

Schulwesen 174
Universitäten 179
Themen 184
Neostoizismus 184
Affektenlehre (und Literatur) 188
Rhetorik und Poetik 190
Rhetorik und Wissensorganisation 194

VIII. Natur, Sprache, Bildlichkeit 199

Natur 199
Sprache, Natursprache 201
Dichterische Sprachmanipulation 205
Sinnbildliche Natur, Emblematik 213
›Barocker‹ Bildstil 224

IX. Literarische Öffentlichkeit 232

Buchmarkt 232
Publizistik 238
Autorenbiographien 243
Zensur 253

Literaturhinweise 258

I. Epoche

Geschichte

Diese Einführung behandelt die Periode von den ersten literarischen Reformbestrebungen um 1600 bis zum Durchbruch des aufklärerischen Denkens in den ersten Jahrzehnten des 18. Jahrhunderts. Es ist eine Epoche der konfessionellen Antagonismen, tiefgreifender politischer Veränderungen, verheerender Kriege und ökonomischer Krisen, eine Zeit der durch Seuchen, Katastrophen und Hexenwahn ausgelösten bzw. gesteigerten existentiellen Angst und der Erwartung der Endzeit, geprägt durch die Spannung zwischen den religiösen Vanitasvorstellungen und der Bewährung in der realen Welt, zwischen überlieferter christlicher Weltauffassung und modernen, von Humanismus und Renaissance zur Aufklärung tradierten Denkformen und neuen naturwissenschaftlichen Ansätzen.

Den äußeren Rahmen bildet dabei ein kaum definierbares politisches und verfassungsrechtliches System, das Heilige Römische Reich Deutscher Nation, das der Staatsrechtler Samuel Pufendorf 1667 in einem häufig zitierten Wort als »einen irregulären und einem Monstrum ähnlichen Körper« bezeichnete.[1] Dieses »Mittelding« zwischen beschränkter Monarchie und Staatenföderation war ein historisch gewachsenes Gebilde aus einigen hundert weltlichen und geistlichen Territorien, dessen Verfassung letztlich noch auf dem mittelalterlichen Lehnswesen beruhte, während sich in einzelnen Territorien schon Tendenzen zu modernen staatlichen Organisationsformen bemerkbar machten.

Der Prozess der Schwächung der kaiserlichen Zentralgewalt

1 Samuel Pufendorf, *Die Verfassung des deutschen Reiches*, Übers., Anm. und Nachw. von Horst Denzer, Stuttgart 1976, S. 106, 107.

hatte bereits im Mittelalter eingesetzt. Er erhielt eine neue Dynamik durch die Erfolge der reformatorischen Bewegungen, die im Augsburger Religionsfrieden von 1555 bestätigt wurden und eine weitere Stärkung der Reichsstände und damit vor allem der Territorialfürsten bedeuteten. Der Religionsfrieden gewährte den Landesherren Religionsfreiheit und das *ius reformandi*, d.h. das Recht, in ihren Ländern allein über Religionsangelegenheiten zu entscheiden. Zugleich nutzten die größeren Territorien die Möglichkeit, sich selbständig weiterzuentwickeln und ihre politischen Spielräume zu erweitern.

Das vorläufige Ende der Kämpfe der Reformationszeit konnte die Konfessionalisierung der Politik der folgenden Jahrzehnte nicht verhindern. Zahlreiche Streitpunkte blieben ungelöst. Das galt nicht zuletzt im Hinblick auf das *ius reformandi*, das etwa bei Reichsstädten mit einer konfessionell gemischten Bevölkerung Konflikte innerhalb der Stadt und mit der sie umgebenden Territorialherrschaft geradezu herausforderte. Außerdem ergab sich künftiger Konfliktstoff auch daraus, dass die Zwinglianer, Calvinisten und Täufer vom Frieden ausgeschlossen blieben und ohnehin keine der Parteien bereit war, die andere in ihrem Besitzstand endgültig anzuerkennen. Luthertum und Calvinismus betrieben ihre weitere Expansion, wobei sich gerade die calvinistischen Territorien in der Folgezeit als Alternative zum Machtanspruch des Hauses Habsburg in Position brachten. Die katholische Kirche wiederum organisierte auf der Grundlage der 1564 vom Papst bestätigten Beschlüsse des Konzils von Trient die Politik der Rückgewinnung des verlorenen Bodens (›Gegenreformation‹ bzw. ›katholische Reform‹). Politik und Religion, politische bzw. dynastische und konfessionelle Interessen waren in diesem Prozess – auch über die Grenzen des Reichs hinaus – untrennbar miteinander verbunden.

Die durch den jeweiligen Ausschließlichkeitsanspruch der

Konfessionen verschärften religiösen Auseinandersetzungen erreichten zu Anfang des 17. Jahrhunderts einen neuen Höhepunkt. Nach der Besetzung der mehrheitlich protestantischen Reichsstadt Donauwörth durch Truppen des bayerischen Herzogs Maximilian kam es zu einer formellen Blockbildung: 1608 schlossen sich lutherische und calvinistische Territorien und Reichsstädte zu einem Militärbündnis (›Union‹) zusammen, die katholische Seite reagierte 1609 mit der Gründung der ›Heiligen Liga‹, die ebenfalls ein Heer aufstellte. Die führende Rolle in der protestantischen Union übernahm die Kurpfalz, das erste Territorium des Reiches, in dem der Calvinismus eingeführt worden war (Heidelberger Katechismus 1563) und das enge Beziehungen zu den Protestanten in den Niederlanden, England, Frankreich und Böhmen unterhielt. Treibende Kraft in der katholischen Liga, der fast alle katholischen Reichsstände beitraten, war Bayern. Österreich beteiligte sich nicht an dem Bündnis, da es mit inneren konfessionellen Konflikten zu kämpfen hatte und in den Erblanden, aber auch in Böhmen und Schlesien den protestantischen Ständen mit Zugeständnissen entgegenkommen musste.

Zwar konnte eine militärische Auseinandersetzung zunächst vermieden werden – man schloss 1610 einen Vergleich –, doch mit dem Aufstand des protestantischen böhmischen Adels gegen die katholische habsburgische Landesherrschaft (›Prager Fenstersturz‹ 1618), dem Herrschaftsantritt Kaiser Ferdinands II. 1619 und der Wahl des calvinistischen Kurfürsten Friedrich V. von der Pfalz zum böhmischen König im selben Jahr eskalierten die Konflikte zum ›großen teutschen Krieg‹, einem verheerenden deutschen und europäischen Krieg, in dem konfessionelle und machtpolitische Gesichtspunkte einander bedingten.

Als europäischer Konflikt gehört der Dreißigjährige Krieg zusammen mit den weiteren kriegerischen Auseinandersetzungen des 17. und frühen 18. Jahrhunderts in den Kontext der Kämpfe um die Vorherrschaft in Europa, wobei auch konfessionelle Gesichtspunkte je nach Konstellation machtpolitischen Interessen weichen mussten. Es war letztlich ein Kampf zwischen Habsburg und Bourbon, in dem die französische Seite zunächst in der Defensive stand, bedroht durch die Einkreisungspolitik der habsburgischen Mächte Österreich und Spanien, die sich von den Pyrenäen über das vorderösterreichische Elsass und die besetzte Pfalz bis zu den Spanischen Niederlanden Frankreich entgegenstellten. Es gelang jedoch der französischen Politik, zusammen mit den Schweden, durch die Unterstützung der protestantischen deutschen Territorien die Umklammerung zu durchbrechen. Mit dem Frieden von Münster und Osnabrück 1648 und der Schwächung Spaniens im Pyrenäenfrieden von 1659 hatte sich Frankreich als führende europäische Macht etabliert. Ludwig XIV. nutzte in den folgenden Jahrzehnten den neugewonnenen und durch das Wiederaufleben der Türkenkriege – Belagerung Wiens 1683 – noch vergrößerten Spielraum für eine aggressive Expansionspolitik, wieder mit verheerenden Folgen für das Reich.

Im Rahmen des Deutschen Reichs war der Dreißigjährige Krieg ein Kampf um die Vorherrschaft zwischen Kaiser und Reichsständen, der aus den Unklarheiten der verfassungsrechtlichen Situation resultierte. Während es den Ständen darum ging, ihre seit dem Mittelalter erworbenen Rechte weiter auszubauen, versuchte Kaiser Ferdinand II. die zentrifugalen Tendenzen mit aller Macht aufzuhalten bzw. rückgängig zu machen. Nach anfänglichen Erfolgen scheiterte diese Politik am Widerstand der Stände und dem Eingreifen Schwedens in den Krieg. Die Bestimmungen des Westfälischen Friedens brachten dann die Auseinandersetzungen, soweit sie die Struktur des Reichs betrafen, zum Abschluss. Sie bedeuteten zugleich das Ende der absolutistischen Bestrebungen auf Reichsebene.

Der Friedensvertrag bestätigte die Rechte der Stände, ohne die in Reichssachen künftig kaum etwas geschehen konnte. Sie selbst erhielten jedoch Bündnisfreiheit. Damit war der Kampf zwischen Kaiser und Reichsständen zugunsten der Stände entschieden. Von einer Geschichte des Reichs lässt sich von nun an nur noch mit Einschränkungen sprechen; an ihre Stelle tritt die Geschichte der großen Territorien. In diesem Rahmen stiegen dann Österreich und Brandenburg-Preußen im Verlauf der weiteren europäischen Kriege des 17. und frühen 18. Jahrhunderts zu europäischen Großmächten auf.

Der Dreißigjährige Krieg hinterließ ein verwüstetes Land. Allerdings betraf er die verschiedenen Landschaften in unterschiedlicher Härte und Dauer. Die befestigten Städte konnten sich in der Regel vor direkten Kriegseinwirkungen schützen – zu den Ausnahmen gehörte die vielbeklagte Eroberung und Zerstörung Magdeburgs durch die kaiserlichen Truppen 1631 –, während die Menschen auf dem Land den Plünderungen und dem ruinösen System der Selbstversorgung der Heere schutzlos ausgeliefert waren. Geregeltes Wirtschaften war vor allem in den letzten Jahren des Krieges kaum noch möglich.

Die Bevölkerung im Reich ging, so die groben Schätzungen, von etwa 15 bis 17 Millionen vor dem Krieg auf 10 bis 11 Millionen im Jahr 1648 zurück. Dabei waren die unmittelbaren Kriegsverluste – Gefallene in Schlachten, Opfer in der Zivilbevölkerung durch Übergriffe der Truppen – nicht der entscheidende Faktor. Es war vor allem die Pest, die die Bevölkerung dezimierte; allerdings verstärkten die Kriegsbedingungen ihre Auswirkungen entscheidend. Große Städte wie etwa Hamburg oder Straßburg, beide neutral, waren von Flüchtlingen aus dem Umland überfüllt und boten einen idealen Nährboden für Seuchen.

Es dauerte bis ins 18. Jahrhundert hinein, ehe die Bevölkerungsverluste ausgeglichen und der Stand der Vorkriegszeit wieder erreicht wurde. Auch die wirtschaftliche Erholung ging nur langsam vonstatten, behindert nicht nur durch immer wieder neue kriegerische Konflikte, sondern auch durch eine Agrarkrise und eine Depression in Handel und Gewerbe in den Jahrzehnten nach dem Krieg. Um die Einnahmen und damit die eigene Macht zu stärken, griffen die Territorien bzw. ihre Herrscher aktiv in das Wirtschaftsgeschehen ein. Ziel dieser als Merkantilismus bezeichneten Wirtschaftspolitik war die Anhäufung von Reichtum. Dabei kam es darauf an, eine aktive Handelsbilanz zu erzielen, d.h. die Einfuhren zu beschränken und zugleich Handel und exportgeeignete Wirtschaftszweige so zu entwickeln, dass möglichst viel Gold und Geld ins eigene Land flossen. Da aber das zersplitterte Deutsche Reich keine geschlossene Volkswirtschaft bildete, waren nur einige der größeren Territorien in der Lage, eine derartige Wirtschaftspolitik mit dem Ziel der wirtschaftlichen Absicherung der Macht zu verfolgen.

Diese wirtschaftspolitischen Ideen besaßen eine enge Affinität zur politischen Doktrin des Absolutismus, wie sie sich in Frankreich als Reaktion auf die verheerenden religiösen Bürgerkriege im 16. Jahrhundert herausgebildet hatte.[2] Der Weg aus der Anarchie, so die Überlegungen der Staatsrechtler zur Zeit Heinrichs III. und Heinrichs IV. von Frankreich, konnte nur über eine Stärkung der zentralen königlichen Gewalt und die Herausbildung eines von der Religion losgelösten staatlich-politischen Handlungsbereichs führen, um so die verschiedenen Religionsparteien der staatlichen Autorität zu unterwerfen. Ihre klassische Formulierung fanden diese Vorstellungen

2 Vgl. Reinhart Koselleck, *Kritik und Krise. Eine Studie zur Pathogenese der bürgerlichen Welt*, Frankfurt a. M. [2]1976, S. 13 f.

in den *Six livres de la république* (1577) von Jean Bodin mit der Lehre von der Souveränität des Staates bzw. des Monarchen, die er als »eine höchste, von Gesetzen ledige Gewalt über Bürger und Untertanen« definierte.[3] Grenzen werden allein vom göttlichen Recht und vom Naturrecht, vor allem dem auf Eigentum, gesetzt. Im übrigen gilt: »Wer sich gegen den König wendet, versündigt sich an Gott, dessen Abbild auf Erden der Fürst ist.«[4]

Eine Annäherung an dieses Programm stellte am ehesten die Entwicklung zur absoluten Monarchie in Frankreich dar. Hier gelang es im Verlauf des 17. Jahrhunderts, den Adel zunehmend zu entmachten und vom König abhängig zu machen. Durch Ludwig XIV. und seinen Herrschaftsstil, der glanzvolle Repräsentation der Macht mit Selbsterhöhung und Verklärung der eigenen Person verband, erhielt das französische Königtum schließlich die Form, die für das monarchische Europa vorbildlich werden sollte. Die Schlossanlage von Versailles, erbaut 1661–89, wurde zum Symbol für diesen Herrschaftsstil.

Die geschichtliche Wirklichkeit blieb weit hinter den Forderungen der Theoretiker der Souveränität und des fürstlichen Absolutismus zurück. Abgesehen davon, dass sich die absolute Monarchie nicht in allen europäischen Staaten durchsetzen konnte, sorgten jeweils besondere geschichtliche und gesellschaftliche Bedingungen für höchst unterschiedliche Erscheinungsformen absolutistischer Herrschaft. Das gilt nicht zuletzt für das Deutsche Reich; hier konnte nach dem Ende des Dreißigjährigen Kriegs Absolutismus nur noch Territorialabsolutismus bedeuten. Doch ungeachtet der jeweiligen verfassungsmäßigen Konstruktion gab es Gemeinsamkeiten in der

3 Jean Bodin, *Über den Staat*, Ausw., Übers. und Nachw. von Gottfried Niedhart, Stuttgart 1976 [u. ö.], S. 19.
4 Ebd., S. 39.

Entwicklung des frühmodernen Staates: Das grundsätzlich Neue im Unterschied zum Mittelalter bestand darin, dass der Staat immer mehr Aufgaben und Kompetenzen an sich zog und so, indem er als Konkurrent älterer Gewalten auftrat, die auf dem Lehnswesen beruhenden alten Organisationsformen der Herrschaft unterminierte.

Im Deutschen Reich waren es die Territorialfürsten, die angesichts der Schwäche der zentralen Reichsgewalt neue Befugnisse an sich zogen, in ihren Territorien eigene Verwaltungsstrukturen schufen und nach Möglichkeit die Rechte der Landstände einzuschränken suchten, d.h. Landtage wurden nicht mehr einberufen, eigenmächtig Steuern erhoben und alte Privilegien aufgehoben. Dieses Vorgehen richtete sich nicht nur gegen den Adel, sondern auch gegen die Städte, die die Landesherrn mehr oder weniger gewaltsam zu unterwerfen suchten.

Doch von einer völligen organisatorischen Durchdringung des Territoriums durch die planende und ordnende Kraft der neuen Staatlichkeit konnte keine Rede sein. Die Theorie des Absolutismus bzw. der fürstlichen Souveränität und seine Durchsetzung in der politischen Realität waren zwei verschiedene Dinge. Zum einen stießen die Tendenzen zur größeren Konzentration der Regierungs- und Verwaltungsaufgaben bei den betroffenen Ständen natürlich auf – zuweilen durchaus erfolgreichen – Widerstand. Zum anderen ließ sich bei der unübersichtlichen Struktur der größeren Territorien mit ihren zahlreichen halbautonomen geistlichen und weltlichen Gebilden mit Sonderrechten (Städte, kirchliche und adelige Herrschaften, Universitäten usw.) ein striktes zentralistisches oder absolutistisches Regiment letztlich nicht konsequent durchsetzen.

Gleichwohl führte die ständige Zunahme der öffentlichen Aufgaben und des mit ihrer Umsetzung beauftragten Beamtenapparats zu einer wachsenden Einflussnahme der staatlichen wie der städtischen Organe auf die verschiedensten gesellschaftlichen Bereiche. Recht und Erziehungswesen, öffentliche Wohlfahrt und Sicherheit, Wirtschaft und Kirchenwesen wurden in einer Fülle von Verordnungen reguliert. Kaum ein Aspekt des menschlichen Lebens blieb von dieser obrigkeitlichen Planung und Fürsorge ausgenommen, der die Kirchen dann noch die höheren Weihen verliehen. Der Erziehungs- und Regulierungsanspruch des staatlichen, städtischen oder kirchlichen Regiments, die Tendenz zur »Sozialdisziplinierung«[5] der Untertanen kannte, jedenfalls in der Theorie, keine Grenzen.

Doch das Bild einer wohlgeordneten ständischen Gesellschaft, wie es die Verordnungsdichte suggeriert, trügt. Neben den zerstörerischen Einflüssen von außen in diesem Jahrhundert der Kriege bedrohten zahlreiche innere Konflikte die scheinbare bzw. erzwungene gesellschaftliche Harmonie (Kap. V). Wiederholt kam es auf dem Land zu Bauernaufständen, in den Städten erschütterten konfessionelle Auseinandersetzungen, soziale Unruhen als Folge wirtschaftlicher Krisenerscheinungen und Verfassungsstreitigkeiten den Frieden. Das Eskalationspotential derartiger innerstädtischer Konflikte zeigen die Auseinandersetzungen der Jahre 1612–14 in Frankfurt a. M., die in ein Judenpogrom mündeten. Während aber die Gewalt gegen Juden insgesamt nachließ, intensivierte sich die Verfolgung von sogenannten Hexen seit dem letzten Drittel des 16. Jahrhunderts und nahm in der Zeit von 1580 bis 1630 epidemischen Charakter an.

5 Gerhard Oestreich, »Strukturprobleme des europäischen Absolutismus«, in: G. Oe., *Geist und Gestalt des frühmodernen Staates*, Berlin 1969, S. 190 ff.

Deutsche Literatur im europäischen Kontext und die Literaturreform

Politisch und literarisch war Deutschland in der Frühen Neuzeit eine ›verspätete Nation‹, politisch im Hinblick auf den Prozess, der in anderen Ländern zur Herausbildung moderner Nationalstaaten führte, literarisch im Vergleich zu den volkssprachlichen Renaissanceliteraturen Süd- und Westeuropas. Anfang des 17. Jahrhunderts wurde die kulturelle und literarische Diskrepanz zum Problem: Der Dichtung der italienischen Renaissance, der französischen Pléiade, des spanischen und niederländischen ›Goldenen Zeitalters‹ oder der Elisabethanischen Ära hatte man in der eigenen Sprache nichts entgegenzusetzen. Die Erkenntnis der Defizite der deutschen Sprache und Dichtung löste schließlich, nicht ohne patriotische Emphase, zuerst vereinzelte, dann systematische Reformbestrebungen aus, die auch von den deutschen Sprachgesellschaften mit ihren Programmen der Tugend- und Sprachpflege aufgenommen und vorangetrieben wurden.

Man war sich in den engagierten späthumanistischen Zirkeln im Klaren, dass der Anschluss an das internationale Niveau nur gewonnen werden konnte, wenn man dem Beispiel der Italiener, Franzosen oder Niederländer folgte und wie diese die Dichtung in der eigenen Sprache auf humanistischer Basis reformierte. Es ging um die Aneignung des Formen-, Bilder- und Stilrepertoires der Dichtung der Antike und vor allem der Renaissance, um sprachliche und grundlegende metrische Reformen.

Voraussetzung der so verstandenen Nachahmung war neben der Beherrschung der rhetorischen und poetologischen Grundlagen Literaturkenntnis. Diese wurde, soweit es die klassischen antiken Schulautoren betraf, durch die Lateinschule und die Artistenfakultät der Universitäten vermittelt, einschließlich der Fähigkeit, auf dieser Materialbasis eigene lateinische Texte zu formulieren. Für ein Publikum ohne ausreichenden Bildungshintergrund lagen zahlreiche Übersetzungen vor, die allerdings bis zur Literaturreform – von Versuchen im Frühhumanismus des 15. Jahrhunderts abgesehen – in einer gleichsam ›vorhumanistischen‹ Sprache gehalten waren: Versionen der Epen Homers und Vergils in Knittelversen ließen sich kaum für eine sprachliche und verstechnische Weiterentwicklung in Anspruch nehmen.

Wünschenswert waren nun Übersetzungen, die über die Stoffvermittlung hinaus sich auch um die Wiedergabe des Formen- und Themenspektrums der Dichtung der Antike und der Renaissance bemühten. Die frühen Übertragungen und Nachdichtungen von Martin Opitz, Georg Rodolf Weckherlin, Diederich von dem Werder und anderen brachten – zusammen mit ihren eigenen Versuchen – die ersten Nachweise, dass in deutscher Sprache dichterische Leistungen auf der Höhe der europäischen Renaissancedichtung grundsätzlich möglich waren. Später, in der zweiten Jahrhunderthälfte, traten dann Beispiele manieristischer lyrischer Dichtung aus Italien und Spanien als Vorbilder hinzu. Insgesamt wurden so neben den literarischen Gattungen und Formen der Renaissance- und Barockdichtung auch ihre wichtigsten Themenbereiche in die deutsche Literatur eingeführt.

Obwohl Opitz weder der einzige noch der erste deutsche humanistische Literat war, der den Anschluss an die europäische Renaissanceliteratur suchte, verbindet die Literaturgeschichtsschreibung nicht zu Unrecht die Reform der deutschen Dichtung im 17. Jahrhundert mit seinem Namen. Zwar wäre Weckherlin von der dichterischen Leistung her gesehen am ehesten in der Lage gewesen, Opitz den Rang streitig zu machen, doch verlor er durch die Übersiedlung nach England 1619 seine Einflussmöglichkeiten. Opitz hingegen sorgte mit gro-

Martin Opitz, Kupferstich von Jacob von Heyden, 1631. Nach einer Zeichnung Heydens, die im Herbst 1630 bei einem Aufenthalt von Opitz in Straßburg entstand. Inschrift: »Bild des Martin Opitz, des berühmten Mannes [v. c.: viri clarissimi], nach dem Leben wiedergegeben.«

ßem Organisations- und Kommunikationstalent und zahlreichen Publikationen zielstrebig für die Verbreitung seiner Vorstellungen unter den akademischen Eliten der protestantischen Territorien, die sie wiederum für ihr eigenes Werk fruchtbar machten und in der Lehre weitergaben.

Opitz' *Buch von der Deutschen Poeterey* (1624) war die erste Poetik in deutscher Sprache. Außer den auf die deutsche Sprache und Verskunst bezogenen Partien enthielt das kleine Buch nichts, was nicht schon in den vorausgehenden Poetiken der Renaissance zu finden gewesen wäre. Entscheidend für die deutsche Entwicklung wurde der Abschnitt, der »Von den reimen / jhren wörtern vnd arten der getichte« handelt und die wesentlichen dichtungstechnischen Aspekte der Reform erläutert.[6]

Darin verpflichtete Opitz die deutsche Poesie auf alternierende Verse (Jamben und Trochäen) und formulierte im Unterschied zum quantitierenden Verfahren der antiken Metrik nach niederländischem Vorbild ein Betonungsgesetz. Es setzte sich gegen das freiere, silbenzählende französische Versifikationsprinzip durch, mit dem seit dem 16. Jahrhundert bis hin zu Weckherlin experimentiert worden war. Die Opitzschen Regeln hatten den wohl entscheidenden Vorteil der Simplizität, die der Ausbildung und Einübung einer neuen deutschen Verssprache durchaus förderlich war. Die Beschränkung auf alternierende Verse hatte allerdings nicht lange Bestand; experimentierfreudige Poetiker und Dichter durchbrachen seit den vierziger Jahren die engen metrischen Vorschriften, führten daktylische und anapästische Verse ein und versuchten sich in frei erfundenen Mischformen und Nachahmungen antiker Odenstrophen. Grundsätzlich jedoch blieb das von Opitz be-

6 Martin Opitz, *Buch von der Deutschen Poeterey (1624)*, Studienausg., hrsg. von Herbert Jaumann, Stuttgart 2005, S. 46 ff.

gründete metrische System bis zur Mitte des 18. Jahrhunderts unbestritten.

Dafür traten seit der Mitte des 17. Jahrhunderts – die metrische Diskussion war im Wesentlichen abgeschlossen – andere Aspekte in den Vordergrund der poetologischen Überlegungen, die bisher nicht oder nur am Rande behandelt worden waren und die manieristischen Strömungen der zweiten Jahrhunderthälfte begleiteten. Es ging nicht zuletzt um die Bildlichkeit und um die Klangmöglichkeiten der Sprache, um ihre ästhetischen Qualitäten, aber auch um die den Lauten und Klängen innewohnende tiefere Bedeutung (Kap. VIII).

Maßstäbe setzten die Alten und die Dichter der europäischen Renaissance, nicht die deutsche Dichtung der unmittelbaren Vergangenheit mit ihren Meistergesangsgesetzen und holprigen Knittelversen, die mit Nichtachtung oder – wenn sie überhaupt ins Blickfeld kam – mit Verachtung gestraft wurde. Dass außerhalb der humanistischen Bildungsschicht ältere Dichtungstraditionen weiterlebten, blieb für sie ohne Bedeutung. Die neue Dichtung, verstanden als humanistisch fundierte Unternehmung, war wie die neulateinische Literatur der deutschen Humanisten weiterhin Reservat einer elitären Schicht, wenn auch jetzt in der Volkssprache. Das Deutsche trat an die Stelle des Lateinischen, doch das gelehrte Arsenal der Dichtersprache und die poetologischen Voraussetzungen blieben die gleichen. Damit gehört die neulateinische Literaturtradition ebenso wie die volkssprachlichen Literaturen der Renaissance zu den Voraussetzungen der neuen deutschsprachigen Kunstdichtung des 17. Jahrhunderts.[7]

Trotz der von Literaturreformern verbreiteten kulturpatriotischen Aufbruchstimmung, die der Dichtung in deutscher

7 Vgl. Karl Otto Conrady, *Lateinische Dichtungstradition und deutsche Lyrik des 17. Jahrhunderts*, Bonn 1962.

Sprache eine besondere Dynamik verlieh, nahm die neulateinische Literatur auch im 17. Jahrhundert noch einen breiten Raum ein. Für den katholischen Bereich gilt das ohnehin, da man sich hier dem Reformprogramm aus politischen und konfessionellen Gründen in der Regel nicht anschloss. Man hielt vielmehr am Vorrang des Lateinischen für den Diskurs unter den Gebildeten fest; zugleich führte man im Einklang mit der missionarischen Zielsetzung die Tradition einer nichtelitären Literatur für alle in der Volkssprache fort. Die lateinische Produktion der katholischen Seite umfasste neben der im engeren Sinn gelehrten Literatur einflussreiche Poetiken und Rhetoriken, das umfangreiche dramatische Schaffen der Jesuiten und Benediktiner, erzählende Prosa und eine bedeutende, im Werk Jacob Baldes, des ›deutschen Horaz‹, gipfelnde lyrische Dichtung.

Die Wirkung der katholischen neulateinischen Literatur ging über die konfessionellen Grenzen hinaus. Das gilt u.a. für die Poetiken und Rhetoriken, für das Jesuitendrama und nicht zuletzt für die Lyrik und die Satiren Jacob Baldes, die protestantische Dichter wie Andreas Gryphius oder Sigmund von Birken zu deutschen Bearbeitungen anregten. Aber trotz der grundsätzlichen Entscheidung für eine neue Kunstdichtung in deutscher Sprache brachen auch die protestantischen Gelehrtendichter keineswegs mit der neulateinischen Tradition. Sie schrieben und dichteten auch weiterhin in lateinischer Sprache; viele von ihnen hinterließen neben ihren deutschen Dichtungen ein zum Teil umfangreiches lateinisches Werk. Allerdings verlor das Lateinische im Verlauf des 17. Jahrhunderts insgesamt allmählich an Bedeutung.

Nachahmung und Originalität

Seit der Aristotelesrezeption in der Renaissance gehört der Begriff der Mimesis bzw. latinisiert *imitatio* zu den zentralen Kategorien der frühneuzeitlichen Poetik. Dabei geht allerdings die Vorstellung von der Nachahmung der Natur über die Darstellung des Empirisch-Faktischen hinaus. Denn Aufgabe des Dichters sei nicht, heißt es bei Aristoteles, »zu berichten, was geschehen ist, sondern vielmehr, was geschehen könnte und was möglich wäre nach Angemessenheit oder Notwendigkeit«.[8] Dichtung gewinnt so durch die Darstellung des Allgemeinen und Exemplarischen Erkenntnischarakter. Zusammen mit den Ergänzungen in der *Ars poetica* des Horaz liegen diese Vorstellungen auch der normativen Barockpoetik zugrunde, allerdings in einer eher noch restriktiveren oder auch trivialen Form. Der Blick auf die nachzuahmenden Gegenstände und Handlungen wird durch religiöse, gesellschaftliche und poetologische Normen verstellt, und dem Dichter stehen nur Ausschnitte aus der geschichtlichen Wirklichkeit zur Verfügung. Dichtung zielt nicht auf die Schilderung der ›Wirklichkeit‹, sondern auf die »Darstellung einer ständisch geordneten, heilsgeschichtlich determinierten und ethisch idealisierten Welt«.[9] Idealisierung und Naturnachahmung sind kein Widerspruch. In diesem Sinn gilt der Aristoteles nachempfundene Satz, dass »die gantze Poeterey im nachäffen der Natur bestehe / vnd die dinge nicht so sehr beschreibe wie sie sein / als wie sie etwan sein köndten oder solten«.[10]

In der dichterischen Praxis des 17. Jahrhunderts hat der Be-

8 Aristoteles, *Poetik*, Übers., Einl. und Anm. von Olof Gigon, Stuttgart 1961 [u. ö.], S. 36.

9 Joachim Dyck, *Ticht-Kunst. Deutsche Barockpoetik und rhetorische Tradition*, Bad Homburg 1966, 3., erg. Aufl., Tübingen 1991, S. 112.

10 Opitz (Anm. 6), S. 19.

griff der Nachahmung noch eine andere, folgenreiche Dimension: *imitatio* nicht als Nachahmung der ›Natur‹, sondern von literarischen Vorbildern und Mustern. In dieser Bedeutung ist Nachahmung ein Grundbegriff der humanistischen Renaissance- und Barockpoetik. Das Denkmuster geht auf die Antike zurück, die römische Nachahmung der griechischen Muster. Nun, in der Renaissance, erhält die gesamte Antike eine entsprechende Vorbildfunktion: »Lies also vor allen Dingen, und lies immer wieder (o zukünftiger Dichter) die griechischen und lateinischen Vorbilder, und blättere mit Nacht- und Tageshand in ihren Büchern«, heißt es in der Programmschrift der französischen Pléiade, Joachim Du Bellays *Deffence et Illustration de la Langue Françoyse* (1549) im Anschluss an Horaz.[11]

Die Übertragung des Prinzips der *imitatio* auf die volkssprachlichen Literaturen war die Bedingung für ihre Erneuerung im Geist der Renaissance und zugleich die Legitimation, mit den antiken Literaturen zu wetteifern. Den entscheidenden Schritt auf dem Weg zur Ebenbürtigkeit der volkssprachlichen Dichtung vollzog der Italiener Pietro Bembo mit seinem nationalhumanistischen Programm: Er erhob Petrarca zum klassischen Muster der italienischen Versdichtung (für die Prosa war es Boccaccio) und übertrug das Prinzip der *imitatio* auf die Volkssprache. Damit erhielt das Italienische den Rang einer klassischen Literatursprache, ein Vorgang, der für die anderen europäischen Sprachen große Bedeutung erhalten sollte.

11 Zit. nach: *Französische Poetiken*, Tl. 1: *Texte zur Dichtungstheorie vom 16. bis zum Beginn des 19. Jahrhunderts*, hrsg. von Frank Rutger Hausmann [u. a.], Stuttgart 1975, S. 64. – Vgl. Horaz, *Ars Poetica*, v. 268 f.: »vos exemplaria Graeca | nocturna versate manu, versate diurna« (»Rollt nur die griechischen Muster auf mit fleißiger Hand bei Nacht und bei Tage!«), zit. nach: Horaz, *Ars Poetica. Die Dichtkunst*, Lat./Dt., übers. und hrsg. von Eckart Schäfer, Stuttgart 1972, S. 20/21.

Das italienische Vorbild wirkte vor allem durch das Werk Petrarcas, des ersten neuzeitlichen ›Klassikers‹, dessen volkssprachliche Lyrik seines *Rerum vulgarium fragmenta* genannten *Canzoniere* (entstanden zwischen 1336 und 1374) die europäische Liebesdichtung auf Jahrhunderte hinaus prägte. Der Grundton der Liebeslyrik des *Canzoniere* ist der der Klage, der Resignation und der Melancholie, Folge der Hoffnungslosigkeit der Liebe und einer zutiefst gespaltenen Haltung des Liebenden zwischen sinnlichem Begehren und distanzierter Verehrung, Verfallenheit und Sehnsucht nach Befreiung, Leidenschaft und Sündenbewusstsein. Der Liebesklage steht der Preis der ohne Hoffnung geliebten Frau und ihrer unvergleichlichen Schönheiten und Tugenden gegenüber. Im Verlauf der Rezeptionsgeschichte (Petrarkismus) ging das Individuelle von Petrarcas Darstellung der ›bittersüßen‹ Liebe mit ihren psychologischen Schattierungen verloren. Erhalten blieben, zu Stereotypen erstarrt, die erotische Grundkonstellation, die zentralen Themen und Motive und v. a. die virtuosen sprachlich-rhetorischen Mittel.[12]

Auch durch die Wahl der Gattungsformen wirkte Petrarca traditionsbildend. Die überwiegende Mehrzahl der 366 Gedichte des *Canzoniere* sind Sonette (317) und Kanzonen (29); die anderen Formen – Ballade, Sestine, Madrigal – spielen nur eine untergeordnete Rolle. Das Sonett erhielt durch Petrarca

12 Zum Petrarkismus vgl. u. a. Leonard Forster, *The Icy Fire. Five Studies in European Petrarchism*, Cambridge 1969. Vermehrte dt. Ausg. u. d. T.: *Das eiskalte Feuer. Sechs Studien zum europäischen Petrarkismus*, Kronberg i. T. 1976; Gerhart Hoffmeister, *Petrarkistische Lyrik*, Stuttgart 1976; *Übersetzung und Nachahmung im europäischen Petrarkismus. Studien und Texte*, hrsg. von Luzius Keller, Stuttgart 1974; *Francesco Petrarca in Deutschland. Seine Wirkung in Literatur, Kunst und Musik*, hrsg. von Achim Aurnhammer, Tübingen 2006.

seine klassische Form und blieb die vorherrschende Gedichtform der europäischen Renaissancelyrik. Dabei besteht ein Zusammenhang zwischen der Sonettform und den Antinomien der Liebesthematik: Die Konstellation der Figuren – der schwankende, hin und her gerissene Dichter-Liebhaber und die unnahbare Geliebte – wie die Unauflöslichkeit des Konflikts fordern eine antithetische Gestaltung geradezu heraus, für die die dialektische Form des Sonetts besonders geeignet erscheint.

Wie sich die Bildersprache Petrarcas mit ihren Antithesen von Feuer und Eis, Hitze und Kälte, Krieg und Frieden, Leben und Tod im Petrarkismus verfestigte, so erhielt das Bild der Frau fest umrissene Züge: Ihre einzelnen ›Schönheiten‹ – Goldhaar, Korallenlippen, die Hand von Elfenbein usw. – werden katalogisiert und in ihrer Kostbarkeit und Unvergleichbarkeit durch eine entsprechende Preziosenmetaphorik und mythologische Anspielungen hervorgehoben und zusammen oder einzeln zum Gegenstand von Gedichten. Darüber hinaus gehören zum petrarkistischen Repertoire die dichterische Vergegenwärtigung von Orten und Objekten bis hin zur Haarnadel, die mit der geliebten Frau verbunden sind.

Im Unterschied zu Italien konnte man in den anderen europäischen Ländern nicht auf bereits klassisch gewordene Vorbilder in der eigenen Sprache zurückgreifen, jedenfalls nicht in einer ›modernen‹ Sprachform. In dieser Situation bot sich das petrarkistische Repertoire mit seinen Formen und Formeln an, die sich in die eigene, noch auszubildende Literatursprache übertragen ließen.[13] Zudem besaß die petrarkistische Liebessprache jenes Konventionelle und Nachahmbare, das sie zum idealen Medium gesellschaftlicher Unterhaltung und gesellschaftlichen Spiels geeignet machte, eines Spiels, das von An-

13 Forster, *Das eiskalte Feuer* (Anm. 12), S. 49–63.

fang an auch spielerisch-parodistische oder satirische Varianten einschloss (Antipetrarkismus).

Es ist kein Zufall, dass sich unter Opitz' Gedichten zahlreiche Übertragungen und Nachdichtungen befinden. Zweck ist nach dem Bruch mit der Vergangenheit die Einübung einer neuen Literatursprache. Denn mit den Sonetten nach Petrarca oder Ronsard bzw. mit Liedern und Alexandrinergedichten nach dem Vorbild der Niederländer werden nicht nur ›neue‹ Inhalte vorgestellt, sondern auch die sprachlichen, verstechnischen und poetischen Mittel ihrer Bewältigung im Deutschen, die es sich durch das Studium vorbildlicher Werke und ihre Nachahmung allmählich anzueignen gilt, um so das Ziel einer neuen »Poesie in vnserer Muttersprach«[14] zu erreichen. Dieses Verfahren basiert auf dem Gedanken, dass die *imitatio* von vorbildlichen Werken der Vergangenheit und Gegenwart zum Wettstreit mit den Vorbildern (*aemulatio*) und letztlich über die bloße Nachahmung hinaus zu etwas Neuem, Eigenem führt, »das zwar das Alte nicht verleugnet, aber doch den Wert einer künstlerischen Neuschöpfung hat«.[15] Moderne Plagiats- oder Originalitätsvorstellungen haben hier keinen Platz.

Literatur und Gesellschaft

Die gesellschaftliche Bindung der Dichtung des 17. Jahrhunderts zeigt sich am auffälligsten in der alltäglichen Praxis der Gelegenheitsdichtung, der Casualcarmina: »Es wird kein buch / keine hochzeit / kein begräbnüß ohn vns gemacht; vnd gleichsam als niemand köndte alleine sterben / gehen vnsere gedichte zuegleich mit jhnen vnter«, schreibt Opitz

14 Opitz (Anm. 6), S. 95. [Vorrede zu *Teutschen Poemata*, 1624.]
15 Conrady (Anm. 7), S. 48.

über die Zwänge der Auftrags- und Gesellschaftsdichtung.[16] Die vielfach von Poetikern und Satirikern geäußerte Kritik an dieser auf gesellschaftlichen Konventionen gegründeten Massenproduktion, häufig auch auf Bestellung und gegen Bezahlung, stellt allerdings nicht die Gelegenheitsdichtung selbst in Frage. Anspruchslose Vielschreiberei, nicht das Konzept einer im gesellschaftlichen Leben verankerten Dichtung schaden dem Ansehen der Poeten und ihren beruflichen Ambitionen, denn Dichtung im Barock *ist* weitgehend ›Gelegenheitsdichtung‹. Der später konstruierte Gegensatz von ›Gelegenheitsdichtung‹ und ›Erlebnisdichtung‹ ist dem 17. Jahrhundert fremd.

Aufträge und/oder Anlässe als Voraussetzung der Produktion, in der bildenden Kunst oder der Musik seit je selbstverständlich, sind nicht nur charakteristisch für die spezifischen Gelegenheitsgedichte zu Namenstagen, Hochzeiten, Begräbnissen und zahlreichen anderen familiären, gesellschaftlichen oder politischen Anlässen, sondern stehen ebenso hinter anderen Literaturgattungen. Das gilt z. B. für anlass- und zweckgebundene religiöse Dichtung, für das pädagogisch motivierte Schul- und Jesuitendrama, für höfische Festdichtung oder für lehrhafte Dichtungen aller Art, aber auch für von Verlegern in Auftrag gegebene unterhaltende, populärwissenschaftliche oder erbauliche Literatur. Hier wird zudem deutlich, dass die Spekulation auf den Markt, dass Publikumsinteressen oder -bedürfnisse eine wichtige Motivation der Produktion darstellten.

Eine institutionelle Bekräftigung des gesellschaftlichen

16 Opitz (Anm. 6), S. 18. – Grundlegend zu Produktion, Distribution und Poetik der Casualcarmina Wulf Segebrecht, *Das Gelegenheitsgedicht. Ein Beitrag zur Geschichte und Poetik der deutschen Lyrik*, Stuttgart 1977.

Grundcharakters der Literatur stellt die Gründung von Sprachgesellschaften und Akademien dar. Dabei folgten die deutschen Gesellschaften dem Beispiel der italienischen Akademien, die seit dem 15. Jahrhundert in den Städten entstanden waren und dem geselligen literarischen Verkehr und der Pflege der Sprache dienten. Bedeutendstes Resultat dieser Arbeit an der Sprache ist das Wörterbuch der 1582 in Florenz gegründeten Accademia della Crusca (*Vocabulario degli Accademii della Crusca*, 1612). Diese Akademie wurde zum unmittelbaren Vorbild für die Fruchtbringende Gesellschaft, die erste und bedeutendste deutsche Vereinigung dieser Art. Fürst Ludwig zu Anhalt-Köthen, der ihr bis zu seinem Tod 1650 vorstand, war 1600 auf seiner Kavalierstour in die Accademia della Crusca aufgenommen worden. Einer späteren Darstellung zufolge beschlossen Angehörige der Fürstenhäuser Sachsen-Weimar und Anhalt-Köthen die Gründung der Fruchtbringenden Gesellschaft 1617 nach einem fürstlichen Begräbnis in Weimar.

Sieht man von den adeligen Frauengesellschaften im Umkreis der Fruchtbringenden Gesellschaft ab, so war die 1633 gegründete Aufrichtige Tannengesellschaft um Jesaias Rompler von Löwenhalt in Straßburg die zweite deutsche Sprachgesellschaft. Sie stellte in gewisser Weise einen Gegenentwurf zur höfisch-adeligen Fruchtbringenden Gesellschaft dar und knüpfte an stadtbürgerliche Traditionen an. Weitere Gründungen folgten, u.a. die Deutschgesinnte Genossenschaft Philipp von Zesens (um 1643) und der Nürnberger Pegnesische Blumenorden, der 1644 von Georg Philipp Harsdörffer und Johann Klaj ins Leben gerufen und dann von Sigmund von Birken und anderen bis ins 18. Jahrhundert hinein weitergeführt wurde. Beide Gesellschaften nahmen auch Frauen auf. Daneben entstanden – und vergingen – kleinere, oft lokal begrenzte und lockere Vereinigungen wie der Elbschwanorden Johann

Rists oder die Isther-Nymphen um Catharina Regina von Greiffenberg.

Als Fürst Ludwig von Anhalt-Köthen die Fruchtbringende Gesellschaft, zunächst eine weitgehend höfisch-adelige Veranstaltung, seit etwa 1640 zunehmend für Gelehrte und Literaten bürgerlicher Herkunft öffnete, stärkte er indirekt deren gesellschaftliche Position. Sie waren es auch, die im Unterschied zu den überwiegend unproduktiven adeligen Mitgliedern (Ausnahmen u. a. Fürst Ludwig selbst, Diederich von dem Werder, Friedrich von Logau) mit ihren literarischen und wissenschaftlichen Leistungen dem kulturellen Anspruch der Gesellschaft gerecht wurden. Unter Ludwigs Nachfolgern allerdings nahm die Fruchtbringende Gesellschaft immer mehr bzw. wieder das Gepräge einer Rittergesellschaft an.

Die größeren Gesellschaften besaßen überregionalen Charakter. Daher kommunizierten die Mitglieder in der Regel brieflich miteinander, wie umfangreiche Korrespondenzen bezeugen. Bei einer gewissen Konzentration von Mitgliedern an einem Ort – Beispiel Nürnberg – spielten engere persönliche Kontakte allerdings durchaus eine Rolle. Die Formalitäten bei der Aufnahme neuer Mitglieder vollzog das Oberhaupt der Gesellschaft, häufig eingeleitet durch Empfehlungsschreiben anderer Gesellschafter. In Zesens Gesellschaft konnte jedes Mitglied neue Gesellschafter werben.

Die Rituale folgten dem italienischen Beispiel. Jedes Mitglied bekam einen Gesellschaftsnamen, einen Wahlspruch und ein dazu passendes Bild. Dieses »Gemähl mit dem Namen und Worte« war, so heißt es in der Satzung der Fruchtbringenden Gesellschaft in der Fassung Georg Neumarks, »an einem sittig-grünen Seidenen Bande zu tragen; Damit Sie sich unter einander bey begebenen Zusammenkunften desto leichter erkennen / und dadurch dero hochrühmliches Vorhaben kundig gemacht werden möchte«.[17] Das war bei den Pegnitzschäfern und den Deutschgesinnten nicht anders, wenn auch die Farben für das »Ordens-Band«, an dem der »Brustpfennig« zu tragen war, variierten.

Es ist umstritten, welche Bedeutung der Namensgebung in der vom Hochadel gegründeten Fruchtbringenden Gesellschaft zuzumessen ist, inwieweit sie als (auf das Kulturleben beschränkte) Aufhebung der Standesunterschiede gedeutet werden kann und damit die humanistische Konzeption der *nobilitas litteraria* wenigstens ansatzweise reflektiert. Jedenfalls benutzten das Oberhaupt (»der Nährende«) und die Mitglieder im brieflichen Verkehr mehr oder weniger konsequent die Gesellschaftsnamen (»der Mehlreiche«, »der Wohlriechende«, »der Schmackhafte«, »der Spielende« usw.).

Große Gemeinschaftsarbeiten der Sprachgesellschaften, wie sie die Accademia della Crusca mit ihrem großen Wörterbuch hervorgebracht hatte, kamen nicht zustande. Es blieb bei Einzelleistungen der produktiven Mitglieder, die ihre Veröffentlichungen häufig mit ihren Gesellschaftsnamen oder Hinweisen auf ihre Mitgliedschaft versahen (»durch einen Mitgenossen der PegnitzSchäfer«). Zu den Verdiensten der Sprachgesellschaften gehört die ausdrückliche Förderung der Übersetzungsliteratur.

Die literarische oder philologische Produktion ihrer Mitglieder stellte jedoch nur einen Aspekt der Bedeutung der Sprachgesellschaften dar. Ebenso wichtig war ihre gesellschaftliche Funktion. Die Gesellschaften trugen wesentlich zur literarischen Kommunikation über die lokalen Gelehrtenzirkel hinaus bei und schufen wenigstens ansatzweise eine überregionale literarische Öffentlichkeit. Sie förderten das Bewusstsein

17 Georg Neumark, *Der Neu-Sprossende Teutsche Palmbaum*, München 1970, S. 27. [Nachdr. der Ausg. Nürnberg 1668.]

einer einheitlichen Kulturnation – allerdings in einer ›kleindeutschen‹ protestantischen Version – als Gegenentwurf zur realen politischen Verfassung des Reichs. Man kann in den Gesellschaften die »eigentlichen literarischen Zentren des 17. Jahrhunderts« sehen.[18]

Barock, Barockbegriff, Rezeption

Für die Herkunft des Wortes ›barock‹ bieten sich zwei Erklärungen an, die beide auf spätere Wertungen vorausweisen. Die erste geht vom mittellateinischen *baroco* aus, einem mnemotechnischen Symbol zur Bezeichnung eines von humanistischen Kritikern der mittelalterlichen Scholastik als abstrus empfundenen Syllogismus, die zweite von dem portugiesischen Fachausdruck der Juweliere *pérola barroca* für eine Perle von unregelmäßiger, schiefrunder Form. In dieser Bedeutung ist der Begriff in Frankreich im 16. und 17. Jahrhundert häufig belegt, nahm aber dann allmählich – möglicherweise beeinflusst von dem negativen Sinn des scholastischen Merkworts – die Bedeutung ›seltsam‹, ›ausgefallen‹, ›bizarr‹ an. Barock entwickelte sich so zu einem allgemeinen Geschmacksbegriff; dabei entspricht dem französischen *goût baroque* der deutsche »Barockgeschmack« (Lessing 1750).[19] In diesem meist pejorativen Sinn wurde das Adjektiv ›barock‹ im 18. und 19. Jahrhundert parallel zu ›bizarr‹, ›grotesk‹ oder ›schwülstig‹ auf eine Vielfalt von Gegenständen, auch literarischen, angewendet. Noch der Fremdwörterduden von 1966 nennt als Bedeutungen neben dem eher seltsamen ›verschnörkelt‹ auch ›überla-

18 Ferdinand van Ingen, »Überlegungen zur Erforschung der Sprachgesellschaften«, in: *Dokumente des internationalen Arbeitskreises für deutsche Barockliteratur*, Bd. 1, Wolfenbüttel 1973, S. 101.

19 Zit. nach Herbert Jaumann, *Die deutsche Barockliteratur. Wertung – Umwertung*, Bonn 1975, S. 81.

den‹ und ›schwülstig‹ – populäre Vorstellungen, die einem adäquaten Zugang zur ›Barockliteratur‹ im Weg standen oder stehen.

Erst seit etwa 1860 erscheint Barock als Epochen- und Stilbegriff in der Kunstgeschichte, mit negativer Wertung bei Jacob Burckhardt (*Der Cicerone*, 1855), mit positiver Tendenz u. a. bei Cornelius Gurlitt (*Geschichte des Barockstiles in Italien*, 1887) und Heinrich Wölfflin (*Renaissance und Barock*, 1888). Eine der frühesten Anwendungen des Barockbegriffs auf die Literatur findet sich in Friedrich Nietzsches Aufsatz *Vom Barockstile* (1879), doch erst unter dem Einfluss von Wölfflins *Kunstgeschichtlichen Grundbegriffen* (1915) wurde er von der deutschen Literaturwissenschaft übernommen. Hier löste ›Barock‹ den bisher verwendeten Begriff ›Renaissance‹ ab und bezeichnete einerseits einen durch bestimmte Merkmale charakterisierten Stil (ausgeprägte Rhetorisierung der Sprache, gesteigerte Bildlichkeit, Artistik der Form), andererseits die Epoche zwischen Reformationszeit bzw. Renaissance und Aufklärung, in der dieser Stil dominant zu sein schien.

Während Barock als Stilbegriff heute kaum noch eine Rolle spielt, hat sich ›Barock‹ in der deutschen Literaturgeschichte als eher formaler Verständigungs- oder Ordnungsbegriff für die Periode von den literarischen Reformbestrebungen um 1600 bis zum endgültigen Durchbruch aufklärerischen Denkens in den ersten Jahrzehnten des 18. Jahrhunderts neben der neutralen Bezeichnung ›17. Jahrhundert‹ weitgehend etabliert. Es fehlt allerdings nicht an kritischen Einwänden, zumal ›barock‹ im allgemeinen Sprachgebrauch immer noch negative Assoziationen auslöst (›Schwulst‹). Doch keine der vorgeschlagenen Alternativen – u. a. Manierismus, Konfessionalismus oder wieder Renaissance – konnten den Barockbegriff verdrängen, ebenso wenig wie der umfassendere Periodisierungsvorschlag ›Mittlere deutsche Literatur‹.

Dass sich der Barockbegriff behaupten konnte, war allerdings nur möglich, weil seine frühere ideologische Überfrachtung und die selektive Wahrnehmung und Verabsolutierung einzelner Phänomene in der geisteswissenschaftlich orientierten Forschung sich inzwischen erledigt hatten. Neuere, an derartigen Spekulationen desinteressierte Forschungsrichtungen brachten zudem auch keine Lösung des Definitionsproblems. Vielmehr wurde in dem Maße, in dem etwa sozial- und traditionsgeschichtlich orientierte Arbeiten die Bedeutung der humanistischen Gelehrtenkultur und das im 17. Jahrhundert wirksame Traditionsgeflecht deutlich machten – Rhetorik, Poetik, neulateinische Dichtung, Stoizismus, Patristik, Emblematik, Petrarkismus usw. –, eine Antwort auf die Frage, worin die Einheit der Epoche bestehe und wo ihre Grenzen zu ziehen seien, eher noch schwieriger.

Die kritische Auseinandersetzung mit der Literatur des 17. Jahrhunderts begann in der frühen Aufklärung, vorbereitet durch die Rezeption des französischen Klassizismus und seines Stilideals im letzten Viertel des Jahrhunderts.[20] Gegenstand des Anstoßes war die verstärkte Rezeption manieristischer Tendenzen der Literaturen Italiens und Spaniens und die damit verbundene Abkehr vom opitzianischen Klassizismus durch Christian Hoffmann von Hoffmannswaldau, Daniel Casper von Lohenstein und andere Schlesier. Begriffe wie Natur, Vernunft, Urteilskraft, Geschmack standen nun gegen Unnatur, Schwulst und fehlende Urteilskraft. Das hier angedeutete Wertungsmuster erwies sich als zählebig.

20 Canitz, Verfechter einer ›vernünftigen‹ und ›natürlichen‹ Schreibart, zitiert Nicolas Boileaus *L'Art poétique* (1674) in einer Versepistel von 1676, wenn er von einer Dichtung spricht, »wo Vernunfft und Reim gern bey einander steht« (Friedrich Rudolph Ludwig Freiherr von Canitz, *Gedichte*, hrsg. von Jürgen Stenzel, Tübingen 1982, S. 237).

Es liegt auch dem Bild der literarischen Entwicklung zugrunde, das Johann Jakob Bodmer in seinem Lehrgedicht *Character Der Teutschen Gedichte* von 1734 zeichnet. Nach den vielversprechenden Anfängen durch Martin Opitz und seine Anhänger beginnt für ihn der Niedergang in der zweiten Jahrhunderthälfte:

Ein zorniges Gestirn hat Waldau hergebracht,
Den Schleßischen Marin, der frech und unbedacht,
Von Opitz sichrem Gleiß begunte auszugleiten […].[21]

Bodmer konkretisiert die Kritik dann noch, wenn er an Hoffmannswaldaus Metaphernsprache (»Er pflanzt Metaphoren aus metaphorschen Worten«) und ihrem »falschen Witz« Anstoß nimmt oder die Musen vor Lohensteins dunklen Gleichnissen auf den Gipfel des Parnass fliehen und »Lohenstein in seinen Sümpfen sitzen« lässt. Mit ähnlichen Formulierungen verurteilt Gottsched die nachopitzianische Dichtung des 17. Jahrhunderts, die sich von Opitz, dem Muster »des guten Geschmacks«, entfernt und »durch ihr ausschweifendes Wesen, durch ihre regellose Einbildungskraft, durch ihren geilen Witz und ungesalzenen Scherz« der deutschen Poesie nur Schande erworben habe.[22]

In der Auseinandersetzung mit dem ›barocken‹ Stil bildete sich die Literaturauffassung der frühen Aufklärung. Darüber hinaus hatte die aufklärerische Kritik am Spätbarock Langzeitfolgen, denn an der negativen Bewertung der hochbarocken

21 Johann Jakob Bodmer / Johann Jakob Breitinger, *Schriften zur Literatur*, hrsg. von Volker Meid, bibliogr. erg. Ausg., Stuttgart 2014, S. 59; die folgenden Zitate ebd., S. 60, 61, 62.

22 Johann Christoph Gottsched, *Schriften zur Literatur*, hrsg. von Horst Steinmetz, Stuttgart 1972 [u. ö.], S. 232, 236 (»Gedächtnisrede auf Martin Opitzen von Boberfeld«, 1739).

Poesie und ihrer wichtigsten Repräsentanten Hoffmannswaldau und Lohenstein änderte sich bis ins 20. Jahrhundert nichts. Es war nur die Frage, ob man mehr ihre Unnatur und Vernunftwidrigkeit, ihre Unmoral oder ihre Offenheit gegenüber ausländischen Einflüssen beklagen sollte.

Aber während für die Poetik der frühen Aufklärung die Bindung an die Tradition der Rhetorik noch grundsätzlich erhalten blieb, wurden mit der Kunstauffassung und der Dichtung der klassisch-romantischen Epoche und der darauf gegründeten Erlebnisästhetik Maßstäbe bestimmend, die die Geschichte der Rezeption der Literatur des 17. Jahrhunderts tiefgreifend beeinflussten und gelegentlich bis heute einem historisch adäquaten Verständnis entgegenstehen.

Zwar hatte der historische Ausleseprozess, der zum Ausschluss weiter Bereiche der Barockdichtung aus dem literarischen Bewusstsein führte, schon in der Aufklärung mit dem Kampf gegen den Lohensteinschen ›Schwulst‹ begonnen, doch mit der Abkehr vom rhetorischen Dichtungsverständnis verschärfte sich das Problem. Allein die Frage nach dem ›Erlebnis‹, die der künstlerischen Distanzhaltung des *poeta doctus* völlig unangemessen ist, nahm das negative Urteil vorweg. Nur relativ wenige Werke wie Grimmelshausens *Simplicissimus Teutsch*, Kirchenlieder, Epigramme aus Johannes Schefflers *Cherubinischem Wandersmann* oder einige Sonette von Paul Fleming oder Andreas Gryphius konnten sich, vielfach von Missverständnissen profitierend, diesem Verdrängungsprozess entziehen.

II. Staat und Politik

Dass ein politisch Lied ein garstig Lied sei, wie die Zecher in Goethes *Faust* singen, dieser Gedanke wäre den Autoren des 17. Jahrhunderts fremd erschienen. Für sie war die Beschäftigung mit politischen Themen noch selbstverständlich, nicht nur in der gelehrten Literatur der Juristen und Staatsrechtler, sondern auch in der Dichtung, ob Vers oder Prosa. Das meint mehr als den grundsätzlich rhetorisch-›öffentlichen‹, gesellschaftlichen Charakter der Barockdichtung. Vielmehr reflektieren weite Bereiche der Literatur des 17. Jahrhunderts über die offensichtlich politischen Gattungen wie Herrscherlob, politische Lyrik oder höfisches Festspiel hinaus die Krisenerscheinungen der Zeit und ihre Konsequenzen für das gesellschaftliche und persönliche Leben. Das geschieht auf durchaus unterschiedliche Weise, abhängig auch von den Interessen der Autoren und ihrer gesellschaftlichen Stellung.

So präsentieren oder diskutieren höfisch-historische Romane und Trauerspiele politische Modelle und Ordnungsvorstellungen, Strategien erfolgreicher Herrschaft oder politische Verhaltenslehren im Hinblick auf den barocken Fürstenstaat, der hier als Garant für Sicherheit und Ordnung erscheint. Satiren und satirische Romane wiederum reagieren anders auf die strukturellen Veränderungen des Staates in der Frühen Neuzeit. Sie sehen gerade die Bedrohung der kulturellen Identität durch die moderne, am Ausland orientierte Hofkultur mit ihrem ›machiavellistischen‹ Politikverständnis, während die Schäferdichtung utopische Gegenbilder zu den Zwängen einer politischen Existenz im Kontext des Absolutismus zeichnet.

Das Entstehen neuer politischer und administrativer Organisationsformen im frühneuzeitlichen Staat hatte den gesellschaftlichen Aufstieg zahlreicher Angehöriger der (kleinen) bürgerlichen Gelehrtenschicht begünstigt, die sich als Funktionselite auf allen Ebenen der Verwaltung, des Justiz- wie des Erziehungswesens in den Territorien und Städten etablieren konnte und sich als Stütze des Staates als der entscheidenden Ordnungsmacht in chaotischen Zeiten verstand.[1] Sie waren Teil des Herrschaftssystems, und wenn sie sich mit Politik befassten oder politische Themen in ihren Schriften und Dichtungen behandelten, ging es direkt oder indirekt um ihre eigene Lebenswirklichkeit.

Das gilt auch für Autoren aus einer Zwischenschicht zwischen den ›Gelehrten‹ und ›Ungelehrten‹, die zwar keine abgeschlossene Universitätsausbildung vorweisen konnten, doch durch den Besuch einer Lateinschule und vielleicht ein abgebrochenes Studium eine gewisse Bildung erworben hatten. Dazu zählte auch Grimmelshausen, der es im Militärdienst immerhin zum Schreiber und Sekretär brachte und sich im zivilen Leben als Gutsverwalter (›Schaffner‹), Gastwirt und schließlich Bürgermeister im Dienst des Straßburger Erzbischofs (»geringer Dorfschultes«)[2] ›nebenbei‹ der Literatur widmete, dabei seine eigenen Erfahrungen einbrachte, Kritik an

1 Zu diesem Komplex vgl. die Studie von Erich Trunz, »Der deutsche Späthumanismus als Standeskultur«, in: E. T., *Deutsche Literatur zwischen Späthumanismus und Barock. Acht Studien*, München 1995, S. 7–82.

2 So Quirin Moscherosch, Pfarrer in dem Renchen benachbarten Ort Bodersweiher, in einem Brief an Sigmund von Birken vom Januar 1674: »der beruffene Simplicissimus, sonsten mein Nachbar, u. nur ein geringer Dorfschultes«, zit. nach: Blake Lee Spahr, *The Archives of the Pegnesischer Blumenorden. A Survey and Reference Guide*, Berkeley 1960, S. 51, und dem Faksimile des Briefes bei Manfred Koschlig, *Das Ingenium Grimmelshausens und das ›Kollektiv‹. Studien zur Entstehungs- und Wirkungsgeschichte des Werkes*, München 1977, Abb. 19.

der absolutistischen Theorie und Praxis übte und alternative Politik- und Lebensmodelle dagegenstellte.

Unmittelbar betroffen von den Veränderungen der staatlichen Strukturen war auch der Adel, der sich einerseits einer bisher nicht gekannten Konkurrenz durch die *nobilitas litteraria* ausgesetzt sah, andererseits in dem Maße, in dem sich die Fürstenhöfe zu den wirklichen Machtzentren entwickelten, zunehmend an Macht und Einfluss verlor. Sein wirtschaftlicher Rückhalt lag in der Herrschaft über Grund und Boden und die Menschen, die ihn bewirtschafteten. Die Unterschiede des landbesitzenden Adels waren allerdings groß (Kap. V). Während etwa die Fürsten von Liechtenstein Tausende von untertänigen Bauerngütern besaßen und auf großem Fuß leben konnten, wurden Adelige wie Friedrich von Logau gezwungen, sich in den Hofdienst zu begeben: Logau war nicht in der Lage, das ohnehin verschuldete Familiengut nach der Zerstörung durch Wallensteinsche Truppen wieder zu sanieren – und damit durchaus keine Ausnahme.

Absolutismus

Einer der erfolgreichsten europäischen Romane des 17. Jahrhunderts war John Barclays neulateinische *Argenis* (1621), 1626 von Martin Opitz ins Deutsche übersetzt.[3] Sein Erfolg hat zweifellos mit seiner politischen Botschaft zu tun: Es handelt sich um eine unverblümte Stellungnahme für den Absolutis-

3 Dem neulateinischen Original von 1621 folgten neben annähernd 50 lateinischen Ausgaben im 17. Jahrhundert rasch Übersetzungen in zahlreiche europäische Landessprachen, u. a. ins Französische (1622), Englische (1625), Spanische (1626), Deutsche (1626) und Italienische (1629); mehr als 100 verschiedene Ausgaben sind für das 17. und 18. Jahrhundert nachgewiesen. ›Fortsetzungen‹ und Nachahmungen suchten an diesen Erfolg anzuknüpfen.

mus im Anschluss an die staatsrechtlichen Diskussionen des 16. Jahrhunderts, um einen Kommentar zur französischen Geschichte der unmittelbaren Vergangenheit und eine erzählerische Legitimierung der absoluten Monarchie, die nicht an gezielten Handlungsanweisungen spart, wie ein Staat aus der Anarchie des Bürgerkriegs herauszuführen sei.

Konkret geht es bei Barclay um die künftige Herrschaft in dem fiktiven, von Bürgerkriegen erschütterten Königreich Sizilien. Die Zeitgenossen verstanden die *Argenis* jedoch zu Recht als verschlüsselte Darstellung der französischen Geschichte des 16. Jahrhunderts. Dabei integriert Barclay ausgedehnte Grundsatzdiskussionen über Politik und Religion und die daraus resultierenden Folgerungen für die politische Praxis in die Handlung, indem er sie aus der prekären Situation ›Siziliens‹ ableitet, aus der Gefährdung des Staates durch ständisch oder religiös motivierte Bürgerkriege und durch Bedrohungen von außen. Ein Berater erinnert den König an seine Verpflichtung, durch die vollkommene Unterwerfung aller Untertanen und Stände – einschließlich des Adels, der Städte und der Religionsparteien – den inneren Frieden zu sichern. In diesen Zusammenhang gehört die Polemik gegen die Sekte der Hyperephanier und ihren Anführer Vsinulca (Anagramm für Calvinus). Sie richtet sich nicht so sehr gegen ihren Aberglauben, ihre »barbarischen Erfindungen« und »abschewliche[n] Meynungen« auf religiösem Gebiet als vielmehr gegen die politischen Konsequenzen der Glaubensspaltung für die Einheit des Landes.[4]

Hinter den Angriffen auf die Hugenotten, die Ansprüche des Adels oder auch das Steuerbewilligungsrecht der Stände

4 Martin Opitz, *Gesammelte Werke*, hrsg. von George Schulz-Behrend, Bd. 3: *Die Übersetzung von John Barclays »Argenis«*, 1. Tl., Stuttgart 1970, S. 131, 132

steht die Vorstellung, dass ein im Innern befriedetes Gemeinwesen nur in der Form eines zentralistischen, straff organisierten Staates verwirklicht werden kann, in dem zwischen Souverän und Untertanen keine vermittelnde Schicht von unabhängigen Machtträgern tritt, also weder Stände noch religiöse Organisationen den eindeutigen Herrscherwillen verfälschen können. Nur bei der vollkommenen und gleichmäßigen Unterwerfung aller Untertanen kann der Souverän seiner Verpflichtung nachkommen, den inneren Frieden zu sichern: Solange sich einer ungestraft gegen den Herrscher auflehnen könne, argumentiert der Rat des Königs, »so lange werden die andern ewere Gütigkeit [...] verächtlich halten: Daß jhr derhalben entweder alle vnter gleichem Gesetze ewerer Majestet zähmen / oder gewarten müsset / daß niemandt im Gehorsam verbleibe.«[5] Denn der Mensch ist, so die pessimistische anthropologische Grundvoraussetzung der Theoretiker des Absolutismus, schwach und leicht zum Bösen verführbar, so dass der Verlust der Freiheit den notwendigen Preis für ein friedliches Zusammenleben darstellt.

Als Antwort auf die Gefährdung des frühmodernen Staates durch die Glaubenskriege fand der Roman auch in den Ländern Beifall, in denen man sich durch seine katholisierenden Züge und die darin geäußerten außenpolitischen französischen Machtansprüche eigentlich hätte irritiert fühlen müssen. Jedenfalls konnten sich die französischen Könige kaum einen besseren politischen Propagandisten wünschen als Barclay, der den Roman König Ludwig XIII. in einer Situation erneuter Herausforderungen durch Adel und Hugenotten gewidmet hatte.

Von nun an, auch das kennzeichnet die geschichtliche Bedeutung der *Argenis*, erhält der europäische höfisch-histori-

5 Ebd., S. 278 f.

sche Roman eine bedeutende politische Dimension, im einzelnen durchaus unterschiedlich akzentuiert je nach historischer Situation, nationalen Besonderheiten oder persönlichen Interessen und Überzeugungen. Dabei hängen die spezifischen Eigenheiten der deutschen Romane, die fast ausschließlich aus der zweiten Hälfte des 17. Jahrhunderts stammen, mit der politischen Zersplitterung des Reiches und/oder auch mit den konfessionellen Gegebenheiten zusammen. Gemeinsam ist diesen Romanen von Andreas Heinrich Bucholtz' *Herkules* (1659/60) über Philipp von Zesens *Assenat* (1670) bis hin zur *Asiatischen Banise* (1689) von Heinrich Anshelm von Zigler und Kliphausens und Daniel Caspers von Lohenstein monumentalem *Arminius* (1689/90) das Interesse an politischen Fragen. Und sieht man von Zesens biblischem Roman *Assenat* ab,[6] so enden alle diese Werke mit der durch Hochzeiten symbolisierten Wiederherstellung der Ordnung und der Verheißung politischer und gesellschaftlicher Harmonie.[7]

Einen Sonderfall stellen die Romane von Herzog Anton Ulrich von Braunschweig-Wolfenbüttel dar, die sich nicht in die Sphäre gelehrter oder parteiischer Diskussion oder in die Niederungen praktischer Politik begeben – hier geht es um die idealisierte Selbstdarstellung der fürstlich-absolutistischen Welt. Anton Ulrich präsentiert seine Romane als bewusste Standes-

6 Zesens Josefsroman *Assenat; das ist Derselben / Und des Josefs Heilige Stahts- Lieb- und Lebens-geschicht* modifiziert die Formkonventionen des höfisch-historischen Romans im Sinn einer weitgehend chronologisch erzählten Lebensgeschichte derart, dass eine Schlussapotheose unmöglich wird.

7 Vgl. Wolfgang Braungart, *Die Kunst der Utopie. Vom Späthumanismus zur frühen Aufklärung*, Stuttgart 1989, S. 176; Braungart spricht auch vom höfisch-historischen Roman als »Utopie-Ersatz«. – Zu diesem Thema vgl. Volker Meid, »Höfisch-historischer Barockroman, Absolutismus und Utopie«, in: *Morgen-Glantz* 10 (2000), S. 133–156.

kunst, in der sich die exklusive Welt des fürstlichen Absolutismus spiegelt, die für sich und ihre Gesetze fraglos Allgemeingültigkeit und göttliche Legitimation beansprucht. Seine Modelle der göttlichen Weltordnung aus dem Geist des Absolutismus beziehen ihren Anspruch auf Authentizität und Verbindlichkeit nicht zuletzt aus der Stellung des Verfassers: »Wann nun«, heißt es in Sigmund von Birkens Vorrede zu Anton Ulrichs *Aramena* (1669–73), »dergleichen Bücher / der Adel mit nutzen liset / warum solte er sie nit auch mit ruhm schreiben können? Und wer soll sie auch bässer für den Adel schreiben / als eine person / die den Adel beides im geblüt und im gemüte träget?«[8]

Recht auf Widerstand oder »heilig Recht« der Könige?

Die praktische Wirkungslosigkeit der Einschränkungen absolutistischer Macht durch göttliches Recht oder Naturrecht hatte zwangsläufig staatsrechtliche Diskussionen über das Recht auf Widerstand zur Folge, die sich dann auch in der Dichtung niederschlugen. Zu den entschiedensten Befürwortern des Rechts auf Widerstand gehören die (zunächst von ihren Gegnern so genannten) Monarchomachen. Zu ihnen werden, neben einigen Katholiken wie dem spanischen Jesuiten Juan de Mariana, vor allem calvinistische Autoren gerechnet, die damit auch auf die Hugenottenmorde in der Bartholomäusnacht (1572) reagierten: Ein Monarch verstößt gegen den Herrschaftsvertrag, wenn er seine Macht missbraucht, und kann daher abgesetzt werden; Tyrannenmord ist als letztes Mittel des Widerstands gerechtfertigt.

8 Anton Ulrich, *Die Durchleuchtige Syrerinn Aramena*, Tl. 1, Faksimiledr. nach der Ausg. von 1669, hrsg. von Blake Lee Spahr, Bern / Frankfurt a. M. 1975, Bl.)(v.

Nun wurden seit je Herrschaftswechsel immer wieder durch Mord vollzogen – dichterisches Anschauungsmaterial bietet die Literatur aller Zeiten in Fülle –, aber dass Absetzung und Hinrichtung eines Königs als Akt des Rechts inszeniert werden konnte, das bedeutete für viele einen Bruch mit geheiligten Traditionen. Das Beispiel lieferte Großbritannien am 30. Januar 1649:

> Daß König Carl in Engeland ließ einen Kopff vnd drey der Kronen
> War viel; ist mehr / daß dran man lernt die Majestäten nicht verschonen.[9]

So kommentierte der Epigrammatiker Friedrich von Logau die Hinrichtung von Charles I., nachdem ihn das Parlament des Hochverrats für schuldig befunden und zum Tod verurteilt hatte. Die Distanz dieser Verse fehlt den leidenschaftlichen publizistischen Auseinandersetzungen, die dieses Ereignis in Europa auslöste. In allen Medien, in Büchern, Flugschriften, Flugblättern und Zeitungen, in Gedichten, Dramen und Romanen wurde gegen die englischen ›Königsmörder‹, gegen die Verletzung der göttlichen Ordnung und die verderblichen Vorstellungen des calvinistischen Widerstandsrechts argumentiert und polemisiert.

Auch Andreas Gryphius ergriff Partei: *Ermordete Majestät. Oder Carolus Stuardus* (entst. 1649/50; Erstdruck 1657; erw. Fassung 1663). Ein auf den 11. März 1650 datiertes Widmungsgedicht in einer zeitgenössischen Abschrift des Dramas, gerichtet »An einen höchstberühmten Feldherrn / bey Uberrei-

9 Friedrich von Logau, *Sinngedichte*, hrsg. von Ernst-Peter Wieckenberg, Stuttgart 1984, S. 210; drey der Kronen: die von England, Schottland und Irland.

chung des Carl Stuards«, ist ein offener Aufruf zur Rache: »Heer Schwerdter aus der Scheiden!«[10] Dem entspricht der Schluss des Trauerspiels mit dem Auftritt der personifizierten Rache, die England apokalyptisches Unheil ankündigt. Drama und Gedicht reihen sich so in die publizistische Kampagne gegen die englischen Aufrührer und das Widerstandsrecht ein.

Wie bei den anderen dem Modell des Märtyrerdramas verpflichteten Stücken von Gryphius – *Catharina von Georgien, Papinianus* – handelt es sich auch bei *Carolus Stuardus* zugleich und vielleicht sogar vorrangig um ein historisch-politisches Schauspiel.[11] Diese Trauerspiele führen den realen politischen Machtkampf um Herrschaft, Recht, Vaterland oder Reich vor, der aus den Herrschern oder Politikern erst Märtyrer macht, und sie stellen darüber hinaus ein Diskussionsforum dar, das im Kontext der Handlung die zeitgenössischen politischen, politisch-theologischen und staatsrechtlichen Vorstellungen von allen Seiten beleuchtet.

Während die Praxis das Scheitern des Konzepts vom göttlichen Recht der Könige und der Unverletzlichkeit ihrer Majestät drastisch demonstriert, behalten in den Streitgesprächen, unterstrichen durch kommentierende Passagen in den Chören, die Verfechter der religiös fundierten, von der lutherischen Staatsauffassung geprägten Anschauungen die Oberhand. Auch dass sich Carolus als unschuldiges Opfer stilisiert und sich ganz bewusst in die Nachfolge Christi stellt, unterstreicht nur die Ungeheuerlichkeit der Aktionen der Königsgegner, die

10 Andreas Gryphius, *Sonette*, hrsg. von Marian Szyrocki, Tübingen 1963, S. 118 (Gesamtausg. der deutschsprachigen Werke, Bd. 1).

11 Vgl. Peter J. Brenner, »Das Drama«, in: *Die Literatur des 17. Jahrhunderts*, hrsg. von Albert Meier, München 1999, S. 546 ff. (Hansers Sozialgeschichte der deutschen Literatur vom 16. Jahrhundert bis zur Gegenwart, Bd. 2.)

im politischen Prozess das göttliche Richteramt usurpieren. Im Chor der ermordeten englischen Könige am Ende des ersten Aktes heißt es:

HErr der du Fürsten selbst an deine stat gesetzet
Wie lange sihst du zu?
Wird nicht durch unsern Fall dein heilig Recht verletzet?
Wie lange schlummerst du?[12]

Wenn Cromwell das Recht auf seiner Seite sieht und sich dabei auf Gott beruft, während der König ›rechtes Recht‹ verhöhne, ist das für die Königstreuen im Drama wie für den Lutheraner Gryphius ein Verstoß gegen göttliches Recht: Der Satz »Ein Erb-Fürst frevelt GOtt / GOtt hat nur Macht zu straffen!« impliziert, dass der König seinen Untertanen gar kein Unrecht antun kann:[13] Zwar ist die englische Geschichte reich an Königsmorden, wie die Geister der ermordeten Könige im *Carolus Stuardus* beklagen, doch das Neue, Unerhörte benennt der Geist Maria Stuardas präzise: »Sie rasen mit Vernunfft / sie setzen Richter ein | Es muß ihr Doppelmord / durch Recht beschönet seyn.«[14]

Die Absage gilt allen modernen Säkularisierungstendenzen, insbesondere den Konzepten der Volkssouveränität und des Widerstandsrechts, aber auch der Staatsräson mit seiner Relativierung der Gewissensethik. Während die Märtyrer und

12 Andreas Gryphius, *Carolus Stuardus. Trauerspiel*, hrsg. von Hans Wagener, Stuttgart 1972 [u. ö.], S. 25 (I, v. 321 ff.).

13 Ebd., S. 79 (III, v. 761); vgl. Albrecht Schöne, »Ermordete Majestät. Oder Carolus Stuardus König von Groß Britannien«, in: *Die Dramen des Andreas Gryphius. Eine Sammlung von Einzelinterpretationen*, hrsg. von Gerhard Kaiser, Stuttgart 1968, S. 141.

14 Gryphius (Anm. 12), S. 35 (II, v. 231 f.). – Doppelmord: an dem König von Großbritannien und Irland.

Märtyrerinnen im Barockdrama ihre Niederlage im politischen Machtkampf in einen moralisch-religiösen Sieg verkehren und mit ihrer dem Gewissen verpflichteten, weltüberwindenden Haltung als Vorbildgestalten fungieren, bleibt die irdische Realität in ihrem heillosen politisch-geschichtlichen Notstand zurück. In gewisser Weise bestätigt das Märtyrerdrama geradezu die Legitimationskrise der überlieferten christlichen Herrschaftsauffassung vom unantastbaren Gottesgnadentum und zugleich die mit Machiavelli einsetzende Emanzipation der Politik von den Normen der Religion und der Moral.

»Wer sich nicht anstelln kan / der taug zum herrschen nicht«[15]

Während bei Gryphius die Märtyrertragödie das zentrale Modell bildet und sich religiöse und politische Konstellationen überlagern, drückt das Trauerspiel bei Daniel Casper von Lohenstein ein anderes Verhältnis zum Diesseits aus: Sein Interesse richtet sich entschieden auf das Handeln im politisch-geschichtlichen Raum. Die geschichtliche Welt erscheint nicht mehr wie bei Gryphius als ein Schauplatz der Eitelkeiten, als Durchgangsstation zur ›Ewigkeit‹ im Kontext der Heilsgeschichte, sondern sie besitzt einen Eigenwert im Rahmen eines sinnhaften weltgeschichtlichen Prozesses und des darin abgesteckten menschlichen Handlungs- und Entscheidungsraums. Geschichte bietet hier nicht mehr nur Beispiele für eindeutig vorbildliche oder verwerfliche Haltungen und Verhaltensweisen, wie sie bei Gryphius und im Jesuiten-

15 Daniel Casper von Lohenstein, *Cleopatra. Trauerspiel* [1680], hrsg. von Volker Meid, Stuttgart 2008, S. 125 (IV, v. 84); anstelln: verstellen.

drama bereits in den emblematischen Doppeltiteln angezeigt werden.[16]

Lohensteins Protagonisten treffen keine Wahl zwischen Zeit und Ewigkeit, sondern zwischen Alternativen politischen Handelns in Krisensituationen. Sie sind dem vom Verhängnis gelenkten unabänderlichen Lauf der Geschichte unterworfen, stehen aber gleichwohl vor der Herausforderung, sich in dem untergeordneten Bereich der Fortuna zu bewähren, d.h. auf die Wechselfälle des Lebens situationsgerecht zu reagieren. Damit treten Konzeptionen politischer Klugheit in den Vordergrund des Interesses, die wiederum Fragen nach dem Verhältnis von Politik und Moral, nach den intellektuellen und charakterlichen Voraussetzungen erfolgreichen Handelns und der Funktion und Funktionalisierung der Affekte aufwerfen.

Klugheits- und Verhaltenslehren gehörten seit Machiavelli zu den zentralen Themen des frühneuzeitlichen Politikdiskurses. Lohenstein, juristisch gebildet und als Diplomat erfahren, nahm die Diskussion in seinen Werken auf, indem er nicht nur die Handlungsweise seiner Figuren im Positiven wie im Negativen an Konzepten der Klugheits- und Verhaltenslehre orientierte, sondern auch dadurch, dass er diese selbst zum Gegenstand der Reflexion in den Stücken machte. Dabei bezog er sich vor dem Hintergrund der Tacitus-Rezeption durch Justus Lipsius (1547–1606) vor allem auf zwei zeitgenössische spanische Autoren: auf Baltasar Gracián (1601–1658) mit seiner ästhetisierenden Konstruktion eines vollkommenen katholischen Politikers und Herrschers (*El Político D. Fernando el Católico*, 1640)[17] und auf Diego de Saavedra Fajardo (1584–1648) und

16 Vgl. Albrecht Schöne, *Emblematik und Drama im Zeitalter des Barock*, 3. Aufl. mit Anm. 1993, München 1993, S. 194 ff.

17 Lohenstein übersetzte den Text nach der veränderten und für die Rezeption maßgeblichen Ausgabe von 1642 (*Lorentz Gratians Staats-Kluger Catholischer Ferdinand*, 1672).

sein politisches Emblembuch *Idea de un Príncipe Político-Cristiano, Representada en cien empresas* (1640).[18]

Unter den mit diesen politischen Verhaltenslehren verbundenen Begriffen – Tugend, Klugheit, Verhängnis, Ruhm – nimmt die Klugheit (*prudentia*) die zentrale Stelle ein: Politische Klugheit bildet die Grundlage vernünftigen Handelns im Dienst des Staatswohls und der Tugend. Sie nutzt die aus der Geschichte und der eigenen Praxis gewonnenen Erfahrungen als mögliche Orientierungspunkte für zukünftige Entwicklungen, sucht den richtigen Zeitpunkt für eigenes Handeln zu erkennen und zu nutzen, kontrolliert und instrumentalisiert die Affekte im Einklang mit der jeweiligen Situation. Täuschung und Verstellung, *simulatio* und *dissimulatio*, gehören zu den Voraussetzungen kluger Staatskunst; der Herrscher muss seine Affekte derart kontrollieren und verstellen können, dass seine eigenen Gedanken und Pläne im Verborgenen bleiben und er sich so einen Vorteil gegenüber seinen Gegenspielern verschafft. Allerdings bleibt die Grenzziehung zwischen erlaubter Verstellung als legitimem Mittel der Politik und Betrug trotz der stereotypen Verdammung Machiavellis umstritten.

Lohensteins *Cleopatra* (1661, 2. Fassung 1680) lässt sich als exemplarisches Beispiel für angewandte Staatsräson lesen, für ›politisches‹ Verhalten (und das Gegenteil), für Täuschung

18 Zu dem Komplex vgl. Karl-Heinz Mulagk, *Phänomene des politischen Menschen im 17. Jahrhundert. Propädeutische Studien zum Werk Lohensteins unter besonderer Berücksichtigung Diego Saavedra Fajardos und Baltasar Graciáns*, Berlin 1973. – Allgemeiner zu dem Thema: Lutz Danneberg, »Aufrichtigkeit und Verstellung im 17. Jahrhundert: *dissimulatio, simulatio* und Lügen als *debitum morale* und *sociale*«, in: *Die Kunst der Aufrichtigkeit im 17. Jahrhundert*, hrsg. von Claudia Benthin und Steffen Martus, Tübingen 2006, S. 45–92.

und Verstellung, Affektbeherrschung und Affektmanipulation. Dem Trauerspiel liegen die Ereignisse nach der Seeschlacht bei Actium (31 v. Chr.) und dem Rückzug Cleopatras und ihres Mannes Marcus Antonius nach Alexandria zugrunde. Die Handlung konzentriert sich auf die letzten vierundzwanzig Stunden im Leben der Königin und des Antonius in der belagerten Stadt. Sie befinden sich in einer ausweglosen Lage. Augustus nutzt sie und setzt die das Ende beschleunigende Intrige in Gang, indem er seine Gegner gegeneinander ausspielt. Er verspricht dem Machterhalt bzw. ein Drittel des Reichs, der den Partner opfert. In diesem Spiel erweist sich Antonius zu politisch rationalem Handeln unfähig. Um ihm zuvorzukommen und den Ausgleich mit dem Gegner zu verhindern, veranlasst Cleopatra ihn zu einem Affront gegen Augustus und treibt ihn durch ihren vorgetäuschten Selbstmord in den Tod. Als sie jedoch durchschaut, dass Augustus' Zusicherungen Täuschung sind und er sie nur in seine Hände bekommen will, um sie als Gefangene im Triumphzug nach Rom führen zu können, durchkreuzt sie seine Pläne und geht großmütig in den Tod: »Ein Fürst stirbt muttig / der sein Reich nicht überlebt«.[19]

Cleopatras Handlungsweise mag schlichtweg unmoralisch erscheinen, und die wissenschaftliche Literatur war nicht sehr zurückhaltend in ihren Urteilen über Lohensteins Machtweiber, die rücksichtslose Instrumentalisierung der Erotik zu politischen Zwecken und die »Dunst- und Brunstwelt Afrikas«.[20] Aber das Thema ist weder private Moral noch private Schuld, die Cleopatra übrigens durchaus einräumt. Es geht vielmehr ungeachtet der exotischen und erotischen Atmosphäre um po-

19 Lohenstein (Anm. 15), S. 151 (V, v. 110).

20 Klaus Günther Just, in: Daniel Casper von Lohenstein, *Afrikanische Trauerspiele*, hrsg. von K. G. Just, Stuttgart 1957, S. XV.

litisches Handeln in einer Krisensituation, in der auf der einen Seite der Erhalt, auf der anderen die Erweiterung von Herrschaft auf dem Spiel steht; gefordert ist ein an den Maximen der Staatsräson und der politischen Klugheit orientiertes Agieren und Reagieren. Dieser Aspekt bleibt ständig präsent, in den Einlassungen der politischen Ratgeber, in den Überlegungen und Handlungen der Politiker.

Die Antworten auf die Anforderungen oder Zumutungen sind verschieden, unterschiedliche Wertvorstellungen kollidieren in den Auseinandersetzungen der ausgedehnten Beratungs- und Botenszenen, immer wieder zugespitzt im Austausch von sentenzartigen Stichomythien. Hier ein Beispiel, in dem Augustus' »Feldhauptmann« Agrippa und sein Freund Mecaenas zu Wort kommen:

> AGR. Des Feindes Knochen sind der Siger Kurtzweil-Spiel.
> MEC. Doch / Cæsars Thrän' ist auf Pompejens Kopff geronnen.
> AGR. Das Auge wölckt sich oft; im Hertzen scheinen Sonnen.
> MEC. Die Rache leschet aus mit unsers Feindes Licht'.
> AGR. Wer sich nicht anstelln kan / der taug zum herrschen nicht.[21]

Wie Lohenstein in einer Anmerkung erklärt, zitiert Agrippa zuletzt eine französische Anekdote, nach der König Ludwig XI. seinen Sohn Karl VIII. »mehr nicht lernen lassen / als diese Lateinische Wortte. Qui nescit dissimulare, nescit regnare«.[22]

21 Lohenstein (Anm. 15), S. 124 f. (IV, v. 80 ff.).

22 Diese Anmerkung steht nur in der ersten Fassung des Trauerspiels (*Cleopatra*, Text der Erstfassung von 1661, bes. von Ilse-Marie Barth, Stuttgart 1965 [u. ö.], S. 162).

Unter diesem Gesichtspunkt, im Hinblick auf Täuschung und Verstellung, auf Affektbeherrschung und Affektmanipulation unterscheiden sich die Gegenspieler Cleopatra und Augustus nicht. Beide erweisen sich als zweckrationale Politiker, die ihr jeweiliges Ziel mit allen Mitteln verfolgen. Dabei stellen sie die Notwendigkeiten politisch klugen, erfolgsorientierten Handelns über religiöse oder moralische Normen, beide sind Meister der Täuschung und Verstellung

Das Gegenbeispiel bietet Antonius, der den politischen Anforderungen nicht gewachsen ist. Ethische Bedenken und vor allem seine mangelnde Affektkontrolle hindern ihn an der rationalen Ausübung der Herrschaft. Sein Beharren auf Liebe, Treue und Aufrichtigkeit ist im Kontext der durch Simulation und Dissimulation geprägten politischen Welt keine Tugend, sondern unvernünftig, weil affektbestimmt. Ähnlich verhält sich in Lohensteins zweitem afrikanischen Trauerspiel *Sophonisbe* (1680) der afrikanische König Massinissa. Er ist Bundesgenosse Roms im Kampf gegen Karthago im Zweiten Punischen Krieg (218–201 v. Chr.) und zugleich seiner Leidenschaft für die Karthagerin Sophonisbe ausgeliefert, die mit allen Mitteln ihr Reich gegen die Römer zu behaupten sucht.

»Ach! aber Ach! bin ich Besigter oder Sieger?« Mit diesen Worten beginnt ein langer Monolog Massinissas, in dem er seinen Kampf zwischen den Affekten und der Vernunft austrägt, zwischen Bündnistreue gegenüber Rom und seiner Leidenschaft für Sophonisbe, der er, von ihrer Schönheit überwältigt, Rettung zugesagt hat:

[...] Ich loder! Ich verbrenne!
Mein Abgott! Sophonisb'! Auf! Fürstin / ich erkenne
Für den Gefangenen / für deinen Sclaven mich!
Wie / Masinissa / was beginst du! geh' in dich!

Sol diese Spinne dir anmuth'gen Honig geben?
Sol dieser Seidenwurm dir ein Begräbnüs weben?
Stürtzst du vorsetzlich dich wie Mutten [Motten] in die
Glutt?[23]

Rund 60 Verse umfasst dieser Entscheidungsmonolog, der in rasch wechselnden Bildern, Emblemen und mythologischen Exempeln vorführt, wie die Leidenschaft nach einigem Hin und Her die Oberhand über die Vernunft gewinnt – jedenfalls so lange, bis ihn Scipio »zum Erkäntnüs seines Fehlers« bringt.[24] Dass der wankelmütige, seinen Affekten ausgelieferte und wortbrüchige Massinissa bis zum Schluss die hilfreiche Hand des römischen Feldherrn braucht, um seine unüberlegten Handlungen zu korrigieren, und gleichwohl mit einer Krone belohnt wird, verdankt er gewiss nicht seinen politischen Fähigkeiten, sondern allein der historischen Konstellation.

›Politische‹ Gesellschaftslehre als pädagogisches Projekt

›Politisch‹ war im Lauf des 17. Jahrhunderts zu einem Modewort geworden und hatte seine Bedeutung erweitert: Es hatte nun vor allem den Sinn eines weltklugen, erfolgsorientierten Verhaltens erhalten, das bald über den höfischen bzw. staatlichen Bereich als Ort des eigentlichen politischen Handelns hinaus Gültigkeit beanspruchte und als Gegenbild zur religiösen Ethik der Konfessionen zunehmend Anhänger fand.

Dieses so verstandene Politische war aber auch wegen der ihm innewohnenden Tendenzen zu Veräußerlichung (Kleidung, Gebaren), bloßem Utilitarismus und moralischer Verfla-

23 Daniel Casper von Lohenstein, *Sophonisbe*, Trauerspiel, hrsg. von Rolf Tarot, Stuttgart 1970 [u. ö.], S. 46 (II, v. 171 ff.).
24 Ebd., S. 17 im »Innhalt«.

chung heftiger Kritik im Namen alter deutscher Redlichkeit und christlicher Tugend ausgesetzt. Außerdem befürchteten Kritiker wie Friedrich von Logau durch die ›politische‹ »Heutige Weltkunst«,[25] so die Überschrift eines seiner Epigramme, die Verdrängung alter, idealisierter Lebensformen durch die neuen politisch-staatlichen Organisationsformen mit ihren absolutistischen Tendenzen und einer von französischer Mode, Sprache und Literatur geprägten Hofkultur. Das Neue verkörpert für Logau nicht zuletzt der neue Typus des Hofmanns mit einer ›politischen‹, d. h. nach Logaus Auffassung opportunistischen Moral, dem er das Bild des ›redlichen‹ Hofmanns entgegensetzt, der dem Herrscher in einem persönlichen Treueverhältnis verbunden ist: »LEb ich / so leb ich! | Dem Herren hertzlich | Dem Fürsten treulich; | Dem Nechsten redlich; | Sterb ich / so sterb ich!« (*Lebens-Satzung*)[26]

Gegen die grundsätzliche Abwertung des Politischen um die Jahrhundertmitte durch Logau und seine zunehmende Veräußerlichung in den folgenden Jahrzehnten setzte Christian Weise eine eigene Konzeption, die Weltklugheit und ethische Verantwortung miteinander zu vereinbaren suchte. Diese positive Variante entwickelte er im Rahmen eines pädagogisch-rhetorischen Programms,[27] das darauf zielte, die humanistisch-gelehrte Tradition den veränderten Berufs- und Lebensbedin-

25 Logau (Anm. 9), S. 78.

26 Ebd., S. 56.

27 Seine erste ausführliche Formulierung fand es im *Politischen Redner* (1677), einem häufig aufgelegten und 1684 um eine Fortsetzung erweiterten tausendseitigen rhetorischen Kompendium. Zahlreiche weitere politische, poetische und rhetorische Lehr- und Anweisungsbücher führten die Gedanken aus; auch das von Weise begründete Genre des ›politischen Romans‹ (u. a. *Die drey ärgsten Ertz-Narren in der gantzen Welt*, 1672) gehört in diesen Zusammenhang.

gungen anzupassen und seine Schüler – er spricht von ›Untergebenen‹ – auf ihre künftige Rolle im Staats- und Hofdienst oder als Angehörige der städtischen Kaufmannschaft vorzubereiten. Zu diesem Zweck sollten sie mit den gesellschaftlich gebotenen, nützlichen und erfolgversprechenden Verhaltensregeln vertraut gemacht werden und dabei auch Gelegenheit erhalten, sie praktisch einzuüben, nicht zuletzt durch eine entsprechende Ausrichtung des Schultheaters am Zittauer Gymnasium, für das Weise von 1679 an mehr als 60 Stücke schrieb.

Sein Dramenprogramm – drei Stücke an drei Tagen – umfasst in dieser Reihenfolge Bibeldramen, politisch-historische Stücke und Komödien, alle mit ›politischen‹ Intentionen. Da gibt es etwa den Typus des Favoritendramas. Er handelt von der Gefährdung eines Staatswesens durch einen Günstling, der seine einflussreiche Position am Hof missbraucht, bis Gegenmaßnahmen der anderen Hofparteien zum Sturz des Favoriten und damit zur Wiederherstellung der Ordnung führen. Stücke wie *Der gestürtzte Marggraff von Ancre* (1679) verzichten auf ausgreifende Staatsaktionen, diskutieren keine grundsätzlichen politischen Strategien und Theorien, sondern inszenieren Intrigen und Gegenintrigen und führen die geschickte Instrumentalisierung und Manipulierung von Personen, Parteien und Volk und ihrer Affekte auf der Basis politischer Klugheitslehren vor.

Dabei bedienen sich die konkurrierenden Parteien grundsätzlich der gleichen Mittel und Taktiken; der moralische Unterschied besteht darin, dass die eine Seite ausschließlich auf den persönlichen Vorteil sieht – das gilt als Machiavellismus –, die andere zugleich auch die allgemeine Wohlfahrt im Auge hat. Und indem die Favoritendramen den Sieg der für das Wohl des Staates eintretenden Partei bzw. Person und den Sturz der Machiavellisten darstellen, demonstrieren sie die

Überlegenheit eines tugendgeleiteten Handelns, dem es gelingt, legitime persönliche Interessen mit übergeordneten, dem Gemeinwohl verpflichteten moralischen und politischen Gesichtspunkten zu verbinden. Der Fall des Günstlings ist keine Demonstration des barocken Gemeinplatzes von der Wechselhaftigkeit und Vergänglichkeit irdischen Glücks, sondern ein höchst diesseitiges Exempel für die Konsequenzen falschen politischen Verhaltens.

Ein brisantes, in seiner Deutung umstrittenes Lehrstück ist Weises bekanntestes Drama, das 1682 aufgeführte *Trauer-Spiel Von dem Neapolitanischen Haupt-Rebellen Masaniello* (Druck 1683). Es behandelt ein Ereignis aus der unmittelbaren Vergangenheit, den antispanischen Aufstand 1647 in Neapel (Sitz des spanischen Vizekönigs), und demonstriert, wie die verfehlte Politik einer unfähigen Obrigkeit und einer eigennützigen und skrupellosen Adelsclique eine Rebellion des unterdrückten und ausgebeuteten Volkes geradezu herausfordert. Am Schluss steht, ohne dass sich an der Lage der Untertanen etwas geändert hätte, die Wiederherstellung der alten Ordnung dank des ›politisch‹ agierenden Kardinals Philomarini, der – auch mit moralisch bedenklichen Schachzügen – mit dem in jeder Beziehung unpolitischen Anführer der Rebellion Masaniello, aber auch mit dem Adel und der Regierung leichtes Spiel hat.

Masaniello ist kein Revolutionsdrama, sondern ein Lehrstück politischen Verhaltens und vor allem politischen Versagens in Krisensituationen. Die Schüler Weises sollen an negativen und positiven Beispielen lernen und durch die rhetorisch-schauspielerische Praxis einüben, welche Eigenschaften einen Politicus auszeichnen – Anpassungsfähigkeit, vorausschauende Klugheit und Planung, strategisches Denken, Beobachtungsgabe, Menschenkenntnis, Redegewandtheit usw. –, welche Probleme und Entscheidungsfragen sich in Krisensitu-

Effigie & uero Ritratto di Masianiello, comandante, in Napoli

ationen ergeben, welche Maßnahmen zu treffen sind, wie es um das Verhältnis von Politik und Moral steht, inwiefern die zentralen ›politischen‹ Techniken der *simulatio* und *dissimulatio*, der Verstellung und Täuschung, moralisch gerechtfertigt sind oder nicht.

Doch die Lehren, »welche aus dieser Historie hervor strahlen«,[28] müssen sich Spieler und Zuschauer aus dem komplexen dramatischen Geschehen selbst herausfiltern: Denn es bestehen Widersprüche zwischen den Rahmentexten, die die göttliche Ordnung und die Weisheit der weltlichen und geistlichen Obrigkeit feiern, und dem Dramentext selbst mit seiner schonungslos ›realistischen‹ Darstellung moderner Politik und ihrer weitgehend unfähigen Akteure.

Staatsräson

Während Lohensteins Dramen in hohem Stil die Praxis einer auf dem Konzept der Trennung von Politik und Moral beruhenden politischen Handlungsweise ohne ideologische Vorgaben durchspielen oder Christian Weise eine moralisch entschärfte, gleichsam alltagstaugliche Version ›politischer‹ Weltklugheit zu lehren sucht, sehen Autoren wie Logau oder Gryphius in diesem Politikverständnis eine unzulässige und zudem gefährliche Relativierung von religiös-moralischen Werten oder auch von bewährten alten Politikvorstellungen. Zu dieser Opposition gehört auch Hans Jacob Christoph von Grimmelshausen, der Verfasser des *Simplicissimus Teutsch* (1668–69). Gerade der Satiriker Grimmelshausen, dem eine gelehrte Ausbildung verwehrt war, beteiligte sich intensiv an den politischen und staatsrechtlichen Diskussionen seiner Zeit

28 Christian Weise, *Masaniello. Trauerspiel*, hrsg. von Fritz Martini, Nachw. von Eberhard Mannack, Stuttgart 2003, S. 178 f.

und warnte vor den gesellschaftlichen Folgen des neuen, ›machiavellistischen‹ Politikverständnisses.

Das grundsätzliche Thema der Legitimation politischen Handelns steht im Mittelpunkt seines Traktats *Simplicianischer Zweyköpffiger Ratio Status* (1670).[29] In dieser Schrift setzt er sich am Beispiel biblischer Herrschergestalten mit dem zeitgenössischen Verständnis der Staatsräson auseinander. Dabei fordert er im Einklang mit der antimachiavellistischen Diskussion der Frühen Neuzeit den Vorrang der Moral vor der Politik und lehnt jede Lockerung zugunsten einer realistischen politischen Verhaltenslehre ab. Für Grimmelshausen besitzt die im Zeitalter der Religionskriege bei Staatsrechtlern und Politikern gewachsene Einsicht keine Gültigkeit, dass allein die Emanzipation des politischen Handelns von religiösen bzw. konfessionellen Normen die Erhaltung des Staatswesens garantieren könne.

Er wendet sich allerdings nicht gegen den Begriff der Staatsräson selbst, sieht ihn aber falsch interpretiert. Zwar werde die »Ubung solcher selbst Erhaltung«, von der »heutigen Alemode-Welt Ratio Status genannt«,[30] fälschlich für etwas Neues und wegen der Beziehung zu Machiavelli für etwas Verrufenes gehalten, sie sei aber seit je Voraussetzung einer dauerhaften Herrschaft. Allerdings habe die »selbst Erhaltung« zwei Seiten, *der* Ratio Status sei bei allen Schattierungen in der Praxis ›zweiköpfig‹:

29 Der Traktat gehört in den Zusammenhang einer Reihe von politischen Texten und Handlungsanweisungen mit verwandter religiös-biblischer Argumentationsstruktur. Hauptwerk dieser Richtung ist Dietrich Reinkings mehrfach aufgelegte *Biblische Policey* (1653), die dem Genre auch den Namen gab.

30 Hans Jacob Christoph von Grimmelshausen, *Simplicianischer Zweyköpffiger Ratio Status*, hrsg. von Rolf Tarot, Tübingen 1968, S. 9; das folgende Zitat ebd., S. 10.

ob er gleich 100 000fältig / so bestehet er doch principaliter nur in zweyerley Gestalt / nemlich in gut und böß / je nach dem er etwan von rechtmässigen / frommen / GOtt und der Welt gefälligen Regenten / oder aber von ungerechten / gottlosen Tyrannen / [...] beherbergt / und ihme Folge geleistet wird.

Am Beispiel verschiedener biblischer Gestalten wie Saul und David ›beweist‹ Grimmelshausen, dass Demut und Gottvertrauen und damit die ›gute‹ Staatsräson nicht nur moralisch, sondern auch in der politischen Realität überlegen sind. Es gibt nur das Entweder – Oder, Gut oder Böse, und das ist zugleich eine Entscheidung zwischen ewigem Leben und ewigem Tod.

Grimmelshausen beteiligt sich an der Diskussion um ›gute‹ und ›böse‹ Staatsräson auch in seinem erzählerischen Werk. So bieten die erbaulichen Romane *Dietwalt und Amelinde* (1670) und *Proximus und Lympida* (1672) Beispiele religiös fundierten politischen Handelns und konfrontieren es dabei auf unterschiedliche Weise mit machiavellistischen Gegenwelten im frühchristlichen Frankreich bzw. im oströmischen Reich. Dabei ist der Bezug zur Gegenwart immanent: Die Entwürfe eines religiös begründeten Herrscherideals und die Vorstellung eines am Christentum orientierten politischen Handelns sind als mahnende Gegenbilder zur zeitgenössischen Wirklichkeit konzipiert, über deren Beschaffenheit Grimmelshausen keine Illusionen hatte. Denn die wirkliche Welt scheint sich gerade dadurch auszuzeichnen, dass moralischer Anspruch und politische Praxis einander ausschließen. Im *Simplicissimus Teutsch* und den anderen simplicianischen Erzählungen hinterfragt Grimmelshausen auf drastische Weise die Gewissheiten einer idealisierenden Sicht der Welt, wie sie etwa der höfische Roman bietet, und zeigt, wie sich die Freiheiten der Satire, wie sich satirische und utopische Gegenbilder zu einer recht differenzierten, kritischen Darstellung zeitgenössischer Wirklichkeit als einer ›verkehrten Welt‹ nutzen lassen.

Im vierten Buch des Romans kommt es zur letzten, aufschlussreichen Konfrontation des Romanhelden mit Olivier, der Verkörperung des Bösen. Dieser durchaus gebildete Mann – er war Regimentssekretär (wie Grimmelshausen bei Kriegsende) – hat den Krieg gleichsam in seine eigene Hand genommen und zieht als Räuber und Mörder durch den Breisgau. Auch wenn er nicht gefasst und hingerichtet würde, mahnt ihn Simplicius, sei doch ein solches Leben »das allerschändlichste von der Welt / daß ich also nit glaube / daß du darin zu sterben begehrest«.[31] Auf diese Vorhaltungen des Romanhelden, dem trotz aller Verirrungen das Gewissen nicht abhanden gekommen ist, rechtfertigt Olivier sein privates Rauben und Morden eloquent mit Argumenten und Beispielen aus Geschichte und Politik und einem Hinweis auf den umstrittenen Vertreter des politischen Immoralismus. Simplicius habe »den Machiavellum noch nicht gelesen«:

> mein dapfferer Simplici, ich versichere dich / daß die Rauberey das aller-Adelichste Exercitium ist / das man dieser Zeit auff der Welt haben kan! Sag mir / wie viel Königreich und Fürstenthümer sind nicht mit Gewalt erraubt und zu wegen gebracht worden? Oder wo wirds einem König oder Fürsten auff dem gantzen Erdboden vor übel auffgenommen / wenn er seiner Länder Intraden [Einkünfte] geneust / die doch gemeinlich durch ihrer Vorfahren verübten Gewalt zu wegen gebracht worden? Was könte doch Adelicher genennet werden / als eben das Handwerck / dessen ich mich

31 Hans Jacob Christoph von Grimmelshausen, *Der Abentheurliche Simplicissimus Teutsch und Continuatio des abentheurlichen Simplicissimi*, hrsg. von Rolf Tarot, Tübingen [2]1984, S. 338.

> jetzt bediene? [...] Wo hastu jemals eine vornehme Stands-Persohn durch die Justitiam straffen sehen / umb daß sie ihr Land zu viel beschwert habe? ja was noch mehr ist / wird doch kein Wucherer gestrafft / der diese herrliche Kunst heimlich treibt / und zwar unter dem Deck-Mantel Christlicher Lieb / warumb wolte denn ich straffbar seyn / der ich solche offentlich / auff gut Alt-Teutsch / ohn einige Bemäntelung und Gleißnerey übe? Mein lieber Simplici, du hat den Machiavellum noch nicht gelesen [...].[32]

Während Simplicius Olivier vorwirft, er verstoße gegen positives, natürliches und göttliches Recht, zählt für Olivier allein der Erfolg: Wenn es ihm gelänge, »auff solche Art eine Monarchiam« aufzurichten,[33] werde wohl – das zeige die Praxis – kaum jemand viel dagegen sagen. Aber es geht letztlich nicht darum, dass gelegentlich oder vielleicht auch häufig Macht über Recht triumphiert und dass die weltliche Obrigkeit und ihre Vertreter unrechtmäßiger Handlungen geziehen werden; mit Verfehlungen ist in einer unvollkommenen Welt immer zu rechnen. Entscheidend ist vielmehr, dass Olivier seine eigene, private Handlungsweise mit Argumenten aus dem politischen Bereich begründet. Weil in der Politik allein der Erfolg zähle, weil hier im Interesse der Machterhaltung moralische Erwägungen in den Hintergrund zu treten hätten, weil sich politisches Handeln von der Moral emanzipieren müsse, wie es Machiavelli lehre, sei es auch einem aufrechten Gemüt wie ihm gestattet, sich über Gesetze hinwegzusetzen, die nicht für seinesgleichen gemacht worden seien.

Mit dieser Darstellung demonstriert Grimmelshausen in provokativ zugespitzter Form die Konsequenzen der von der

32 Ebd.

33 Ebd., S. 339.

modernen Staatslehre geforderten Trennung von Politik und Moral für die gesellschaftliche Ordnung. Sie bestehen nicht nur in der Etablierung eines machiavellistischen Herrschaftsstils und gottloser Tyrannei, sondern betreffen die Gesellschaft im Ganzen. Folgt man seiner Argumentation, so ist es nicht möglich, die religiösen und moralischen Normen für die private Sphäre zu reservieren, während die politische Klugheit im öffentlichen Bereich andere, ›machiavellistische‹ Handlungsstrategien diktiert. Damit verteidigt Grimmelshausen implizit das Prinzip der Unteilbarkeit der Moral, das für den politischen wie privaten Bereich unumschränkte Gültigkeit haben müsse. Die von den Theoretikern des Absolutismus geforderte Trennung von Politik und Moral bedeutet für ihn in letzter Konsequenz, dass die Normen generell zusammenbrechen.

III. Religion, Konfession

Konfessionalisierung: Kirche, Staat und Politik

Religion und Konfession prägten in der Frühen Neuzeit das Leben der Menschen in einer in unserer Gesellschaft heute kaum mehr vorstellbaren Weise. In enger Verbindung mit den staatlichen bzw. städtischen Verwaltungs- und Erziehungsinstitutionen unterwarfen die Kirchen das Leben der Menschen in allen gesellschaftlichen Bereichen bis in das letzte Dorf einem strengen Reglement. Grenzen der Einflussnahme gab es kaum, Verordnungen begleiteten den Menschen von der Wiege bis zum Ablauf des Begräbnisses. Im ›ganzen Haus‹ setzte der ›Hausvater‹ als Stellvertreter der geistlichen wie der weltlichen Obrigkeiten in Hausandachten die geistliche Belehrung aller Familienangehörigen und der Bediensteten fort, der sie durch die Predigt beim Kirchenbesuch oder gegebenenfalls in der Schule regelmäßig ausgesetzt waren. Dabei trafen sich die Interessen von Staat und Kirche, gleich welcher Konfession. Der fromme, gottesfürchtige Mensch, der die gottgewollte Ordnung verinnerlicht hatte, war zugleich der bestmögliche Untertan.

Fasste Johannes Plavius die lutherische Forderung »Sey der Obrigkeit unterthan« in ein Gebot in Sonettform zusammen,[1] so suchte der ungemein erfolgreiche jesuitische Erbauungsschriftsteller Jeremias Drexel den Gläubigen in seiner Frömmigkeit und damit seinem Gehorsam gegenüber Gott durch anschauliche Erklärungen der Glaubenswahrheiten und eingängige Beispiele zu stärken, die wiederum die gesellschaftliche und politische Ordnung mehr als nur indirekt bestätigen: »Vbel vnd widerwertige zustend begegnen vns nicht

1 *Danziger Barockdichtung*, hrsg. von Heinz Kindermann, Leipzig 1939, S. 136.

ohn gefer / vnd wachsen nicht auß der Erden herfür / wie das Graß. Alles kombt von oben herab«, heißt es in seinem Erbauungsbuch *Heliotropium* (1627).[2] Seine Argumentation lässt Fragen nach den realen Ursachen gesellschaftlicher und wirtschaftlicher Verhältnisse gar nicht erst zu; sie sind gottgewollt. Ziel des Traktats ist vielmehr, den Leser dazu anzuleiten, den Willen Gottes zu erkennen und die eigene Willensfreiheit richtig, d. h. in einer dem Seelenheil dienlichen Weise, zu gebrauchen. Ein Bibelwort am Ende fasst zusammen, was zuvor mit Beweisgründen, Beispielen und Beispielerzählungen verdeutlicht worden war: »Die Welt vergeht mit jhrem Lust / wer aber den Willen GOttes thuet / der bleibt in Ewigkeit.«[3]

Die Geistlichkeit war ebenso wie die weltliche humanistische Gelehrtenschicht in hohem Maße in das Herrschaftssystem eingebunden und – gerade im Hinblick auf das ›Volk‹, die unteren Gesellschaftsschichten – ein bedeutender stabilisierender Faktor im frühneuzeitlichen Staat. Durch den regelmäßigen unmittelbaren Kontakt durch Predigt und Seelsorge in allen Lebensstadien, durch das Anknüpfen an das volkstümliche religiöse Brauchtum in der katholischen Kirche oder die neue Funktion des geistlichen Liedes im Protestantismus erreichten die Geistlichen auch die Menschen, die weder lesen noch schreiben konnten – und das war der weitaus größte Teil der Bevölkerung.

Die politische Funktionalisierung der Religion erhielt durch die Glaubensspaltung und ihre Folgen eine neue Dimension.

2 Jeremias Drexel, *Heliotropium seu confirmatio humanae voluntatis cum divina*, München 1627. Zit. nach der deutschen Übersetzung von Joachim Meichel: *Sonnenwend das ist / von Gleichförmigkeit deß Menschlichen Willens mit dem Willen Gottes*, München 1627. Zit. nach der Ausg. München 1629, S. 831.

3 Ebd., S. 849.

Das Ende der Regierungszeit Kaiser Karls V. hatte statt der erstrebten Universalmonarchie den Sieg der Reichsstände gebracht. Der Augsburger Religionsfrieden von 1555 beendete vorläufig die Kämpfe der Reformationszeit und gewährte den Landesherrn Religionsfreiheit und das *ius reformandi*, d. h. das Recht, in ihren Territorien allein über Religionsangelegenheiten zu entscheiden. Die größeren Territorien nutzten die dadurch entstandenen Möglichkeiten, sich selbständig weiterzuentwickeln und die Herrschaft weiter zu konsolidieren. In diesem Prozess waren politisch-dynastische und konfessionelle Interessen untrennbar miteinander verbunden. Dabei führte die Verflechtung von Politik und Konfession zur institutionellen Festigung des territorialen Kirchenregiments. Dieses wiederum erfasste Bereiche, die dem fürstlichen Regiment bisher kaum zugänglich waren und ihm nun, im Bündnis mit der ihm verbundenen territorialen Kirchenorganisation, »den Durchgriff nach unten, auf den lokalen Bereich, in die Sphäre des einzelnen ermöglichte«.[4]

Konfession und Literatur

Glauben

Luthrisch / Päbstisch vnd Calvinisch / diese Glauben alles drey
Sind verhanden; doch ist Zweiffel / wo das Christenthum dann sey.[5]

4 Volker Press, *Kriege und Krisen. Deutschland 1600–1715*, München 1991, S. 137.

5 Friedrich von Logau, *Sinngedichte*, hrsg. von Ernst-Peter Wieckenberg, Stuttgart 1984, S. 89.

Dieses satirische Epigramm Friedrich von Logaus zeigt die Sicht eines skeptischen Beobachters auf die konfessionellen Konflikte im 17. Jahrhundert. Die Religionsparteien hätten ihm nicht zugestimmt und sich jeweils als die einzigen wahren Vertreter des Christentums gesehen: Dieser Alleinvertretungsanspruch war eine der Ursachen dafür, dass sich die Konflikte auch nach dem Augsburger Religionsfrieden von 1555 nur noch weiter verschärften, eine Verschärfung, die sich in den theologischen Kontroversen und Polemiken, aber auch in Beiträgen von Literaten niederschlug. Erst die Katastrophen des 17. Jahrhunderts ermöglichten Ansätze zu einer gewissen Toleranz, die angesichts widerstreitender politischer Interessen und konfessionellen Fundamentalismus zunächst allerdings nur begrenzte Wirkung zeigten.

Dass sich die Lage auch nach dem Westfälischen Frieden nicht entspannte, zeigte sich beispielsweise in Schlesien. Hier betrieb das Haus Habsburg gegen den Widerstand der Stände und der Städte mit allen Mitteln die Rekatholisierung des Landes. Im Dienst des mit der Durchsetzung dieser Politik beauftragten Offizials und Generalvikars von Schlesien, Sebastian von Rostock, stand zeitweise Johannes Scheffler (Angelus Silesius), der sich mit zahlreichen Streitschriften an dem Unternehmen beteiligte, die wiederum heftige Gegenreaktionen auslösten. Eine Auswahl der Schriften Schefflers – 39 von insgesamt 55 Traktaten und Polemiken – erschien 1677 unter dem Titel *Ecclesiologia Oder Kirchen-Beschreibung. Bestehende In Neun und dreyssig unterschiedenen außerlesenen Tractätlein von der Catholischen Kirche und dero wahren Glauben / wie auch von den Uncatholischen Gelachen* [Gemeinschaften] *und dero falschem Wahn.* Als Höhepunkt der Polemik kann wohl eine an den Kaiser gerichtete Schrift gelten, die schon im Titel den mystischen Epigrammatiker und Dichter frommer Hirtenlieder als fanatisches Instrument der Gegenreformation zeigt: *Gerechtfertigter Gewissenszwang oder Erweiß / daß man die Ketzer zum wahren Glauben zwingen könne und solle* (1673).

Man könnte darin eine Antwort auf Philipp von Zesens Toleranzschriften sehen, die im Kontext der Verhältnisse in den Niederlanden und gestützt auf Autoritäten seit der Antike für staatliche und kirchliche Zurückhaltung in Religionsfragen plädierten: *Des Geistlichen Standes Urteile wider den Gewissenszwang in Glaubenssachen* und *Des Weltlichen Standes Handlungen und Urteile wider den Gewissenszwang in Glaubenssachen*, beide 1665 in Amsterdam erschienen.[6] Aber an religiöse Toleranz war weiterhin, von Ausnahmen abgesehen, nicht zu denken. Das gilt vor allem für das Verhältnis der drei ›Religionen‹ Katholizismus, Luthertum und Calvinismus zueinander; außerdem verschärften sich die innerkonfessionellen Spannungen im Protestantismus. Vor allem das Luthertum war betroffen. Hier nahm seit der Wende zum 17. Jahrhundert die Kritik an der Erstarrung der orthodoxen Amtskirche zu, die über der Bewahrung und (häufig polemischen) Verteidigung der rechten Lehre (›Kontroverstheologie‹) die Frage vernachlässigte, wie denn der Glaube zu leben sei. Das kritische Spektrum reichte von gemäßigten Reformbestrebungen im Rahmen der bestehenden Kirchenorganisation bis hin zur radikalen Ablehnung der institutionalisierten Kirche.

Eine breite Resonanz innerhalb der lutherischen Kirche fanden vor allem Johann Arndts Vorstellungen einer neuen Frömmigkeitshaltung, die nicht auf dem falschen Vertrauen auf die reine Lehre beruht, sondern aus einer gelebten, inneren Erfahrung hervorgeht und auf eine christliche Lebenspraxis zielt:

6 Zu den Toleranzschriften Zesens und ihrer »politisch[en] Relevanz in der damaligen Lebenswirklichkeit« sowie zur Toleranzdiskussion der Zeit ausführlich: Ferdinand van Ingen, *Philipp von Zesen in seiner Zeit und seiner Umwelt*, Berlin/Boston 2013, S. 294–354; Zitat S. 294.

»Viel meinen / die *Theologia* sey nur eine blosse Wissenschafft vnd Wortkunst / da sie doch eine lebendige Erfahrung vnd Vbung ist. Jederman studiret jetzo / wie er hoch vnd berümbt in der Welt werden möge / aber from seyn wil niemand lernen«, heißt es in Arndts epochemachenden *Vier Büchern Von wahrem Christenthumb* (Buch 1 1605, erster vollständiger Druck 1610).[7]

Orthodoxe Geistliche reagierten mit heftigen Angriffen, nicht zuletzt auf Arndts Rückbesinnung auf mittelalterliche mystische Traditionen, aber auch auf die Rezeption platonischer und paracelsischer Naturspekulation. Doch die Zweifel an seiner Rechtgläubigkeit konnten Arndts Wirkung auf die verschiedenen protestantischen Strömungen des 17. Jahrhunderts und die von ihnen ausgehende Predigt- und Erbauungsliteratur bis hin zum Pietismus nicht beeinträchtigen. Zugleich wirkte er mit seinem Werk auf die geistliche Dichtung und Emblematik des Barock: mit seiner Affinität zur Mystik, seiner Form der allegorisch-erbaulichen Naturbetrachtung und dem Konzept einer andächtigen Frömmigkeitsübung, die vor allem für das geistliche Lied fruchtbar wurde (s. S. 213 ff.).

Während die von Johann Arndt ausgehenden Vorstellungen einer den Menschen innerlich verwandelnden Frömmigkeit trotz des Widerstands orthodoxer Kreise einen breiten

7 Johann Arndt, *Vier Bücher Von wahrem Christenthumb. Die erste Gesamtausgabe 1610*, hrsg. von Johann Anselm Steiger, Hildesheim [u. a.] 2007, Buch 1, Vorrede (= S. [7 f.]). – Ende des 17. Jahrhunderts wurden zwei weitere Bücher mit Texten aus anderen Schriften Arndts hinzugefügt; außerdem enthalten zahlreiche Drucke seit 1679 emblematische Kupferstiche. Bis ins 20. Jahrhundert rechnet man für das besonders im Pietismus beliebte Erbauungsbuch mit mehr als 300 Drucken. Annähernd so erfolgreich war Arndts Andachts- und Gebetbuch *ParadießGärtlein / Voller Christlicher Tugenden* (1612).

Rückhalt im Luthertum fanden und sich später auch der Pietismus trotz aller Behinderungen durch die lutherische Orthodoxie durchsetzen konnte, sahen sich die Anhänger radikalerer kirchenkritischer Strömungen Berufsverboten und Verfolgungen ausgesetzt. Die toleranteren Niederlande waren Zufluchtsort für viele, u.a. auch für Quirinus Kuhlmann, der sich nach seiner Böhme-Lektüre vom Luthertum abgewandt hatte und in den Niederlanden und in England für sein Projekt eines neuen religiösen Reiches warb, als dessen Prophet sich der Verfasser des *Kühlpsalters* (1684–86), des dritten Buchs der Bibel nach Altem und Neuem Testament, sah. Auf seiner letzten Reise 1689 fand er in Moskau Zugang zu den dortigen Böhme-Anhängern und wurde schließlich auf Betreiben des deutschen lutherischen Pastors von der russischen Obrigkeit inhaftiert, der Ketzerei, Verschwörung und Gotteslästerung angeklagt, gefoltert und schließlich verbrannt. Gottfried Arnold schildert Kuhlmanns Leben und Tod im zweiten Band seiner *Unpartheyischen Kirchen- und Ketzer-Historie* (1699–1700).[8]

Gelegentlich boten sich gewisse Freiräume auch in deutschen Territorien. Das galt etwa für Teile Niederschlesiens und die Lausitz im Grenzgebiet zwischen den konfessionellen Machtblöcken. Bei einer weitgehend lutherischen Bevölkerung hatten hier im Landadel und in der humanistischen Gelehrtenschicht nicht nur der Calvinismus, sondern auch spiritualistisch-mystische protestantische Strömungen an Einfluss gewonnen: Nachfolger reformatorischer Abweichler wie Caspar von Schwenckfeld oder Valentin Weigel, Gelehrte, die in ihren Schriften neuplatonische, pansophische, alchemistische, kab-

8 Abgedruckt in: *Das Zeitalter des Barock. Texte und Zeugnisse*, hrsg. von Albrecht Schöne, 2., verb. und erw. Auflage, München 1968, S. 100–106.

balistische oder astrologische Vorstellungen auf komplexe, jeweils eigene Weise miteinander verknüpften.

In diesen Kreisen verkehrte auch Jacob Böhme in Görlitz, an dem allerdings der Rat der Stadt auf Betreiben der lutherischen Geistlichkeit ein Exempel statuierte: Das Manuskript seiner ersten Schrift (*Morgen Röthe im auffgang* bzw. *Aurora*, 1612) wurde konfisziert, Böhme als ›Enthusiast‹ gebrandmarkt, einem Glaubensverhör unterzogen und mit Schreibverbot belegt (an das er sich bald nicht mehr hielt). Nur eine Schrift erschien zu seinen Lebzeiten im Druck. Dass Böhmes Werke gleichwohl eine breite Resonanz finden konnten, ist zunächst ein Verdienst seiner schlesischen Anhänger und Freunde, die Abschriften seiner Schriften weitergaben und so schließlich auch Druckausgaben ermöglichten. Entscheidend für die weitere Verbreitung wurden die in Amsterdam erschienenen Einzel- und Sammelausgaben. Von den Spiritualisten- und Sektiererkreisen in den Niederlanden, aber auch in England wirkten Böhmes Gedanken wieder zurück auf Deutschland.

Das im Augsburger Religionsfrieden kodifizierte Recht der Landesherren, in ihren Territorien allein über Religionsangelegenheiten zu bestimmen (*cuius regio eius religio*), führte wie andere Punkte des Vertrags zu Problemen, selbst wenn die Bevölkerung nicht vor die Entscheidung Konversion oder Auswanderung gestellt wurde. So konnte es zu Konflikten kommen, wenn in einem konfessionell relativ einheitlichen Territorium der Herrscher zu einer anderen Konfession übertrat. In diesem Zusammenhang zeigt das Beispiel Paul Gerhardts in Brandenburg überdies, dass die Spannungen zwischen Lutheranern und Calvinisten nicht geringer waren als ihre Gegnerschaft zum Katholizismus.

Als Gerhardt 1657 als Diakon an die Berliner Nicolaikirche berufen wurde, sah er sich mit den Besonderheiten der brandenburgischen Kirchenpolitik konfrontiert. Das brandenburgische Herrscherhaus hatte 1613 das reformierte Bekenntnis angenommen, die Bevölkerung war mehrheitlich lutherisch geblieben. Der seit 1640 regierende Kurfürst Friedrich Wilhelm suchte, sowohl im Interesse seiner absolutistischen Bestrebungen als auch der calvinistischen Minderheit, die Konfessionen zu gegenseitiger Toleranz zu bewegen und religiöse Streitigkeiten zu unterdrücken. Er ließ die theologische Literatur zensieren, verbot 1662 den Geistlichen konfessionelle Polemik auf den Kanzeln und den Landeskindern das Studium der Theologie und Philosophie an der streng lutherischen Universität Wittenberg. Er lud zu einem Religionsgespräch ein, das keine Annäherung der Konfessionen brachte; Gerhardt äußerte Zweifel daran, ob man Calvinisten überhaupt als Christen bezeichnen könne.

Der Kurfürst verschärfte sein Vorgehen und forderte 1664 von der Geistlichkeit durch Unterschrift u. a. die Zustimmung zu seinen früheren Toleranzedikten. Gerhardt berief sich auf sein ›armes Gewissen‹ und verweigerte die Unterschrift; auch auf Kompromissangebote ging er nicht ein, da er die geforderte Toleranz als Einfallstor des Synkretismus, der Vermischung, und damit als Gefährdung der reinen Lehre sah. 1667 verlor er sein Amt und verbrachte seine letzten Jahre als Archidiakonus in Lübben im Spreewald, das zum lutherischen Sachsen-Merseburg gehörte. Noch im Vermächtnis an seinen Sohn wirken die Berliner Erfahrungen nach: »Die heilige Theologiam studiere in reinen Schulen und auf unverfälschten Universitäten, und hüte dich ja vor Synkretisten, denn sie suchen das Zeitliche und sind weder Gott noch Menschen treu.«[9]

Gerhardts kompromisslose Haltung steht in deutlichem Gegensatz zu seiner ökumenischen Wirkung. Dafür gibt es meh-

9 Paul Gerhardt, *Dichtungen und Schriften*, hrsg. von Eberhard von Cranach-Sichart, München 1957, S. 492.

rere Gründe: Einerseits hatten der historische Ausleseprozess und die Bearbeitungspraxis späterer Herausgeber zur Folge, dass die dogmatische bzw. polemische Seite seines Schaffens in den Hintergrund trat, andererseits erleichterten die enge inhaltliche und sprachliche Bindung vieler Texte an die Bibel und der Charakter der in ihrer Mehrzahl undogmatischen Lieder mit ihrem Ausdruck inniger Frömmigkeit und ihrem kunstvoll schlichten Ton eine überkonfessionelle Rezeption.

Ein Ausnahmefall im Kontext der erbitterten konfessionellen Auseinandersetzungen und Zwangsmaßnahmen im Deutschen Reich des 17. Jahrhunderts stellen die Verhältnisse im kleinen Herzogtum Sulzbach in der Oberpfalz dar. Hier war es Herzog Christian August gelungen, ein ungewöhnliches Toleranzmodell zu verwirklichen und die ungeklärten religiösen Verhältnisse nach Ende des Dreißigjährigen Krieges 1652 in einem Vertrag zu regeln, der Protestanten und Katholiken gleiche Rechte zuerkannte (Simultaneum): Die Kirchen konnten von beiden Konfessionen benutzt werden, die Kircheneinkünfte, Schulen und andere kirchliche Einrichtungen wurden aufgeteilt. Zwar trat der protestantische Herzog aus politischen Erwägungen 1656 zum Katholizismus über; die Toleranzpolitik änderte sich nicht. Vielmehr förderte der gebildete und kulturell vielseitig interessierte Herzog auch noch die Gründung einer jüdischen Gemeinde in Sulzbach und erteilte jüdischen Buchdruckern Privilegien zur Errichtung von Druckereien; 1669 wurde das erste hebräische Buch in Sulzbach gedruckt, eine Edition des hebräischen Urtextes des Buchs *Sohar* der Kabbala.

Daran beteiligt war auch der Pfarrerssohn Christian Knorr von Rosenroth, der seit 1668 den höchsten Verwaltungsgremien des Territoriums angehörte und durch seine wissenschaftlichen und literarischen Arbeiten und seine Beziehungen zu zahlreichen Gelehrten des In- und Auslandes wesentlichen

Anteil an der Entwicklung der kleinen Residenzstadt zu einem bedeutenden kulturellen Zentrum hatte. Seine Interessen galten insbesondere der wissenschaftlich fundierten Pflege hermetisch-kabbalistischer Traditionen sowie religiösen, naturphilosophischen und alchemistischen Themen. Ausdruck fanden sie auch in seinen geistlichen Liedern mit ihren mystischen Zügen und geistlichen Naturbetrachtungen (*Neuer Helicon mit seinen Neun Musen*, 1684).

Geistliche Dichtung

Während des ganzen 17. Jahrhunderts und noch im ersten Drittel des 18. Jahrhunderts dominierte theologische bzw. religiöse Literatur mit einem Anteil von etwa 40 % den Buchmarkt. Selbst wenn man die spezifische theologische Fachliteratur ausklammert, diente noch mindestens ein Viertel der gesamten Buchproduktion primär religiösen Zielen: die Predigtliteratur aller Konfessionen, das breite Spektrum des Erbauungsschrifttums zur Förderung privater Andacht und individueller Frömmigkeit, die vielfach davon geprägte Lieddichtung und religiöse Kunstlyrik, das konfessionelle Drama, religiöse erzählende Prosa.

Es gab allerdings keine strenge Trennung zwischen ›schöner‹ und ›erbaulicher‹ Literatur, wie denn auch erbauliche Tendenzen nicht an bestimmte Gattungen gebunden waren oder umgekehrt Prediger durch unterhaltsame ›Predigtmärlein‹ die Aufmerksamkeit der Zuhörer oder Leser zu erhalten suchten. Und Andreas Gryphius verzichtete wohl nicht zufällig auf die seit Opitz übliche gewordene Einteilung seines Werks in geistliche und weltliche Poemata. Zu den zahlreichen Grenzüberschreitungen im Bereich der erzählenden Literatur gehören etwa Legendenromane, biblische Romane, von gegenreformatorischem Geist geprägte Pikaroromane, geistliche Schäferdichtungen und schließlich auch der Versuch des Superintendenten Andreas Heinrich Bucholtz, das horazische *prodesse et delectare* als »Erbauung« und »Erlustigung« zu interpretieren und diesen Vorgaben entsprechende höfisch-historische Romane zu verfassen: Sie seien »umb erbauliche Lehr-Unterrichtungen und Anmerkungen anzuführen / eigentlich geschrieben« worden.[10] Stellvertretend für den weiten Bereich geistlicher Dichtung stehen im Folgenden die Lieddichtung bzw. Lyrik und das konfessionelle Drama.

Formen und Themen geistlicher Lyrik

Geistliche Lyrik macht den wohl größten Teil der lyrischen Produktion im 17. Jahrhundert aus. In ihrer schieren Menge ist sie kaum überschaubar. Das gilt vor allem für zwei Bereiche: zum einen für die Gelegenheitsdichtung geistlichen Inhalts (Leichen-, Trauer-, Trostgedichte usw.), zum anderen für die religiöse Lieddichtung, an deren massenhafter Produktion sich neben fast allen namhaften Dichtern des 17. Jahrhunderts vorrangig viele Geistliche beteiligten, die es als ihre Aufgabe ansahen, mit dieser Form der Gebrauchsdichtung den Glauben bzw. die jeweilige Konfession zu stärken.

Beim protestantischen Kirchenlied des 17. Jahrhunderts blieb die Bindung an die Reformationszeit eng, auch wenn die Verfasser nun den sprachlichen und metrischen Vorgaben der Literaturreform nachkamen. Für Kontinuität sorgte vor allem die protestantische Bindung an das Bibelwort, d. h. die Lieder schließen sich in der Regel weiterhin an den Wortlaut der Bibel an, nutzen oder kombinieren Bibelzitate je nach Thema und Anlass, erzählen Episoden nach und deuten Bibelworte und

10 Vgl. Ingeborg Springer-Strand, *Barockroman und Erbauungsliteratur. Studien zum Herkulesroman von Andreas Heinrich Bucholtz*, Bern / Frankfurt a. M. 1975, S. 73 ff.; Zitat S. 113.

biblisches Geschehen in belehrender oder erbaulicher Absicht. Allerdings veränderte sich seit der Wende zum 17. Jahrhundert im Zusammenhang mit dem Reformkonzept einer gelebten, den Menschen innerlich verwandelnden Frömmigkeit der Ton der Lieder.

Hatte das reformatorische Bekenntnislied der Lutherzeit die errungenen Glaubenswahrheiten und ihre Verkündigung in den Mittelpunkt gestellt, so richtete sich nun die Lieddichtung, auch unter dem Einfluss der spätmittelalterlichen Mystik, immer mehr auf die emotionalen Bedürfnisse der Gläubigen aus. Es bildete sich der Typus des Andachts- und Erbauungslieds heraus, der in Johannes Heermann und Paul Gerhardt seine bedeutendsten Vertreter fand und sich im Pietismus auf Grund der verstärkten Innerlichkeitstendenzen neue Gefühls- und Bildbereiche erschloss. Allerdings stieß die in pietistischen Selbstcharakteristiken hervorgehobene ungezwungene oder auch visionäre und enthusiastische Gefühlsaussprache – »aus dem überfluß des hertzens ausgebrochene gedancken / andachten oder gesänge« –[11] auf entschiedene Kritik der lutherischen Orthodoxie.

Die katholische Lieddichtung hatte einen anderen ›Sitz im Leben‹ als die protestantische, und sie ging von anderen Voraussetzungen aus. Aber der propagandistische Erfolg des reformatorischen Kirchenlieds erzwang Reaktionen. Der Jesuit Adam Contzen schrieb 1620 in seinen *Politicorum libri decem* über die Lieder Luthers »mißbilligend und bewundernd zugleich, sie hätten mehr Seelen getötet als seine Schriften und

11 Gottfried Arnold, *Poetische Lob-und Liebes-Sprüche / von der Ewigen Weißheit / nach Anleitung Des Hohenlieds Salomonis*, Leipzig 1700, Vorrede [»Kurtzer Bericht Von dem Hohenliede und dessen wahrem Verstand«], Abschnitt 28. Der Text ist auch enthalten in Arnold, *Das Geheimniß der Göttlichen Sophia oder Weißheit*, Leipzig 1700.

Reden«.[12] Er stand mit dieser Klage keineswegs allein, und es war zunächst vor allem sein eigener Orden, der im Einklang mit seinem gegenreformatorischen Missionsauftrag seit den letzten Jahrzehnten des 16. Jahrhunderts mit einem auf Massenwirkung zielenden Liedprogramm der reformatorischen Lieddichtung entgegentrat. Im Verlauf des 17. Jahrhunderts beteiligten sich dann die Franziskaner – und hier insbesondere der Kapuzinerorden – intensiv an der volkstümlichen Liedpropaganda. Dabei grenzten sich die Verfasser, von Ausnahmen abgesehen, auch aus politisch-konfessionellen Gründen von den sprachlichen und metrischen Normierungstendenzen der Opitzianer und der Sprachgesellschaften ab und hielten an der oberdeutschen Sprach- und Literaturtradition oder wie Friedrich Spee an den Eigenheiten der rheinischen Mundart fest. Volkstümliche Stilelemente blieben so erhalten.

In der katholischen Messe hatte das deutsche Lied keinen Platz, doch boten sich zahlreiche außerkirchliche Gelegenheiten an, bei denen sich das Lied als Mittel der Verkündigung und Glaubenspropaganda einsetzen ließ: Volksmission, Wallfahrten, Prozessionen, Laienunterweisung (Katechismusunterricht), Zusammenkünfte der Marianischen Kongregationen und anderer Bruderschaften usw. Zahlreiche Liedersammlungen aus den ersten Jahrzehnten des 17. Jahrhunderts unterstützten die Verbreitung dieses gegenreformatorischen Liedrepertoires in deutscher Sprache.

Dabei spielte der Rückgriff auf ältere Liedtraditionen eine

12 Inge Mager, »Lied und Reformation. Beobachtungen zur reformatorischen Singbewegung in norddeutschen Städten«, in: *Das protestantische Kirchenlied im 16. und 17. Jahrhundert. Text-, musik- und theologiegeschichtliche Probleme*, hrsg. von Alfred Dürr und Walther Killy, Wiesbaden 1986, S. 25. Das lat. Originalzitat ebd.: »Hymni Lutheri animos plures quam scripta et declamationes occiderunt.«

wichtige Rolle: Vorreformatorische lateinische Hymnen wurden in neuen deutschen Bearbeitungen der Zeit bzw. den Vorgaben des Konzils von Trient angepasst, Andachts-, Legenden- und Mirakellieder blieben aktuell. Zu diesen Liedern trat jetzt als neues, zukunftsträchtiges Genre das Exempellied hinzu, das mit einprägsamen positiven oder negativen Beispielen vor allem aus dem Alltagsleben Glaubenswahrheiten illustrierte und die Adressaten entweder zur Nachahmung auffordern oder ihnen zur Warnung dienen sollte. Die didaktische Absicht erhält besonderen Nachdruck durch das Eingreifen übernatürlicher Gestalten oder Mächte – Gott, Maria, Heilige, Teufel –, die belohnen oder strafen und so die christlich-katholischen Normvorstellungen und die Konsequenzen ihrer Nichtachtung von höherer Warte aus unmissverständlich bestätigen.[13]

Die Vielfalt der geistlichen Lyrik im Barock hängt mit der unterschiedlichen Funktion der Texte zusammen, die sie im religiösen Leben einnehmen. Bei der Lieddichtung lässt sich die Unterscheidung von Kirchenlied und geistlichem Volkslied auf der einen und Geistlichem Lied auf der anderen Seite treffen. Danach gelten als Kirchenlieder die Lieder, die in den (evangelischen) Kirchengesangbüchern gesammelt und im öffentlichen Gottesdienst der Gemeinde gesungen wurden, als geistliche Volkslieder die katholischen Lieder, die bei religiösen Anlässen außerhalb des Gottesdienstes als Mittel gegenreformatorischer Glaubenspropaganda und -unterweisung eingesetzt wurden. Im katholischen Gottesdienst selbst blieben die Gesänge lateinisch.

13 Eine umfassende Sammlung der (überarbeiteten) alten und der neuen Lieder bietet das von David Gregor Corner kompilierte *Groß Catholisch Gesangbuch* (1625, erw. 1631). Auch Friedrich Spee beteiligte sich mit zahlreichen Texten an der meist anonymen jesuitischen Liedproduktion.

Im Unterschied zu den mit kirchlichen Anlässen verbundenen Liedtypen war das Geistliche Lied für die Frömmigkeitsübung im Haus, für die Hausandacht konzipiert. Durch seine anspruchsvolleren Texte und Vertonungen entfernte es sich vielfach vom einfachen Stil des Gemeinde- bzw. geistlichen Volkslieds. Allerdings hat die Unterscheidung eher typologischen Charakter, denn die Übergänge sind fließend. Ein Blick auf die geschichtliche Entwicklung im 17. und 18. Jahrhundert zeigt, wie sich die Funktion der Lieder ändern konnte, also Geistliche Lieder zu Kirchenliedern oder geistlichen Volksliedern wurden, gegebenenfalls auch durch Textänderungen und vereinfachte Kompositionen.

Neben diesen für die Verwendung in Hausandacht, Gottesdienst oder anderen kirchlich bestimmten Gelegenheiten vertonten Liedern nahm nach der Literaturreform die religiöse Kunstlyrik protestantischer Autoren einen immer größeren Raum ein, Dichtung, die nicht mehr in einem kirchlichen Funktionszusammenhang stand und sich als Sprech- oder Leselyrik durch einen individuellen stilistischen und inhaltlichen Charakter auszeichnete. Sie orientierte sich an dem stilistischen und formalen Repertoire der weltlichen humanistischen Kunstdichtung deutscher Sprache und löste damit auch Diskussionen über die Zulässigkeit und den Grad des rhetorischen *ornatus* in der religiösen Dichtung aus.

Die grundsätzliche Ablehnung des hohen Stils in der geistlichen Dichtung, wie sie gerade im 16. Jahrhundert weit verbreitet war, machte im Barock zunehmend differenzierteren Anschauungen Platz. Sowohl die neulateinische Dichtung wie die nationalsprachlichen Renaissanceliteraturen des Auslands, Vorbilder für die deutschen Reformer, hatten in zahlreichen Werken die Vereinbarkeit von religiösem Gegenstand und poetischer Sprachkunst demonstriert. Außerdem konnten sich die Dichter auf die Bibel selbst berufen, wenn sie sich gegen stilistische Restriktionen für die deutschsprachige geistliche Lyrik wandten.

Gryphius schrieb, er sei der Meinung »gar nicht zugethan / die alle Blumen der Wolredenheit vnd Schmuck der Dichtkunst auß Gottes Kirche bannet / angesehen die Psalmen selbst nichts anders als Gedichte / derer etliche übermassen hoch vnd mit den schönesten Arten zu reden / die himmlischen Geheimnüß außdrucken«.[14] Und wenn Martin Opitz im zweiten Kapitel seines *Buchs von der Deutschen Poeterey* (1624) schreibt, dass die Dichtkunst in ihren Anfängen nichts anderes gewesen sei »als eine verborgene Theologie / vnd vnterricht von Göttlichen sachen«,[15] so nennt er den höchsten Gegenstand, dem sich ein Dichter widmen kann, einen Gegenstand, der nach der rhetorischen Stillehre ein hohes formales und stilistisches Niveau erfordert oder jedenfalls zulässt, wenn es sich nicht um anlassgebundene Lieddichtung für Gottesdienst, Hausandacht oder ähnliche Gelegenheiten handelt.

Doch auch die deutschsprachige Dichtung mancher katholischer Autoren zeigt durchaus Affinitäten zur Kunstdichtung opitzianischer Manier. Bei dem im protestantischen Glauben aufgewachsenen Johannes Scheffler (Angelus Silesius) ergibt sich das aus seiner Biographie. Das gilt nicht nur für die scharfsinnige mystische Epigrammatik seiner *Geistreichen Sinn- und Schlußreime* (1657; erw. Aufl. 1675 u. d. T. *Cherubinischer Wandersmann*). Es zeigt sich auch in seinem Liederbuch *Heilige Seelen-Lust Oder Geistliche Hirten-Lieder / der in jhren JESUM verliebten Psyche* (1657), die er als Gegenstück zur weltlichen Pastoral- und Liebesdichtung versteht und ihre Formen und

14 Andreas Gryphius *Oden und Epigramme*, hrsg. von Marian Szyrocki, Tübingen 1964, S. 98 (Gesamtausg. der deutschsprachigen Werke, Bd. 2).

15 Martin Opitz, *Buch von der Deutschen Poeterey (1624)*, Studienausg., hrsg. von Herbert Jaumann, Stuttgart 2005, S. 14.

Motive – etwa aus dem Repertoire des Petrarkismus – aufnimmt und dem geistlichen Zweck unterordnet.

Versatzstücke aus der petrarkistischen Liebesmetaphorik und -antithetik hatte bereits Friedrich Spee in seiner *Trutznachtigall* (Erstdruck 1649) verwendet, um das Paradox der himmlischen Liebe auszudrücken. Im Unterschied zu seinen früheren, der Volksmission dienenden Liedern verfolgte er mit der *Trutznachtigall* auch literarisch-patriotische Ziele und argumentierte wie die protestantischen Literaturreformer für die Eignung der deutschen Sprache zur höheren Poesie. Ausdruck dafür ist auch seine Anrufung der sizilianischen Musen,[16] die sich auf den in Sizilien geborenen antiken Idyllendichter Theokrit bezieht: Spee nimmt die Tradition der Idyllendichtung Theokrits (und der Eklogendichtung Vergils) auf und transponiert sie in eigenen Eklogen ins Geistliche.

Nicht nur bei Spee verliert die katholische Lieddichtung den Charakter einfachen religiösen Volksgesangs. Es entwickelt sich, wie z.B. das Werk Laurentius' von Schnüffis zeigt, eine spezifische katholische Kunstpoesie auf der Grundlage eigener sprachlicher und kultureller Traditionen. Die Übergänge sind fließend, und der Eindruck der ›Volkstümlichkeit‹ ist vielfach durchaus irreführend, wenn auch grundsätzlich im katholischen Bereich die ›hohe‹ Lyrik den Neulateinern vorbehalten bleibt.

Das breite Spektrum religiöser Sprech- oder Leselyrik umfasst Formen wie Sonett, Pindarische Ode, Hymne, Epigramm, Lehrgedicht oder geistliche Kontrafakturen der bukoli-

16 »Sicilides Musae Sacrum decorate Poëtam | qvi vos Germano nunc facit ore loqi« (»Sizilianische Musen, bekränzt den geistlichen Dichter, | der euch nun in deutscher Sprache reden läßt«), zit. nach: Friedrich Spee, *Trvtz-Nachtigal*, krit. Ausg. nach der Trierer Handschrift, hrsg. von Theo G. M. van Oorschot, Stuttgart 1985, S. 4, 326.

Friedrich Spees eigenhändige Titelzeichnung zu seinem Liederbuch *Trvtz-Nachtigal* in einem Arbeitsheft aus dem Jahr 1634.

schen Dichtung. Eine eigene Stellung besitzt die deutsche Psalmendichtung mit einer Vielfalt, die vom Hugenottenpsalter und seiner Funktion als Gemeindelied über andere liedhafte Formen bis hin zu wortgewaltigen Paraphrasen und kunstvoller Andachtslyrik reicht. Zu den Höhepunkten gehören die Psalmendichtungen von Georg Rodolf Weckherlin, an Psalmverse anknüpfende Pindarische Oden von Andreas Gryphius und das Psalmwerk Wolf Helmhards von Hohberg, das eine Versparaphrase des Psalters mit neuen Melodien für jeden Psalm und einem doppelten Emblemzyklus zu einem erbaulichen Gesamtkunstwerk verbindet (*Lust- und Artzeney-Garten des Königlichen Propheten Davids. Das ist Der gantze Psalter in teutsche Verse übersetzt*, 1675). Über die traditionsgebundene Psalmendichtung hinaus geht der *Kühlpsalter* (1684–86) Quirinus Kuhlmanns, dessen Verfasser sich als Prophet eines neuen religiösen Reichs und seine zugleich autobiographische und heilsgeschichtliche Dichtung als heiliges Buch versteht.

Erbauliche emblematische Liederbücher und Gesamtkunstwerke spielen in beiden Konfessionen eine wichtige Rolle, angeregt u.a. durch die ungemein erfolgreiche *Pia desideria* (1624) des belgischen Jesuiten Herman Hugo, die in zahlreichen lateinischen und volkssprachlichen Ausgaben und Bearbeitungen, darunter vielen deutschen (nicht zuletzt protestantischen), verbreitet war. Die Tendenz zur Versinnlichung abstrakter theologischer Konzepte deutet sich auch bei Friedrich Spee in seiner *Trvtz-Nachtigall* an, wenn er im eigenhändigen Trierer Manuskript zwischen Überschrift und Liedtext Raum freilässt, der wohl für Illustrationen gedacht war.

In Nürnberg griffen Johann Michael Dilherr, erster Prediger an St. Sebald, und Georg Philipp Harsdörffer das jesuitische Beispiel in einer Reihe von Gemeinschaftswerken auf, die durch eine Verbindung von Wort (Bibelwort, Predigttext, Lied bzw. Gedicht) und Bild auch die Sinne ansprechen und damit die Wirkung steigern sollten. Dazu gehört z.B. das Andachtsbuch über Themen des Hohenlieds mit Prosatexten, Liedern, emblematischen Kupfern und Melodien *Göttliche Liebes-Flamme: Das ist Christliche Andachten / Gebet / und Seufftzer* (1651). Auf der katholischen Seite nutzte der Kapuziner Laurentius von Schnüffis dieses Verfahren für mehrere erbauliche Liederbücher, die durch ihre verschiedenen Komponenten – Melodie, emblematischer Kupferstich, Liedüberschrift, darauf bezogene Bibelworte in lateinischer Sprache und deutscher Übersetzung, Liedtext – an den Verstand und die Sinne appellieren. Auf diese Weise – und in bukolischer Verkleidung – beschreibt er etwa den Aufstieg der menschlichen Seele zu Gott: *Mirantisches Flötlein. Oder Geistliche Schäfferey / In welcher Christus / unter dem Namen Daphnis / die in dem Sünden-Schlaff vertieffte Seel Clorinda zu einem bessern Leben aufferweckt / und durch wunderliche Weis / und Weeg zu grosser Heiligkeit führet* (1682).

Allein auf das Wort vertraut ein großer Bereich geistlicher Lehr- und Meditationslyrik. Das geschieht in der deutschsprachigen wie in der neulateinischen Barockdichtung auf der Basis des humanistischen Formenrepertoires. Die protestantischen Literaturreformer konnten sich hier wie in der deutschen weltlichen Dichtung an ausländischen oder neulateinischen Mustern orientieren, die katholischen Autoren brauchten nur die neulateinische Praxis fortzusetzen. Zu den zentralen Themen der Sprachlyrik wie der Lieddichtung gehören neben der religiös geprägten Naturbetrachtung und dem Lob Gottes in der Natur (Kap. VIII) sogenannte Geschichtreden biblischer Gestalten, Klagegedichte (›Threni‹), Reflexionen über die Bestimmung des Menschen, Betrachtungen der Vergänglichkeit und Eitelkeit alles Irdischen, die Erinnerung an den Tod, Endzeiterwartungen und -vorstellungen (›die vier letzten Dinge‹) und mystisch-intellektuelle Spekulationen über das Verhältnis von

Gott und Mensch in der zugespitzten Form des Epigramms. Weitgehend eine katholische Domäne blieb das Marienlob, das im 17. Jahrhundert einen neuen Aufschwung erfuhr und in der volkssprachlichen Lieddichtung, aber auch in der neulateinischen Lyrik Jacob Baldes eine bedeutende Rolle spielte.

Drama und Konfession: Protestantisches Schultheater, Jesuitendrama

Humanismus und Reformation veränderten das Bildungswesen grundlegend. Das galt zunächst für die protestantischen Territorien. Die neu konzipierte protestantische Lateinschule basierte auf dem christlich-humanistischen Bildungsideal einer Verbindung von Rhetorik, Glaubenslehre und Wissenschaft (Kap. VII). Im Rahmen dieser didaktischen Zielsetzungen, die zusammen mit religiöser und moralischer Belehrung nicht zuletzt die verbalen Fähigkeiten betonten, spielte der Rhetorikunterricht eine wichtige Rolle. Seine letzte Stufe bildete nach anderen rhetorischen Übungen das Schuldrama, zunächst wie die humanistischen Vorläufer in lateinischer Sprache. Bald gab es aber auch parallel zur lateinischen Spielpraxis öffentliche Aufführungen in deutscher Sprache, um im Dienst der reformatorischen Glaubenspropaganda ein breiteres Publikum zu erreichen. Das protestantische Schuldrama war und blieb auch im 17. Jahrhundert ein in erster Linie auf die Sprache, das Wort und seine Bedeutung gerichtetes Deklamationstheater.

In den Jahren vor und nach Beginn des Dreißigjährigen Krieges kam es im Zusammenhang mit dem hundertjährigen Reformationsjubiläum und der sich verschärfenden konfessionellen Auseinandersetzungen zu einer erneuten Intensivierung reformatorischer Polemik auf der Bühne. Verfasser der Stücke waren Pfarrer, die formal und sprachlich an das Drama der Reformationszeit anknüpften. Der bekannteste ist Martin

Rinckart, Dichter des Chorals *Nun danket alle Gott.* In seiner Zeit als Kantor in Eisleben konzipierte er schon Jahre vor dem Jubiläum einen (unvollendet gebliebenen) Dramenzyklus, der sich zu einer Art offensiv-polemischer Chronik der Reformation fügen sollte. Am Anfang steht *Der Eißlebische Christliche Ritter* (1613), eine Verherrlichung des »letzten deutschen Wundermans Lutheri«, die den Triumph von Ritter Martin über Teufel, Papst und Calvinisten in holprigen Versen feiert. Zwei weitere Reformationsdramen folgten, die »in Volckreicher Versamlung« agierte Abrechnung mit dem großen Gotteslästerer Johann Tetzel und »der vnverschämbten / Bäpstischen Ablaß-Crähmerey; Wie noch des gantzen Römischen vnd Anti Christlichen Bapstthumbs« (*Indulgentiarius confusus, Oder Eißlebische Mansfeldische Jubel-Comoedia*, 1618), und die ebenfalls jubiläumsgerechte Dramatisierung des Bauernkriegs *Monetarius seditiosus sive incendia rusticorum bellica* [...]. *Der Müntzerische Bawren-Krieg*, 1625).[17]

Dagegen prägten humanistische Aspekte die Praxis des protestantischen Schultheaters in Straßburg. Hier erlebte das Theater seine künstlerisch bedeutendste Periode in den beiden ersten Jahrzehnten des 17. Jahrhunderts unter Caspar Brülow mit einem Nebeneinander von lateinischen, z. T. auch griechischen und deutschen Stücken. Für die aufwendigen Produktionen stand mit dem Akademietheater eine feste Bühne zur Verfügung. Man spielte Stücke aus der Antike von Sophokles bis Seneca, Neulateiner des 16. Jahrhunderts und eigens für das Akademietheater geschriebene Dramen und legte gleichzeitig,

17 Titel nach Gerhard Dünnhaupt, *Bibliographisches Handbuch der Barockliteratur*, Tl. 3, Stuttgart 1981, S. 1540, 1543, 1544. – Ausgaben: *Der Eislebische Christliche Ritter. Ein Reformationsspiel*, hrsg. von Carl Müller, Halle 1883; *Der Müntzerische Bawren-Krieg. Ein Lutherdrama in 5 Akten*, Nachdr. der Ausg. Leipzig 1625, hrsg. von Fritz-Dieter Maaß, Hildesheim 1991.

als Konzession an ein ungelehrtes Publikum, deutsche Versionen der Texte vor. Die religiösen bzw. konfessionellen Aspekte traten dabei nach und nach zurück, Aspekte eines historischen Schauspiels deuten sich an. Allerdings musste das Theater 1621 wegen des Krieges geschlossen werden und blieb daher für die weitere Theaterentwicklung ohne größere Folgen.

Während des Dreißigjährigen Krieges verlor das Schultheater insgesamt an Bedeutung. Erst in der zweiten Hälfte des 17. Jahrhunderts entwickelte sich wieder eine auch literarisch bemerkenswerte Spielpraxis an den protestantischen Gelehrtenschulen. Dabei zeigten sich Bestrebungen, das Schuldrama zu erneuern und den veränderten gesellschaftlichen und politischen Verhältnissen anzupassen, seine Funktion zu überdenken und neue theatralische Formen zu erproben. Zugleich trat die lateinische Sprache, anders als im Jesuitendrama, in den Hintergrund.

Aktualität gewann das protestantische Schultheater nicht zuletzt dadurch, dass es zum Ort der Diskussion zentraler Probleme der zeitgenössischen Politik und Staatstheorie und ihrer ethischen und religiösen Grundlagen wurde. Das geschah im Einklang mit einer modernen Pädagogik, die darauf zielte, der Lebensferne der protestantischen Gelehrtenschule durch eine auf die Gegenwart ausgerichtete Wissensvermittlung zu begegnen (Kap. II, VII). Literarische Bedeutung gewann es durch die Verbindung mit dem ›Schlesischen Kunstdrama‹, das an den schlesischen Gymnasien seine wichtigsten Spielorte fand und das ebenfalls moralisch-ethische, politische und religiöse Themen miteinander verknüpfte: So erweisen sich die Märtyrerdramen von Andreas Gryphius mit ihrer Demonstration der »vergänglichkeit menschlicher sachen«[18] und unbedingter

18 Andreas Gryphius, *Leo Armenius. Trauerspiel*, hrsg. von Peter Rusterholz, Stuttgart 1971, S. 4 (Vorrede).

Glaubensfestigkeit zugleich als Diskussionsforum aktueller politischer Fragen im Licht lutherischer Obrigkeitsvorstellungen (Kap. II). Für den Typus des Märtyrerdramas selbst griff Gryphius auf das Jesuitendrama zurück

Seit der zweiten Hälfte des 16. Jahrhunderts war dem älteren protestantischen Schuldrama mit dem katholischen Ordensdrama, besonders dem der Jesuiten, eine bedeutende und erfolgreiche Konkurrenz entstanden. Zwar entwickelten auch die Benediktiner und andere Orden an ihren Schulen und Universitäten eine fruchtbare Theatertradition, doch war es das Jesuitendrama, das entsprechend dem missionarischen Auftrag des Ordens die größte Wirkung nach außen entfaltete.

Das Theaterspiel hatte einen festen Platz im jesuitischen Schul- und Universitätsleben. Die Studienordnung (*Ratio studiorum*, 1599) des zentralistisch geführten Ordens machte die Einstudierung und Aufführung von Theaterstücken an seinen Erziehungsanstalten zur Pflicht, von regelmäßigen *declamationes* und anderen Übungen der oberen Klassen bis zu den großen öffentlichen Aufführungen an kirchlichen Feiertagen und am Ende des Schuljahres. Das Theater der Jesuiten wurzelte wie das protestantische Schuldrama in der humanistischen Tradition. Aber anders als das protestantische Schultheater blieb das Jesuitendrama bis auf wenige spätere Ausnahmen konsequent bei der lateinischen Sprache. Bei den öffentlichen Aufführungen gab es für die Zuschauer ohne besondere Lateinkenntnisse sogenannte Periochen, Theaterzettel mit Inhaltsangaben auch in der Volkssprache.

Ziel war zunächst die praktische rhetorische Schulung; zugleich dienten die Stücke der moralisch-religiösen Unterweisung und der Vertiefung des Sprach- und Literaturunterrichts. Bei den großen öffentlichen Aufführungen trat die Wirkung nach außen in den Vordergrund: Es ging um Verteidigung, Verbreitung und Festigung des wahren Glaubens, um Glaubenspropaganda im Geist einer energisch betriebenen Gegenreformation – und das mit den jeweils modernsten Mitteln des Theaters. Dabei konnte der Aufwand, etwa bei den Aufführungen in Wien oder München, dank entsprechender Subventionen durchaus mit prachtvollen Operninszenierungen konkurrieren.

Alle sprachlichen und außersprachlichen Mittel der zum multimedialen Gesamtkunstwerk tendierenden öffentlichen Vorstellungen dienten der rhetorisch-affektiven Wirkungsabsicht, dazu, die Zuschauer von der Wahrheit der christlichen Botschaft und der katholischen Glaubenspropaganda zu überzeugen, sie in die vorgeführten Krisen- und Entscheidungssituationen hineinzuversetzen, ihre Affekte zu mobilisieren – und so ihre Seelen in die gewünschte Richtung zu lenken. Dazu reichten die Worte nicht aus: Im Vergleich zur lebendigen und beseelten Darstellung auf der Bühne seien sie nur Gerippe und Leichname, heißt es bei Nicolaus von Avancini, einem der großen Theaterdichter des Ordens, im Vorwort zur Ausgabe seiner Stücke.[19]

Wie man sich die ideale Wirkung, den missionarischen Erfolg, vorstellte, zeigt ein Bericht über eine Aufführung des *Cenodoxus* von Jacob Bidermann im Jahr 1609 in München. Dabei ist es unerheblich, dass der Text kaum als Zeugnis eines tatsächlichen Vorfalls gewertet werden kann, sondern als Leseanleitung für ein späteres Publikum selbst Teil der Glaubenspropaganda ist. Er stammt aus der mehr als fünfzig Jahre nach dieser Aufführung erschienenen postumen Ausgabe der Dramen Bidermanns (*Ludi theatrales sacri*, 1666). Hier heißt es, ins Deutsche übersetzt, es sei bekannt,

19 Nicolaus von Avancini, *Poesis dramatica*, Bd. 1, Köln 1674, Ad Lecotorem, S. *4r: »Nempè quae in scenâ aguntur, viva sunt & animata: quae leguntur, mera ossa & cadavera.«

daß der ›Cenodoxus‹, der wie kaum ein anderes Theaterstück den ganzen Zuschauerraum durch so fröhliches Gelächter erschütterte, daß beinahe vor Lachen die Bänke brachen, nichtsdestoweniger im Geiste der Zuschauer eine so große Bewegung wahrer Frömmigkeit hervorrief, daß, was hundert Predigten kaum vermocht hätten, die wenigen diesem Schauspiel gewidmeten Stunden zustande brachten. Es haben sich nämlich von den Allervornehmsten der Bayrischen Residenz und der Stadt München im ganzen vierzehn Männer, von heilsamer Furcht vor dem die Taten der Menschen so streng richtenden Gott erschüttert, nicht lange nach dem Ende dieses Spiels zu uns zu den Ignatianischen Exerzitien zurückgezogen, worauf bei den meisten eine wunderbare Bekehrung folgte.[20]

Von der Mitte des 16. Jahrhunderts bis zur Auflösung des Ordens im Jahr 1773 wurden auf deutschsprachigem Gebiet Tausende von Jesuitendramen aufgeführt, allein in den ersten hundert Jahren mehr als 2000. Die Stücke blieben in der Regel ungedruckt; die Ausnahmen betreffen vor allem das Werk einiger großer Autoren wie Jacobus Pontanus, Jacob Bidermann, Jacob Balde und Nicolaus von Avancini. Im Verlauf der langen Geschichte des Jesuitendramas bildete sich, den jeweiligen spezifischen Umständen – historische Situation, lokale Gegebenheiten, Aufführungsbedingungen – angepasst, eine Reihe von thematischen Schwerpunkten heraus.

Obwohl die Grundmuster der Stücke in mancher Hinsicht unverändert blieben – Triumph der Tugend, des Märtyrers, des

20 Jacob Bidermann, *Ludi theatrales 1666*, hrsg. von Rolf Tarot, Tübingen 1967, Bd. 1, »Praemonitio ad lectorem«; dt. Übersetzung zit. nach Heinz Kindermann, *Theatergeschichte Europas*, Bd. 3: *Das Theater der Barockzeit*, Salzburg [2]1967, S. 443 f.

rechtgläubigen Herrschers auf der einen, Höllensturz des von Gott verworfenen Sünders, Ketzers oder Tyrannen auf der anderen Seite –, kam es im Verlauf der Geschichte des Jesuitendramas zu historisch bedingten Akzentverschiebungen. Dabei deutet sich ein verstärktes Interesse an historischen Stoffen an, und in Wien übernahm die Jesuitenbühne die Funktion eines Hoftheaters und das Jesuitendrama die eines höfisch-politischen Festspiels: Fürstenspiegel und Medium der Verherrlichung des (rechtgläubigen) Hauses Habsburg. Bekanntestes Beispiel dieser *ludi caesarei* ist das Anfang 1659 anlässlich der Kaiserwahl Leopolds I. in Wien aufgeführte Stück *Pietas victrix sive Flavius Constantinus Magnus de Maxentio tyranno victor*.[21]

21 Übersetzung des Titels in der Perioche: *Obsigende Gottseeligkait Das ist Flavius Constantinus Der Grosse Nach uberwundenen Tyrann Maxentio Sighafft*; im Druck erschien das Drama im zweiten Band von Avancinis *Poesis dramatica* (1675).

IV. Krieg und Frieden

»Europa scheint gäntzlich in Freuden zu schwimmen / | Weil ihre Bewohner nicht alle sind todt«, heißt es gegen Ende des 17. Jahrhunderts in einer Zeitung zur Begrüßung eines neuen Jahres.[1] Allerdings, Friede im Reich herrschte keineswegs, wie denn überhaupt friedliche Zeiten im 17. Jahrhundert selten und meist recht kurz waren. Vor allem die Katastrophe des Dreißigjährigen Krieges prägte die Sicht der Epoche sowohl bei den Zeitgenossen wie bei der Nachwelt: »Aus dem Jahrhundert des großen Krieges« überschreibt Gustav Freytag seine Darstellung der Epoche in den *Bildern aus der deutschen Vergangenheit* (1859–67), die weitgehend auf literarischen Quellen beruht. Und bis heute sind es literarische Texte, die unser Bild vom Dreißigjährigen Krieg wesentlich mitbestimmen: Werke wie die simplicianischen Schriften Grimmelshausens mit ihrer schonungslosen Darstellung der Brutalität der Kriegsführung, der moralischen Deformation des Menschen und der Leiden der Bevölkerung oder die apokalyptische Vision der *Thränen des Vaterlandes / Anno 1636* von Andreas Gryphius.

Auch wenn die Kriege die verschiedenen Landschaften in unterschiedlicher Härte und Dauer betrafen und sich manche der großen Städte freikaufen konnten, die Auswirkungen waren überall zu spüren. Stärker als die spektakulären großen Schlachten trugen die indirekten Folgen der Kriege und der Kriegsführung insbesondere im Dreißigjährigen Krieg zu den großen Bevölkerungsverlusten und wirtschaftlichen Schäden bei: Epidemien in den von Flüchtlingen überfüllten Städten,

1 *Relation aus dem Parnasso*, 1. Januar 1697. Vgl. Else Bogel / Elger Blühm, *Die deutschen Zeitungen des 17. Jahrhunderts*, Bd. 1, Bremen 1971, S. 266 f.

wiederkehrende Verwüstungen und Plünderungen, denen die ländlichen Bewohner schutzlos ausgeliefert waren, das ruinöse System der Selbstversorgung der Heere und des umfangreichen Trosses, wirtschaftliche Krisenerscheinungen (Hungersnöte, Inflation) usw.

Das Trauma des Dreißigjährigen Krieges steht im Mittelpunkt dieses Kapitels. Betroffen war, direkt oder indirekt, die gesamte Bevölkerung des Reiches, von den Obrigkeiten bis hin zum letzten Untertan. Entsprechend vielfältig war das publizistische und literarische Echo, das auch die unterschiedlichen Interessen der Beteiligten reflektiert und zum Teil als Fortsetzung der politischen und religiösen Auseinandersetzungen mit anderen Mitteln gesehen werden muss, als Kampf um die öffentliche Meinung. Zur Verfügung stand ein breites Formen- und Gattungsspektrum: auf Flugblättern verbreitete propagandistische und parteiisch-polemische Lieder und Gedichte, Soldatenlieder, Klagelieder und Trostgedichte, Gebete, satirische Texte, epische Darstellungen der Kriegsgräuel, Friedensdichtungen.

Das alles geschah unter Zensurbedingungen, wobei die jeweiligen politischen oder religiösen Interessen über die Auslegung bzw. Nichtbeachtung der Zensurbestimmungen entschieden. Die waren eigentlich seit der Reichspolizeiordnung von 1577 ziemlich eindeutig und in ihren Grundzügen von den Territorialstaaten und Städten übernommen worden (s. Kap. IX). Kontroverse Ansichten religiöser oder politischer Natur sollten von den Untertanen ferngehalten, die öffentliche Ordnung und Ruhe nicht gestört werden. Doch so wenig der Augsburger Religionsfriede wirklich Frieden brachte, sondern allenfalls einen vorübergehenden Waffenstillstand, so wenig konnten die Zensurverordnungen angesichts der vielen ungeklärten Fragen, der wachsenden politischen Selbständigkeit der Territorien und der fehlenden Kompromissfähigkeit der drei Konfessionen (Katholiken, Lutheraner, Calvinisten) den publizistischen Frieden garantieren. Schon vor Ausbruch des Dreißigjährigen Krieges war alle Zurückhaltung vergessen.

Meinungskampf

Im publizistischen Kampf um die Deutungshoheit war Parteilichkeit oberstes Gebot. Die Polemik der Reformationszeit lebte neu auf, und eine schlagkräftige propagandistische Lyrik reflektierte und personalisierte die politischen und religiösen Konflikte. Ein eingängiges Feindbild war dabei mindestens so wichtig wie die Darstellung der eigenen, allein gültigen Position. Hohn, Verunglimpfung, Verleumdung, Verteufelung prägten den Ton der Auseinandersetzung, die in großen publizistischen Kampagnen kulminierten, toleriert oder ermutigt, wenn nicht gar veranlasst von der jeweils interessierten Partei.

Dass der Dreißigjährige Krieg im deutschen Kontext ein Kampf zwischen den Reichsständen und dem Kaiser um die Vorherrschaft im Reich war, wird hinter der durchaus vorherrschenden Personalisierung des Konflikts immer wieder sichtbar: Es ging, je nach Interessenlage, um die Einheit des Reichs unter dem Haus Habsburg bzw. um die deutsche Freiheit – gemeint war die der (protestantischen) Reichsstände –, um Loyalität zum Kaiser oder Verrat, alles verbunden mit der Überzeugung, dem rechten Glauben zu dienen.

Höhepunkte der Polemik stellten die publizistischen Kampagnen gegen Friedrich V. von der Pfalz, den kaiserlichen Feldherrn Tilly oder die Jesuiten dar, während auf der ›positiven‹ Seite die propagandistischen Rechtfertigungen des schwedischen Kriegseintritts und die Lobgesänge auf König Gustav Adolf die auffallendsten Erscheinungen waren. Die

Protestanten kämpften gegen Fremdherrschaft und den Antichrist, repräsentiert durch die Spanier, die Jesuiten und den Papst, die Katholiken gegen Ketzer und Rebellen.[2] Die Schuld an Krieg und Niedergang des Reiches hat jeweils die andere Seite, daran lassen die Flugblätter und Flugschriften mit ihren anonymen ›historischen Volksliedern‹ und Spottgedichten keinen Zweifel, ebenso wenig wie an der Instrumentalisierung der Religion in der politisch-polemischen Auseinandersetzung.

Nach dem Scheitern des böhmischen Aufstands mit der Niederlage des böhmischen Ständeheers am Weißen Berg bei Prag (1620) wurde der nach Holland geflüchtete Friedrich V. erstes Opfer einer breiten Flugblattkampagne: »Ey liebe sagt wo findt ich doch | Den verlornen Pfaltzgrafen noch?«,[3] lautet der Refrain eines der zahlreichen Spottgedichte auf den ›Winterkönig‹. Die nächste Runde des Meinungskampfs ging eindeutig an die protestantische Seite, als auf dem Höhepunkt der Macht Kaiser Ferdinands (Restitutionsedikt 1629) Schweden in den Krieg eintrat und – schon vor der Landung schwedischer Truppen in Usedom (1630) – die Propaganda einsetzte, die dann die Feldzüge Gustav Adolfs mit zahlreichen Liedern, Gedichten und Flugschriften begleitete und den schwedischen König, den ›Löwen aus Mitternacht‹, als Befreier und Retter des Protestantismus feierte.[4]

Ein besonderes Problem ergab sich im Fall des kaiserlichen

2 Vgl. dazu Volker Meid, »Im Zeitalter des Barock«, in: *Geschichte der politischen Lyrik in Deutschland*, hrsg. von Walter Hinderer, Würzburg [2]2007, S. 97 ff.; hier (Anm. 6) ausführliche Literaturangaben zu Quellenpublikationen (Lieder, Flugblätter).

3 Refrain eines der zahlreichen Spottgedichte auf Friedrich V.: *PostBott*, Einblattdruck von 1621, zit. nach: *Gedichte des Barock*, hrsg. von Volker Meid, 2. überarb. Aufl., Stuttgart 2014, S. 5 ff.

4 Vgl. Meid (Anm. 2), S. 105 f..

obersten Feldherrn Wallenstein, der 1634 abgesetzt, als Verräter in die Acht erklärt und von Offizieren der eigenen Armee ermordet wurde: einerseits ein Problem für die kaiserliche Propaganda, die das Geschehen irgendwie rechtfertigen musste, andererseits natürlich ein willkommener Anlass für antihabsburgische Polemik und Satire. Zugleich ist der Fall auch ein Beispiel dafür, wie sich ein brisantes politisches Ereignis im Rahmen traditioneller poetischer Verfahrensweisen entschärfen ließ, indem man es zum Exempel überhöhte.

Johann Rist etwa reagierte in seinem Gedicht *Als die wunderbahre / doch vielmehr ohnverhoffte Zeitung erschallete / daß der Hertzog von Friedland zu Eger wehre ermordet worden* mit Gemeinplätzen – »Was ist dieß Leben doch? Ein Trawrspiel ists zu nennen« – und deutete das Geschehen als warnendes Exempel für die Unbeständigkeit des Glücks: »O selig ist der Mann | Der sich der Eitelkeit deß Glücks entschlagen kan.«[5] Die kaiserliche Propaganda musste zwar auch von der Frage ablenken, wie die Handlungsweise Kaiser Ferdinands II. politisch zu werten sei, aber eine Deutung als Exempel war zwar neutral, aber nutzlos im politischen Meinungskampf. Erfolgversprechender schien es offenbar vielmehr, den ermordeten Feldherrn durch persönliche Verunglimpfung lächerlich zu machen, um so die Frage nach Gründen oder Verantwortlichkeiten gar nicht erst aufkommen zu lassen. Es genügten allein Verweise auf Wallensteins Unfähigkeit, Ungerechtigkeit, Aberglauben und andere persönliche Idiosynkrasien, um die Schuld auf den Toten abzuwälzen:

5 *Gedichte des Barock* (Anm. 3), S. 75. – Zum publizistischen Echo auf Wallensteins Ermordung vgl. Hans Medick, »Wallensteins Tod. Auf den medialen Schlachtfeldern des Dreißigjährigen Krieges«, in: *Daphnis* 37 (2008), S. 111–130; Meid (Anm. 2), S. 97–100.

Wallensteins Epitaphium

Hie liegt und fault mit Haut und Bein
  Der Grosse KriegsFürst Wallenstein.
Der groß Kriegsmacht zusamen bracht /
  Doch nie gelieffert recht ein Schlacht.
Groß Gut thet er gar vielen schencken /
  Dargeg'n auch viel unschuldig hencken.
Durch Sterngucken und lang tractiren /
  Thet er viel Land und Leuth verliehren.
Gar zahrt war ihm sein Böhmisch Hirn /
  Kont nicht leyden der Sporn Kirrn.
Han / Hennen / Hund / er bandisirt /
  Aller Orten wo er losirt.
Doch mußt er gehn deß Todtes Strassen /
  D' Han krähn / und d' Hund bellen lassen.[6]

Dass sich eine Reihe der Gelehrtendichter durchaus aggressiv und nicht nur anonym an diesen publizistischen Auseinandersetzungen beteiligte, ist nicht selbstverständlich: Persönliche Verunglimpfung widersprach nicht nur den Zensurbestimmungen, sondern ließ sich auch kaum mit dem von den humanistischen Poetikern formulierten Anspruch vereinbaren, Dichtung diene auf exemplarische Weise der Vermittlung tugendhafter Verhaltensweisen. Daneben sollte man die persönlichen Schwierigkeiten und Abhängigkeiten der Dichtergelehrten nicht unterschätzen, die sich einerseits als geistiger Adel dem Staat als kompetente Führungselite empfahlen, andererseits aber in einer Zeit allgemeiner Unsicherheit mit territorialen Verschiebungen, wechselnden Obrigkeiten, ungeklärten Machtverhältnissen und damit verbun-

6 *Gedichte des Barock* (Anm. 3), S. 50.

denen Anpassungszwängen oder Karrierebrüchen rechnen mussten.

Wenn also Martin Opitz, Calvinist und zunächst heftiger Verfechter des Führungsanspruchs Friedrichs V. von der Pfalz, ein auf 1620 datiertes aggressiv antispanisches Gedicht, *Ein Gebet / daß Gott die Spanier widerumb vom Rheinstrom wolle treiben*, nach der ersten, nicht autorisierten Veröffentlichung 1624 nicht in spätere Ausgaben seiner Werke aufnahm, war das wohl keine Frage der Qualitätskontrolle: Der Verlauf des Krieges, die ungewisse eigene Zukunft, die Verhältnisse in seiner schlesischen Heimat und möglicherweise auch auf Ausgleich bedachte irenische Tendenzen mochten zu diesem Akt der Selbstzensur beigetragen haben. Dagegen hatten es Autoren leichter, die aus einer gesicherten Position heraus handeln konnten.

Das gilt etwa für Diederich von dem Werder, der zeitweise ein schwedisches Regiment befehligte und nicht mit Invektiven gegen den kaiserlichen Feldherrn Tilly sparte, als der 1631 mit den kaiserlichen Truppen Magdeburg erobert und zerstört hatte: »Gottloser BulenKnecht«, »Alter Kahlkopf«, »O rasendalter Hund« lauten die Anreden, mit denen ihn Werder in seinem *TrawerLied / Uber die klägliche Zerstörung der Löblichen und Uhralten Stadt Magdeburg* von 1632 bedenkt.[7]

Der politische Dichter par excellence auf protestantischer Seite war freilich Georg Rodolf Weckherlin. Die im englischen Exil entstandenen und in den Sammelausgaben seiner *Gaistlichen und Weltlichen Gedichte* (1641, 1648) veröffentlichten politischen Gedichte suchen in der deutschen Dichtung des 17. Jahrhunderts ihresgleichen, wenn sie auch wegen ihres späten Erscheinens kaum eine politische Wirkung entfalten konnten. Es sind kämpferische Gedichte: »ZErbrich das schwe-

7 Ebd., S. 47.

re Joch / darunder du gebunden / | O Teutschland / wach doch auff«, mit diesen Worten beginnt das Sonett *An das Teutschland.*[8] Es gibt keine Beschreibung von Kriegsgräueln, keine Evokation von Leid und Zerstörung, sondern Weckherlin benennt die Situation Deutschlands mit politischen Kategorien: Es geht um Freiheit und Tyrannei, um die dramatischen Folgen der sprichwörtlichen deutschen Zwietracht und die Hoffnung auf eine bessere Zukunft.

Die Freiheit, von der Weckherlin spricht, ist die der protestantischen Reichsstände, die er von Kaiser, Katholischer Liga (»falschen brüdern«) und Spanien bedroht sieht. Andere Gedichte sind direkter, polemisieren gegen die »falsche Lügen-Lig«[9] oder die Pfaffen, rühmen protestantische Fürsten und Heerführer und weisen auf ihre Berufung hin, Deutschland von der Tyrannei zu befreien. Für Weckherlin ist der schwedische König Gustav Adolf der »Teutschen freyheit hertz vnd Tugent haupt«,[10] und von Bernhard von Sachsen-Weimar, einem der erfolgreichsten Feldherrn des Krieges, heißt es gar, dass »seiner wafen plitz den Adler [Kaiser] selbs verblinden« und dass ihm »nichts Kayserliches mehr | Ermanglet dan der Nam«.[11] Ein Lobgedicht auf Kardinal Richelieu (»Franckreich / dein ist der Sig«)[12] zeigt ebenso wie die Gedichte auf Gustav Adolf oder den schwedischen Reichskanzler Oxenstierna, dass ihm jede Hilfe gegen die »Tyranney« recht war. Dass sich auch protestantische deutsche Fürsten zunächst nicht den Schwe-

8 Ebd., S. 12 (Fassung von 1648).

9 Georg Rodolf Weckherlin, *Gedichte*, hrsg. von Hermann Fischer, Bd. 2, Tübingen 1895, S. 221.

10 Georg Rodolf Weckherlin, *Gedichte*, ausgew. und hrsg. von Christian Wagenknecht, S. 181.

11 Georg Rodolf Weckherlin, *Gedichte*, hrsg. von Hermann Fischer, Bd. 1, Tübingen 1894, S. 428, 429.

12 Weckherlin (Anm. 10), S. 193.

den anschlossen und das primäre Ziel der Interventionen ausländischer Mächte wohl kaum die deutsche Freiheit war, bleibt in dieser propagandistischen Sicht unerwähnt. Das sah u.a. der Epigrammatiker Friedrich von Logau, schlesischer Protestant, anders. Für ihn waren die Schweden die größten Profiteure des Krieges:

Der Deutsche Friede

WAs kostet unser Fried? O wie viel Zeit und Jahre!
Was kostet unser Fried? O wie viel graue Haare!
Was kostet unser Fried? O wie viel Ströme Blut!
Was kostet unser Fried? O wie viel Tonnen Gut!
Ergetzt er auch dafür und lohnt so viel veröden?
Ja; wem? Frag Echo drumm; wem meint sie wol?
[Echo.] den Schweden.[13]

In der zweiten Jahrhunderthälfte boten vor allem die französische Expansionspolitik und die Türkenkriege Anlass für kämpferische Polemik, Aufrufe zur Einigkeit oder satirische Kommentare.[14] Grimmelshausens antifranzösische Satire *Der stoltze Melcher / Sambt einer Bespreчknuß Von der Franzoß Krieg Mit der Holland* (1672) – der Krieg griff bald auch auf das Reich über – ist zugleich eine Schrift gegen den Krieg überhaupt und eine Mahnung an die Jugend, die Schrecken des Dreißigjährigen Krieges nicht zu vergessen.

Gegen Ende des Jahrhunderts zielt Benjamin Neukirch in einer Reihe von Epigrammen auf Ludwig XIV., etwa wenn er die

13 *Gedichte des Barock* (Anm. 3), S. 159.

14 Zur Publizistik dieser Periode vgl. Jutta Schumann, »Das politisch-militärische Flugblatt in der zweiten Hälfte des 17. Jahrhunderts als Nachrichtenmedium und Propagandamittel«, in: *Das illustrierte Flugblatt in der Kultur der Frühen Neuzeit*, hrsg. von Wolfgang Harms und Michael Schilling, Frankfurt a.M. 1998, S. 227–258.

Annektierung Straßburgs (*Auff den König in Franckreich / als er Straßburg wegnahm*)[15] oder das Bündnis Frankreichs mit dem Osmanischen Reich thematisiert:

Auff das verbindniß des Königs in Franckreich
mit den Türcken

DIe Welt verwundert sich / warum der Saracen
An Franckreich bündniß sucht / und Franckreich es beliebet:
Noch mehr / daß Ludewig ihm selber lehren giebet /
Wie er den Christen recht soll in die flancken gehn.
Verwundert euch nur nicht / und lebet ohne sorgen;
Ihr wißt / daß Ludewig will eine sonne seyn /
Die Türcken sind der mond; drum trifft es billig ein:
Ein monde muß sein licht ja von der sonne borgen.[16]

Nach einem zwanzigjährigen Waffenstillstand hatte die Bedrohung durch das Osmanische Reich mit der Belagerung von Wien 1683 einen neuen Höhepunkt erreicht, auf die Abraham a Sancta Clara mit der Kampfschrift *Auff / auff! Ihr Christen! Das ist Ein bewegliche Anfrischung der christlichen Waffen wider den Türckischen Blut-Egel* (1683) antwortete. Nach dem Sieg des Reichsheers wurden die Türken immer weiter zurückgedrängt, kommentiert u.a. in Triumphgedichten wie *Sieghaffte Bestürm- und Eroberung des Türckischen Lagers bey Senta an der Theisse / den 11. Septembr. An. 1697* von Hans Aßmann von Abschatz[17] oder der an Prinz Eugen gerichteten heroischen Ode Johann Christian Günthers *Auf den zwischen Ihro Kayserl. Majestät und*

15 *Gedichte des Barock* (Anm. 3), S. 302.
16 *Spiel der Zeit. Deutsche Barocklyrik*, hrsg. von Volker Meid, Stuttgart 2015, S. 189.
17 *Gedichte des Barock* (Anm. 3), S. 293–295.

der Pforte An. 1718. geschloßenen Frieden: »Nur drauf, du Kern der deutschen Treu, | Nur drauf, du Kraft aus Hermanns Hüften!«[18]

Krieg, »ein erschreckliches und grausames Monstrum«[19]

Die Chronik eines südhessischen Pfarrers aus dem Dreißigjährigen Krieg gibt einen Eindruck von der Not vor allem der Landbevölkerung in seiner Heimat. Sie beschreibt die Folgen der schwedischen Niederlage in der Schlacht bei Nördlingen im September 1634. Die Schweden verloren ihre Vormachtstellung in Süddeutschland, ihre Truppen zogen sich zurück:

> Da sie, die Überpliebente, dan ihre Retirada in die Obergrafschaft unser Vaterland und uf Mentz zu genommen und das ganze Land […] ganz ausgeplündert, denen bald danach die Keiserliche folgeten, ihren Feind zu suchen, sie auch hinüber über den Rhein jagten, aber in unserm Land Alles, was jene ubergelassen, wegraubeten und verwüsteten, also gar, daß weder Viehe noch Pferde, Schweine, Federviehe oder dergleichen so wenig in Stätten als Dörfern uberpliebe.
>
> Bald fielen die Schweden uber Rhein herüber und jagten die Keiserischen aus ihrem Quartier, bald jagten diese hinwieder jene hinaus. Dadurch dan das ganze Land zwischen Meyn und Rhein gar erschöpfet wurde, und dorfte sich kein Mensch ufm Land blicken lassen, ihm wurde nachgejaget wie einem Wild, da er ergriffen, onbarmherzig zerschlagen und umb Verrahtung Geld oder Viehe oder Pferd mehr als

18 Zit. nach: *Das Zeitalter des Barock. Texte und Zeugnisse*, hrsg. von Albrecht Schöne, 2., verb. und erw. Aufl., München 1968, S. 349.

19 Hans Jacob Christoph von Grimmelshausen, *Satyrischer Pilgram*, hrsg. von Wolfgang Bender, Tübingen 1970, S. 160.

auf türkische Weise geknöbelt, an heißen Ofen nackend angebunden, aufgehenkt, mit Rauch gedempft, mit Wasser und Pful [Jauche], so sie den Leuten mit Zübern in Hals geschüttet und mit Füssen uf die dicken Bäuche gesprungen, getränket [...].

Umb solcher Tyrannei willen und daß kein Lebensmittel mehr ufm Land waren, wurden alle Dörfer, nicht eines ausgenommen, von allen Einwohnern verlassen.[20]

Dieser Ausschnitt aus der Chronik des Pfarrers beschreibt die historische Situation, die den Ausgangspunkt von Grimmelshausens *Simplicissimus Teutsch* (1668–69) bildet – und die das Leben des zwölf- oder dreizehnjährigen Grimmelshausen selbst entscheidend beeinflusste. Die Eingangsszenen des Romans schildern aus der Perspektive eines Kindes den Einbruch der Realität des Krieges in die Idylle eines Spessarter Bauernhofs und die Vertreibung aus dem Paradies der Kindheit. Das geschieht nicht mit den Mitteln eines wie immer gearteten Realismus oder Naturalismus, sondern satirisch verfremdet durch die naive Sicht eines unschuldigen, unwissenden Jungen und zugleich überhöht durch einen Verweis auf die Prüfungen Hiobs.

Angekündigt hatte Grimmelshausen den *Simplicissimus* im Diskurs »Vom Krieg« am Ende des *Satyrischen Pilgram* (1666–67) als Buch, das »mit einer andern und zwar lustigern Manier viel Particularitäten« vom Krieg erzählen werde.[21] Wie sich das Paradox der Schilderung eines grausamen Geschehens mit einer »lustigern Manier« literarisch verwirklichen lässt und wie es sich von der oben zitierten chronikalischen Darstellung un-

20 *Quellen zur Geschichte des deutschen Bauernstandes in der Neuzeit*, hrsg. von Günther Franz, Darmstadt [2]1976, S. 117 f.

21 Grimmelshausen, *Satyrischer Pilgram* (Anm. 19), S. 160.

terscheidet, erhellen die folgenden Ausschnitte aus den ersten Kapiteln des Romans, die von dem Überfall auf den Bauernhof, von Plünderung, Zerstörung, Folter, Vergewaltigung und Mord handeln:

> Das erste / das diese Reuter thäten / war / daß sie ihre Pferd einstelleten / hernach hatte jeglicher seine sonderbare Arbeit zu verrichten / deren jede lauter Untergang und Verderben anzeigte / dann ob zwar etliche anfiengen zu metzgen / zu sieden und zu braten / daß es sahe / als solte ein lustig Panquet gehalten werden / so waren hingegen andere / die durch-stürmten das Hauß unden und oben / ja das heimlich Gemach war nicht sicher / gleichsam ob wäre das gülden Fell von Colchis darinnen verborgen; […] unser Magd ward im Stall dermassen tractirt / daß sie nicht mehr darauß gehen konte / welches zwar [wahrhaftig] eine Schand ist zu melden! den Knecht legten sie gebunden auff die Erd / stecketen ihm ein Sperrholtz ins Maul / und schütteten ihm einen Melckkübel voll garstig Mistlachen-wasser in Leib / das nenneten sie ein Schwedischen Trunck / wordurch sie ihn zwungen / eine Parthey anderwerts zu führen / allda sie Menschen und Viehe hinweg namen / und in unsern Hof brachten / unter welchen mein Knan / mein Meüder / und unser Ursele auch waren.
>
> Da fieng man erst an / die Stein von den Pistolen / und hingegen an deren statt der Bauren Daumen aufzuschrauben / und die arme Schelmen so zufoltern / als wann man hätt Hexen brennen wollen / massen sie auch einen von den gefangenen Bauren bereits in Bachofen steckten / und mit Feuer hinder ihm her warn / ohnangesehen er noch nichts bekennt hatte; einem andern machten sie ein Sail umb den Kopff / und raittelten [drehten] es mit einem Bengel zusammen / daß ihm das Blut zu Mund / Nas und Ohren herauß

sprang. In Summa / es hatte jeder sein eigene invention, die Bauren zu peinigen / und also auch jeder Bauer seine sonderbare Marter: Allein mein Knan war meinem damaligen Beduncken nach der glückseeligste / weil er mit lachendem Mund bekennete / was andere mit Schmertzen und jämmerlicher Weheklag sagen musten / und solche Ehre widerfuhr ihm ohne Zweiffel darumb / weil er der Haußvatter war / dann sie setzten ihn zu einem Feuer / banden ihn / dass er weder Händ noch Füß regen konte / und rieben seine Fußsolen mit angefeuchtem Saltz / welches ihm unser alte Geiß wieder ablecken / und dardurch also kützeln muste / daß er vor lachen hätte zerbersten mögen; das kam so artlich / daß ich Gesellschafft halber / oder weil ichs nicht besser verstunde / von Hertzen mit lachen muste: In solchem Gelächter bekante er seine Schuldigkeit / und öffnet den verborgenen Schatz / welcher von Gold / Perlen und Cleinodien viel reicher war / als man hinder Bauren hätte suchen mögen. […] Mitten in diesem Elend wendet ich Braten / und halff Nachmittag die Pferd tränckcn / durch welches Mittel ich zu unserer Magd in Stall kam / welche wunderwercklich zerstrobelt außsahe / ich kennete sie nicht / sie aber sprach zu mir mit kräncklichter Stimm: O Bub lauff weg […].[22]

Bereits hier wird deutlich, dass Grimmelshausen mit seinem Roman keine Chronik des Krieges beabsichtigte.[23] Es ging ihm vielmehr darum, den Krieg als »ein erschreckliches und grausa-

22 Hans Jacob Christoph von Grimmelshausen, *Der Abentheurliche Simplicissimus Teutsch und Continuatio des abentheurlichen Simplicissimi*, hrsg. von Rolf Tarot, Tübingen [2]1984, S. 17–19.

23 Eine – protestantisch gewichtete – Chronik des Krieges in ›heroischen‹ (paarweise gereimten) Alexandrinern und 12 Büchern nach dem formalen Vorbild des antiken Epos, Musenanruf inklusive, veröffentlichte Georg Greflinger nach mehreren Teildrucken 1657:

mes Monstrum« in seiner Sinnlosigkeit, seinen Perversionen und seinem die Menschen pervertierenden Charakter in exemplarischen Szenen plastisch vor Augen zu stellen.[24] Dabei enthält der Roman außer einigen äußerlichen Daten nur wenig aus seiner eigenen militärischen Biographie, wohl aber prägen distanzierende literarische Techniken wie das satirische Prinzip der verkehrten Welt oder die doppelte Ebene der fiktiven autobiographischen Erzählform, aber auch dichterische und historische Quellen die Darstellung. Sie zielt nicht auf den Ausdruck persönlichen Lebens, auf biographische, erlebte Authentizität. Aber gerade in der exemplarischen Verdichtung erschließt sich dem Leser dieses Antikriegsbuches die mörderische Realität, erst so konnte sich die Katastrophe dieses Krieges in das literarische Gedächtnis einprägen.

Krieg im *Simplicissimus* bedeutet zunächst und vor allem Krieg gegen die Bevölkerung, vor allem gegen die Bauern. Das ist auch das zentrale Thema der sogenannten Bauernklagen, die Grimmelshausen in seinem Lied »DU sehr-verachter Bauren-Stand« zitiert[25] und die u.a. auf Flugblättern verbreitet

Der Deutschen Dreyßig-Jähriger Krieg / Poetisch erzählet (Neudr., komm. und mit einem Nachw. von Peter Michael Ehrle, München 1983).

24 Eine Szene aus Grimmelshausens Roman ist der Ausgangspunkt von Bernd Roeck, »Der Dreißigjährige Krieg und die Menschen im Reich. Überlegungen zu Formen psychischer Krisenbewältigung in der ersten Hälfte des 17. Jahrhunderts«, in: *Der Dreißigjährige Krieg: Facetten einer folgenreichen Epoche*, hrsg. von Peter C. Hartmann und Florian Schuller, Regensburg 2010, S. 146–157.

25 Grimmelshausen, *Simplicissimus Teutsch* (Anm. 22), S. 14 f. – Vgl. auch das Beispiel in *Gedichte des Barock* (Anm. 3), S. 151–153, und Hermann Strobach, *Bauernklagen. Untersuchungen zum sozialkritischen deutschen Volkslied*, Berlin 1964. Siehe auch Kap. V.

wurden. Als Simplicius nach seiner ›Lehrzeit‹ bei dem Einsiedel in ein Spessartdorf kommt, das gerade von Soldaten überfallen, geplündert und in Brand gesteckt worden war, wiederholen sich seine Erfahrungen von Folter und Mord der Eingangsszenen des Romans, allerdings mit einem Unterschied: die Bauern ihrerseits rächen sich auf ähnlich grausame und entwürdigende Weise an den Soldaten, die in ihre Hand geraten, was wiederum Vergeltungsmaßnahmen auslöst. Der kindliche Beobachter kann aus »der jenigen Antipathia, die sich zwischen Soldaten und Bauren enthält«, nur schließen, »es müsten ohnfehlbar zweyerley Menschen in der Welt seyn / so nicht einerley Geschlechts von Adam her / sondern wilde und zahme wären / wie andere unvernünfftige Thier / weil sie einander so grausam verfolgen«.[26]

Die Ordnung der Schöpfung wird verkehrt, der Mensch sinkt herab zum Tier: »Da verderben und richten einander zu Grund die jenige / die Gott zu seinem Ebenbilde erschaffen!«, heißt es im *Satyrischen Pilgram*.[27] Dieses Zitat bezieht sich nicht auf den Krieg zwischen Bauern und Soldaten, sondern auf die Folgen des technischen Fortschritts für die Kriegsführung, der die natürlichen Verhältnisse verkehrt, Unschuldige wie Schuldige unterschiedslos tötet und so ihres individuellen Schicksals beraubt, ihre Körper zerstückelt und damit die Dehumanisierung versinnbildlicht. Die Beschreibung der Schlacht bei Wittstock, die auf einer literarischen Vorlage beruht, thematisiert die Pervertierung der natürlichen Ordnung, die »Verkehrung aller gottgewollten Beziehungen zwischen Mensch und Mensch, zwischen Mensch und Tier«:[28]

26 Grimmelshausen, *Simplicissimus Teutsch* (Anm. 22), S. 43.
27 Grimmelshausen, *Satyrischer Pilgram* (Anm. 19), S. 158.
28 Walter Ernst Schäfer, »Der Dreißigjährige Krieg aus der Sicht Moscheroschs und Grimmelshausens«, in: Wilhelm Kühlmann /

Im Treffen selbst aber / suchte ein jeder seinem Todt mit Nidermachung deß Nächsten / der ihm auffstieß / vorzukommen [...]! da sahe man nichts als einen dicken Rauch und Staub / welcher schiene / als wolte er die Abscheulichkeit der Verwundten und Todten bedecken / in demselbigen hörete man ein jämmerliches Weheklagen der Sterbenden / und ein lustiges Geschrey der jenigen / die noch voller Muth stacken / die Pferd selbst hatten das Ansehen / als wenn sie zu Verthedigung ihrer Herrn je länger je frischer würden / so hitzig erzeigten sie sich in dieser Schuldigkeit / welche sie zu leisten genötiget waren / deren sahe man etliche unter ihren Herrn todt darnider fallen / voller Wunden / welche sie unverschuldter Weis zu Vergeltung ihrer treuen Dienste empfangen hatten; andere fielen umb gleicher Ursach willen auff ihre Reuter / und hatten also in ihrem Todt die Ehr / daß sie von den jenigen getragen wurden / welche sie in währendem Leben tragen müssen [...]: Die Erde / deren Gewonheit ist / die Todten zu bedecken / war damals an selbigem Ort selbst mit Todten überstreut / [...] Köpff lagen dorten / welche ihre natürliche Herren verloren hatten / und hingegen Leiber / die ihrer Köpff mangleten; etliche hatten grausam- und jämmerlicher Weis das Ingeweid herauß / und andern war der Kopff zerschmettert / und das Hirn zerspritzt; da sahe man / wie die entseelte Leiber ihres eigenen Geblüts beraubet / und hingegen die lebendige mit frembdem Blut beflossen waren / da lagen abgeschossene Aerm / an welchen sich die Finger noch regten / gleichsam als ob sie wieder mit in das Gedräng wolten [...].[29]

Walter E. Schäfer, *Literatur im Elsaß von Fischart bis Moscherosch. Gesammelte Studien*, Tübingen 2001, S. 307.

29 Grimmelshausen, *Simplicissimus Teutsch* (Anm. 22), S. 177.

fol. 616.

Der Kupferstich aus dem ›Gesicht‹ *Soldatenleben* aus Moscheroschs *Gesichten Philanders von Sittewalt* in der Ausgabe von 1665 zeigt Moscherosch als Amtmann in Finstingen (1636–41) im deutsch-lothringischen Grenzgebiet, wie er seinen Besitz zu schützen sucht: »Er selbst stunde mit dreyen Rohren vnd einem Fäustling in hie-beygesetzter Postur: In welcher postur er etlich Jahr / mit Gefahr seines Lebens / ihm vnd seinen Kindern / das Brod auff dem Acker sorglich vnd säuerlich erringen müssen«, heißt es dazu im Text, in dem Moscherosch als »der gute Schwartze Bschiderich« auftritt (*Gesichte*, Tl. 2, Straßburg 1665, S. 616).

Die erzählerische Vergegenwärtigung des Krieges im *Simplicissimus* und den daran schließenden Erzählungen – *Lebensbeschreibung Der Ertzbetrügerin und Landstörtzerin Courasche* (1670), *Der seltzame Springinsfeld* (1670) – hat viele Facetten. Gemeinsam ist allen diesen fiktiven autobiographischen Texten ein desillusionierender Blick, eine satirische Darstellung unter dem Aspekt der ›verkehrten Welt‹, die die Wege und Irrwege der Protagonisten so nachzeichnet und kommentiert, dass von vornherein jeder Gedanke an Ehre und kriegerische Ruhmestaten, an Kriegsverherrlichung ausgeschlossen bzw. ad absurdum geführt wird. Zugleich stellt sich immer wieder die Frage, wie sich diese Sicht der Welt und des Krieges mit dem traditionellen religiösen Weltbild und Vorstellungen von einem gerechten Krieg vereinbaren lassen.

Vor allem die im 17. Jahrhundert vorherrschende Vorstellung vom Krieg als Strafgericht Gottes für menschliche Verfehlungen und Sünden stößt auf Skepsis. Im Rahmen des zugrunde liegenden Konzepts von Geschichte als Heilsgeschichte ist Krieg die erste der drei ›Hauptstrafen‹ – es folgen Hunger und Pest –, mit denen Gott die sündige Menschheit überzieht, um sie zur Umkehr zu bewegen. Aber »der Anblick von Tausenden in einem Augenblick hingerafften Toten auf einem Schlachtfeld oder bei einer Pestepidemie« ließ sich nur schwer mit der Auffassung in Einklang bringen, die göttliche Vorsehung bestimme Leben und Schicksal des Einzelnen.[30]

Verstärkt werden die Zweifel durch die moderne Kriegsführung, die mit der Entwicklung der Feuerwaffen zu Massentötungsinstrumenten individuelle soldatische Tugenden wie Tapferkeit oder Mut wertlos macht. Wenn, wie es im *Satyrischen Pilgram* heißt, »ein Geschütz beydes den Schuldigen und Unschuldigen« trifft, »ehe sichs ein Soldat versiehet«,[31] ist es kaum noch möglich, den Tod »als persönliche, von Gott verhängte Bestimmung zu begreifen«.[32] Hier schließt sich Grimmelshausen an Diskussionen in den *Gesichten Philanders von Sittewalt* Johann Michael Moscheroschs an, der dieses Thema in dem »Soldatenleben« überschriebenen sechsten ›Gesicht‹ des zweiten Teils (1644) behandelt hatte.[33] Überhaupt boten Moscheroschs satirische *Gesichte* mit ihren drastischen Schilderungen der Verrohung des Menschen in Kriegszeiten und der Terrorisierung eines ganzen Landstrichs durch marodierende Soldaten- und Räuberbanden wichtige Anregungen für Grimmelshausens Antikriegsroman.

In einigen Szenen des *Simplicissimus* entwirft Grimmelshausen utopische Gegenbilder zur chaotischen Welt des Krieges, Bilder eines Lebens in Harmonie und Frieden. Dazu gehört auch die sogenannte Jupiter-Episode des *Simplicissimus*, in der ein »Phantast« Pläne für eine neue Friedensordnung entwickelt, Pläne, die bei dem Romanhelden Zweifel am Sinn der Straftheorie hervorrufen.[34]

30 Schäfer (Anm. 28), S. 310.
31 Grimmelshausen, *Satyrischer Pilgram* (Anm. 19), S. 158.
32 Schäfer (Anm. 28), S. 313.
33 Ausführliche Interpretation des Themenkomplexes bei Grimmelshausen und Moscherosch ebd. S. 306 ff.
34 Vgl. Grimmelshausen, *Simplicissimus Teutsch* (Anm. 22), S. 210, 387–389, 477.

Klage und Trost

Trawrklage des verwüsteten Deutschlandes lautet die Überschrift des bekanntesten Kriegsgedichts des 17. Jahrhunderts in der ersten Fassung von 1637. Als *Thränen des Vaterlandes / Anno 1636*, wie es Andreas Gryphius seit 1643 nannte, wurde es zum Signum eines ganzen Zeitalters. Es evoziert in knappen Bildern, die »realistisch und zugleich apokalyptisch-symbolisch sind«, die Katastrophe des Dreißigjährigen Krieges mit seinen verheerenden materiellen Folgen und der Bedrohung der inneren Freiheit des Menschen durch erzwungenen Glaubenswechsel, auf die die epigrammatische Zuspitzung am Schluss zielt:[35]

Thränen des Vaterlandes / Anno 1636

WIr sind doch nunmehr gantz / ja mehr denn gantz verheeret!
Der frechen Völcker Schaar / die rasende Posaun
Das vom Blutt fette Schwerdt / die donnernde Carthaun /
Hat aller Schweiß / und Fleiß / und Vorrath auffgezehret.
Die Türme stehn in Glutt / die Kirch ist umgekehret.
Das Rathauß ligt im Grauß / die Starcken sind zerhaun /
Die Jungfern sind geschänd't / und wo wir hin nur schaun
Ist Feuer / Pest / und Tod / der Hertz und Geist durchfähret.
Hir durch die Schantz und Stadt / rinnt allzeit frisches Blutt.
Dreymal sind schon sechs Jahr / als unser Ströme Flutt /
Von Leichen fast verstopfft / sich langsam fort gedrungen.

35 Vgl. die Interpretation von Erich Trunz, in: *Weltbild und Dichtung im deutschen Barock. Sechs Studien*, München 1992, S. 92–97; Zitat S. 93.

Doch schweig ich noch von dem / was ärger als der Tod /
Was grimmer denn die Pest / und Glutt und Hungersnoth
Das auch der Seelen Schatz / so vilen abgezwungen.[36]

Dieses Sonett verweist zurück auf die dichterisch ehrgeizigste Auseinandersetzung mit dem Dreißigjährigen Krieg und zugleich einen der frühen Höhepunkte der neuen deutschen Kunstdichtung, auf Martin Opitz' *TrostGedichte In Widerwertigkeit Deß Krieges*. Das Werk entstand in den ersten Monaten des Jahres 1621 unter dem Eindruck der Niederlage der protestantischen Seite, des Scheiterns der böhmischen Ambitionen Friedrichs V. von der Pfalz und der Verwüstung der Pfalz durch das Heer des spanischen Söldnerführers Spinola. Aus politischen Gründen ließ es Opitz erst 1633 ohne Verfasserangabe drucken, als sein katholischer Dienstherr Karl Hannibal von Dohna von den Schweden aus Schlesien vertrieben worden war.

Der Titel verweist auf die Tradition der Trostliteratur, doch ist das Werk mehr als eine theologisch-erbauliche Meditation und Anleitung zur Standhaftigkeit in widrigen Zeiten: Als eminent politische Dichtung richtet sich das *TrostGedichte* des Calvinisten Opitz zugleich gegen die »Tyranney« der die Gegenreformation gewaltsam vorantreibenden Mächte. Zwischen diesen beiden Ebenen, der aktuellen Situation und den überzeitlichen Aspekten, bewegt sich die Argumentation. In den Partien, in denen Opitz auf die konkrete politische Wirklichkeit eingeht, zeichnet er über Hunderte von Versen ein eindringliches Bild der schrecklichen Verwüstungen des Krieges, der Leiden der Bevölkerung und des Wütens der feindlichen Heere. Übertroffen werden diese konkreten Schreckenstaten noch durch die geistigen und moralischen: durch die Unter-

36 *Gedichte des Barock* (Anm. 3), S. 125. [Fassung letzter Hand 1663.]

drückung der Religion, des Rechts und der Künste. Dafür findet Opitz Motive und plastische Formulierungen, aus denen dann Andreas Gryphius Bausteine für sein berühmtes Sonett auswählen und zu seiner apokalyptischen Vision verdichten konnte.

Im *TrostGedichte* ist nicht nur von »grawsamen Posaunen«, »fewrigen Carthaunen«, geschändeten Frauen und von mit Leichen zugestopften Flüssen die Rede, sondern auch die lapidaren Reihungen der alexandrinischen Halbverse der *amplificatio* nach dem Eingangsvers des Sonetts haben ihr Vorbild bei Opitz, der sie immer wieder in seine epischen Schilderungen der Schrecken des Krieges einfügt:

Sein Gut ist weg geraubt / sein Hoff hinweg gebrandt /
Sein Vieh hindurch gebracht / die Schewren
vmbgeschmissen /
Der edle Rebenstock tyrannisch außgerissen /
Die Bäume stehn nicht mehr / die Gärten sind verheert;
Die Sichel vnd der Pflug sind jetzt ein scharffes Schwerdt.
Vnd dieses ist das Dorff: Wer aber wil doch sagen
Der Städte schwere Noth / den Jammer / Weh / vnd
Klagen
So männiglich geführt / das vnerhörte Leid /
Des Feindes Vbermuth vnd harte Grawsamkeit?
[...]
Wie manche schöne Stadt /
Die sonst das gantze Land durch Pracht gezieret hat /
Ist jetzund Asch vnd Staub? Die Mawren sind verheeret /
Die Kirchen hingelegt / die Häuser vmbgekehret.
Wie wann ein starcker Fluß / der vnvorsehens kömpt /
Die frischen Sääte stürtzt / die äcker mit sich nimbt /
Die Wälder nieder reißt / läufft ausser seinen Wegen /
So hat man auch den Flitz vnd Schwefelichte Regen

Durch der Geschütze Schlund mit grimmiger Gewalt /
Daß alles Land vmbher erzittert vnd erschallt /
Gesehen mit der Lufft hin in die Städte fliegen [...].[37]

Diese weit ausholenden Schilderungen des Kriegselends bieten die konkreten Details, das Material, von denen die Deutungen des Geschehens im Sinn eines Trostgedichts, aber auch politische Folgerungen ausgehen, die sich grundsätzlich von der lutherischen Leidens- und Duldungshaltung unterscheiden. So werden einerseits konventionelle theologische Deutungen des Krieges und seiner Gräuel abgerufen – Gott »straffe billich vns durch Fewer / Krieg vnd Schwerdt / | Weil wir auch vns von Ihm zum Bösen abgekehrt«, »Creutz / Vnglück / Angst vnd Qual ist vnser Prüfestein« –[38] und dazu christlich-neustoische Tugenden, die innere Freiheit und Stärke zur geistigen Bewältigung des Leidens und des Unglücks beschworen:

Im Hertzen ligt verborgen
Was nicht genommen wird / was frey ist aller Sorgen:
Diß was hieraussen ist / was niemand halten kan /
Mag fliehen wann es wil; es geht vns gar nicht an.[39]

Andererseits sieht Opitz die Notwendigkeit politischer Reaktionen auf das Geschehen. Dabei nimmt er calvinistische Vorstellungen vom Widerstandsrecht auf, kann sich aber auch auf Aspekte der auf praktische Lebensbewältigung ausgerichteten Philosophie des Neostoizismus und ihr Bild eines selbstver-

37 Martin Opitz. *Gesammelte Werke*, krit. Ausg., hrsg. von George Schulz-Behrend, Bd. 1, Stuttgart 1968, S. 194–196 [= Buch I, v. 85 f., 92–100, 123–133].

38 Ebd., S. 200 [= Buch I, v. 275 f., 296].

39 Ebd., S. 228 [= Buch II, v. 613–616]. – Zum Neostoizismus s. Kap. VI.

antwortlichen, vernunftgeleiteten und tätigen Menschen stützen. Aus der geschichtlichen Situation ergibt sich letztlich die Alternative friedliches Zusammenleben oder Widerstand. Die Hoffnung auf ein friedliches Zusammenleben artikuliert sich in einem emphatischen Aufruf zur Toleranz, zur Freiheit des Bekenntnisses und des Gottesdienstes im Namen Christi und seines Opfertodes:

Wir müssen lassen sehn gantz richtig / klar vnd frey
Daß die Religion kein Räubermantel sey /
Kein falscher Vmbhang nicht. Was macht doch jhr Tyrannen?
Was hilfft / was nutzet euch das Martern / das Verbannen /
Schwerdt / Fewer / Galgen / Radt? gezwungen Werck zerbricht:
Gewalt macht keinen fromm / macht keinen Christen nicht.
[...]
Gut von sich selber thun das heist Religion /
Das ist GOtt angenehm. Laßt Ketzer Ketzer bleiben /
Vnd gleubet jhr für euch [...].[40]

Freiheit bedeutet im Zeitalter des Konfessionalismus religiöse Freiheit. Für sie zu kämpfen, wenn »vnsrer Nachbar gar von keinem Frieden wissen« will, ist nur zu berechtigt: »Was kan nun besser seyn dann für die Freyheit streiten | Vnd Religion / wann die von allen Seiten | Gepreßt wird vnd verdruckt / wann die kömpt in Gefahr?« Die Bartholomäusnacht hat gezeigt, zu welchen blutrünstigen Verbrechen der Gegner fähig ist: »O Schande dieser Zeit!«[41] Der Kampf gegen die Tyrannei,

40 Ebd., S. 205 f. [= Buch I, v. 459–464, 468–470].
41 Ebd., S. 233 f. [= Buch III, v. 90, 97–99,141].

gegen die katholischen Unterdrücker der Freiheit ist – wie der heldenhafte Freiheitskampf der Niederländer – gerechtfertigte Notwehr.

Frieden

Opitz' Verbindung von Klage- und Trostdichtung mit ihren Aufrufen zum Widerstand gegen die »Tyranney« der katholischen Mächte – Gott steht für Opitz selbstverständlich auf der Seite des bedrohten Protestantismus – entstand zu Anfang des Krieges als Reaktion auf das Scheitern der böhmisch-pfälzischen Politik. Wie er das Werk wohl wegen seiner militanten Parteinahme zunächst nicht veröffentlichte, so hielt er sich in den folgenden Jahren – zeitweilig auch im Dienst der katholischen Seite – mit parteiischen politischen Äußerungen zurück. Vielmehr richtete er angesichts der katastrophalen Verheerungen dieses inzwischen europäischen Krieges auf deutschem Boden seine diplomatische Tätigkeit auf Ausgleich und Vermittlung zwischen den verfeindeten Konfessionen. Zwar blieben Polemik und Propaganda an der Tagesordnung, aber es ließen sich, je mehr sich der Krieg in die Länge zog, zunehmend irenische, um Versöhnung zwischen den Konfessionen werbende Stimmen vernehmen.

Die Bitte um Frieden ist Gegenstand zahlreicher Gebete und Lieder. Dabei fehlt meist der Hinweis auf das sündhafte Verhalten der Menschen nicht, auf den Krieg als Strafe Gottes und die Notwendigkeit der Umkehr. Eine radikale Position vertritt dabei der Lutheraner Paul Gerhardt in seinem *Danck-Lied vor die Verkündigung des Friedens*, das sich zwar durchaus der herrschenden Meinung vom Krieg als Strafe anschließt, aber angesichts der grundsätzlichen Sündhaftigkeit der Menschen weder über den Grad ihrer Lasterhaftigkeit noch das Handeln Gottes spekuliert. Es bleibt nur das Vertrauen auf Gottes

»Gnad und Güte«, denn: »Wir sind und bleiben böse / | GOtt ist und bleibet treu | Hilfft daß sich bey uns löse | Der Krieg und sein Geschrey.«[42]

Die Sehnsucht nach Frieden und schließlich die Feier des Friedens nach Ende des Dreißigjährigen Kriegs ist Gegenstand eines eigenen dramatischen Genres, der Friedensspiele. Die Reihe dieser Werke beginnt die »Tragico-comoedia Von Fried und Krieg« *Irenaromachia* von Ernst Stapel und Johann Rist, ein 1630 in Hamburg aufgeführtes allegorisches Prosaschauspiel, in dem der Theologiestudent Rist den Krieg moralisch als Strafe Gottes deutet und am Schluss – in dieser Zeit ein von der Erfüllung weit entferntes Wunschbild – den Kriegsgott Mars von Irene, der Göttin des Friedens, »bey der Ketten auff dem theatro« herumführen lässt.[43]

Diesem frühen, vom Theater der Wanderbühne beeinflussten Stück ließ Rist kurz vor und einige Jahre nach Kriegsende zwei weitere Friedensspiele folgen, umfangreiche, z. T. episch breite Prosadramen mit Liedeinlagen: *Das Friedewünschende Teutschland* (1647) und *Das Friedejauchtzende Teutschland* (1653). Beide sind allegorische Schauspiele wie die *Irenaromachia*, und wie in diesem frühen Schauspiel unterbricht Rist die allegorische Handlung durch Zwischenspiele, in denen Bauern in einem stilisierten niederdeutschen Dialekt und die Bramarbas-Gestalt des Junker Sausewind für Komik sorgen. Im übrigen bleibt der Ton auch hier moralisierend: Wie im ersten Drama und wie in Rists Zeitgedichten und -klagen ist der Krieg

42 Zit. nach: *Spiel der Zeit* (Anm. 16), S. 112. – Vgl. Eberhard Mannack, »Grimmelshausens Rist-Lektüre und die Folgen. Jupiterepisoden und Friedensspiele«, in: *Barocker Lust-Spiegel. Studien zur Literatur des Barock*, hrsg. von Martin Bircher [u. a.], Amsterdam 1984, S. 291 f.

43 Johann Rist, *Sämtliche Werke*, unter Mitw. von Helga Mannack hrsg. von Eberhard Mannack, Bd. 1, Berlin 1967, S. 115.

göttliche Strafe für das sündhafte Leben der Menschen. Am Schluss des letzten Stückes steht – gültig auch für die anderen – die gegen die modernen Staatsräsonlehren gerichtete fromme Mahnung an Teutschland, »daß die rechte Glükseligkeit aller Herrschafften und Regimenter auff dem eintzigen Grunde der waaren Gottesfurcht bestehet / [...] was auch die verfluchte Machiavellisten dagegen plauderen«.[44]

Im Unterschied zu den nicht spezifisch für höfische Feiern konzipierten Friedensspielen Johann Rists steht Justus Georg Schottelius' *Neu erfundenes FreudenSpiel genandt FriedensSieg* in einem höfischen Kontext. Ursprünglich aus Anlass eines Separatfriedens 1642 in Braunschweig aufgeführt, erhielt das Stück mit dem Westfälischen Frieden neue Aktualität und wurde 1648 und 1649 in Wolfenbüttel und auf Veranlassung des Großen Kurfürsten in Kölln (bei Berlin) mehrfach gespielt. Mit *FriedensSieg* verfolgte Schottelius auch ein kulturpatriotisches Anliegen: Tod und materielle Zerstörung sind nur eine Seite des Krieges; dazu kommt die Zerstörung der ethischen und geistigen Grundlagen der deutschen Nation, der nur durch eine Rückkehr zu den alten deutschen Tugenden zu begegnen ist.

Nach dem Friedensschluss von Münster und Osnabrück trafen sich 1649/50 Gesandte der beteiligten Länder und Territorien in der Reichsstadt Nürnberg zu abschließenden Verhandlungen und zur Ratifikation des Friedensvertrags. Aufwendige Festlichkeiten schlossen sich an, an denen sich auch die im Pegnesischen Blumenorden ›organisierten‹ Poeten der Stadt mit zahlreichen dichterischen und rhetorischen Beiträgen beteiligten: mit Reden, Gedichten, Schäfereien, Schauspielen, mit der Gestaltung von Feuerwerken und anderen guten »Erfindungen« wie etwa sinnreichen »Auszierungen der Fried- und Freu-

44 Ebd., Bd. 2, 1972, S. 444.

den-Mahlen« (so der spätere Vorsitzende der Gesellschaft Magnus Daniel Omeis 1704).[45] Die Aufträge kamen von der Stadt und anderen Beteiligten; besonders Johann Klaj und Sigmund von Birken taten sich hervor.

Birkens Festspiel *Teutscher Kriegs Ab- vnd Friedens Einzug* von 1650, einer seiner zahlreichen Beiträge zu den Feierlichkeiten, folgte einem Festmahl, das der Leiter der kaiserlichen Delegation Octavio Piccolomini, Herzog von Amalfi, gab. Die ganze Veranstaltung fand in den mit aufwendigen Bauten hergerichteten Pegnitzauen statt. Verbindendes Thema der drei Aufzüge des allegorischen Spiels war die Überwindung der Zwietracht durch die Eintracht bzw. des Krieges durch den Frieden. Dabei verzichtete Birken auf eine durchgehende Handlung zugunsten von mehreren allegorischen und mythologischen Szenenfolgen, bis zum Schluss der Auftritt von Vulcanus in einer Art Epilog zum optischen Schluss- und Höhepunkt des Spektakels überleitete, einem großen Feuerwerk, das entsprechend dem allegorischen Programm in der Zerstörung des Schlosses der Zwietracht mündete. In der etwas später veröffentlichten »Geschichtschrifft« *Die Fried-erfreuete Teutonie* (1652) beschreibt Birken die pyrotechnischen Effekte:

> Das Castell wehrete sich dapfer / warf in die anderthalbtausend Raketen heraus / ließ viel Schwärmer / Kugeln / Kegel / und Schläge aus / willens den Friede von seiner Seule zu stürtzen. Auf jedem Thurm lieffe ein grosses Feuerrad herüm / mit starken Raketen spielend. Es ware aber / gleichsam durch Hinderlist deß Friedens / alles Holtzwerck an dem Thor und Mittelgebäude durchboret / und über zweytausend eiserne Schläge darein verborgen / welche nach

45 Magnus Daniel Omeis, *Gründliche Anleitung zur Teutschen accuraten Reim- und Dicht-Kunst*, Nürnberg 1704, S. 47.

dem das Feur zu jhnen kame / mit erschröcklichem Prasseln / Krachen / und Platzen Thor und Thurm zersprengten.

Es gabe den Augen und Ohren eine angenehme Lust / weil nicht allein wegen deß grausamen und unaufhörlichen Platzens es schiene / als ob viel hundert Mann in und ausser dem Castell Feuer gäben / sondern auch die Flamme und der Rauch deß liechterloh-brennenden Mittelthurms sich biß in die Wolcken waltzete. [...] Es half aber alles nichts / wie dapfer sich auch Mars und die Zweytracht wehreten / so musten sie doch zu letzt / nach dem sie selber unzähliche Schläge und Schwermer ausgeworffen / im Staub und Aschen ligend / jhre Verbannung und Untergang der gantzen Welt zeigen: da hingegen der Friede / in dem er auf seiner Seule unter so viel tausend auf und üm jhn herümfliegenden Feuern zu jedermänniglichs Verwunderung / von Fuß auf gantz unversehrt / und nicht an einem Härlein verletzt / stehen blieben / seinen Vorzug / Preiß / und Ehre vor aller Welt Augen behaubtet.[46]

Birken verdeutlicht in seiner Schilderung des Feuerwerks »die der sinnbildlichen Invention des Spiels zugrundeliegende Idee: ›Mars‹ und ›Discordia‹ zerstören sich selbst mit den Mitteln, die sie im Krieg gegen die Menschen einsetzen«.[47]

46 Sigmund von Birken, *Die Fried-erfreuete Teutonie. Eine Geschichtschrifft von dem Teutschen Friedensvergleich*, Nürnberg 1652, S. 141 f. – Entsprechende Texte von Klaj in: Johann Klaj, *Friedensdichtungen und kleinere poetische Schriften*, hrsg. von Conrad Wiedemann, Tübingen 1968.

47 Eberhard Fähler, *Feuerwerke des Barock. Studien zum öffentlichen Fest und seiner literarischen Deutung vom 16. bis 18. Jahrhundert*, Stuttgart 1974, S. 156. – Ein Auszug aus Birkens *Teutonie* ebd., S. 239 f.

V. Gesellschaft

Die ständische Ordnung

Luther spricht hier nicht nur für die evangelische Kirche, wenn er in der *Hauspostille* von 1544 schreibt:

> im eusserlichen, weltlichen leben da soll die ungleicheyt bleyben, Wie denn die Stende ungleych sein. Ein Baur füret ein ander leben und Stand denn ein Burger. Ein Fürst ein andern Stand denn ein Edelman. Da ist alles ungleych unnd soll ungleich bleiben [...] Das will Gott also haben, der hat die Stend also geordnet unnd geschaffen.[1]

In der gesellschaftlichen Wirklichkeit ging es wesentlich differenzierter zu. Die großen Kategorien – in der Frühen Neuzeit hatte sich die Gliederung in Adel, Bürger, Bauern durchgesetzt – bezeichnen nur den äußeren Rahmen für ein komplexes, ausdifferenziertes System, in dem – wenigstens theoretisch – jeder Mensch einen festen Platz hatte. Allerdings waren die Zuordnungen keineswegs immer eindeutig, und aus gesellschaftlichen Verschiebungen im Zusammenhang mit der Ausweitung der Staatstätigkeit entstanden neue Ansprüche auf einen angemessenen Platz innerhalb des ständischen Systems. Zudem gab es sowohl in den Städten wie auf dem Land gesellschaftliche Gruppen, die außerhalb dieser Ordnung standen, etwa die städtischen oder ländlichen Unterschichten, die weder ›Bürger‹ (Bürgerrecht!) noch Bauern waren, zu schweigen von den gesellschaftlich ausgegrenzten, in Ghettos verbannten bzw. aus manchen Territorien vertriebenen Juden.[2] Der Juden-

1 *Martin Luthers Werke*, Weimarer Ausgabe, Bd. 52, Weimar 1915, S. 136 f.

2 Überblicke u. a. bei Paul Münch, *Lebensformen in der frühen Neuzeit. 1500–1800*, Berlin 1998; Richard van Dülmen, *Kultur und Alltag in der Frühen Neuzeit*, Bd. 2: *Dorf und Stadt 16.–18. Jahrhundert*, Mün-

stern war keine Erfindung des ›Dritten Reichs‹, wie aus dem Abschnitt »Juden sollen Zeichen tragen« in *DEr Juden zu Franckfurt Stättigkeit vnd Ordnung* von 1613 hervorgeht:

> DAmit auch die Christen vor den Juden zuerkennen seyen / so sollen alle und jede Juden vnd Jüdinnen / sie seyen frembt oder Ingesessen / ausserhalb der Judengassen / in vnd zwischen den Messen / jhr gebührlich Zeichen / als mit nahmen ein runden gelben Ring / offentlich und mit jhren Mänteln vnuerdeckt an jhren Kleidern tragen [...].[3]

Adel, Hof

Auch wenn sich im Verlauf der zunehmenden Konzentration der Regierungs- und Verwaltungsaufgaben in den Händen der Fürsten und neuer Zentralbehörden die Rolle des Adels veränderte, blieb die altständische Ordnung grundsätzlich bestehen. Der Adel konnte trotz krisenhafter Erscheinungen und der Konkurrenz einer neuen Beamtenelite langfristig seine Führungsrolle behaupten, sah sich aber vielfach auf die Realität des Fürstendiensts verwiesen.

Der Adel gliederte sich, Folge der alten lehnsrechtlichen Abhängigkeiten, in reichsunmittelbaren Adel, der allein dem Kaiser unterstand, und den landsässigen Adel, der sich allerdings zunehmend dem Territorialfürstentum unterzuordnen hatte. Die keineswegs nur von adligen Schriftstellern idealisierte Le-

chen 1992; Michael Maurer, »Geschichte und gesellschaftliche Strukturen des 17. Jahrhunderts«, in: *Die Literatur des 17. Jahrhunderts*, hrsg. von Albert Meier, München 1999, S. 18–99 (= Hansers Sozialgeschichte der deutschen Literatur vom 16. Jahrhundert bis zur Gegenwart, Bd. 2).

3 *Der Juden zu Franckfurt Stättigkeit vnd Ordnung*, Frankfurt 1613, S. 9. Das Titelblatt zeigt eine Abbildung des gelben Rings.

bensform des unabhängigen Landlebens fern von Stadt und Hof besaß ihren wirtschaftlichen Rückhalt in der Herrschaft über Grund und Boden und die Menschen, die ihn bewirtschafteten.[4] Allerdings waren die Unterschiede innerhalb des Landadels beträchtlich. Der Junker, dem nur ein kleines Gut gehörte, konnte kaum mit Herrschaften verglichen werden, die Hunderte oder – wie die Fürsten Liechtenstein – Tausende von untertänigen Bauerngütern besaßen.

Während der Adel im östlichen Deutschland durch die Zerstörung der bäuerlichen Freiheiten eine besonders starke Stellung erreichte, erwies sich im Westen das wirtschaftliche Fundament häufig als brüchig. Da gerade das Land den Verheerungen des Dreißigjährigen Krieges schutzlos ausgeliefert war, wurden viele Landgüter und Dörfer zerstört, die Ernten konfisziert – der Krieg sollte den Krieg ernähren – und damit auch die Lebensgrundlage des ländlichen Adels gefährdet. Dazu kam es infolge des Krieges und des durch ihn verursachten drastischen Bevölkerungsrückgangs zu einer Agrarkrise. Durch den starken Verfall der Getreidepreise reichten die Erträge kaum noch aus, um wenigstens die Zinsen für die aufgenommenen Kredite zu zahlen, und schon gar nicht, um die erforderlichen Wiederaufbaumaßnahmen durchzuführen.

Einer der Betroffenen war der schlesische Epigrammatiker Friedrich von Logau, der in längeren Gedichten wie *Das Dorff* oder *An mein Väterlich Gut / so ich drey Jahre nicht gesehen* den topischen Gegensatz von Stadt und Land aufnimmt und das »Hofe-Leben« mit einem neustoisch geprägten Lob des einfachen Landlebens konfrontiert: »O Feld / O werthes Feld / ich muß es nur bekennen / | Die Höfe / sind die Höll; vnd Him-

4 Ein Beispiel für die Verklärungstendenzen bieten Johann Beers späte Romane *Teutsche Winternächte* (1682) und *Die kurtzweiligen Sommer-Täge* (1683).

mel du zu nennen.«[5] In zahlreichen Epigrammen kommentiert er den Gegensatz von Stadt und Land. Die Städte gehören für ihn – nach den Schweden – zu den Profiteuren des Krieges: »Der Sack worein der Krieg / was er gestohlen hat | Hat alles eingepackt / wo war er? In der Stadt«.[6] Kapitalkräftige Bürger ebenso wie Spekulanten und Kriegsgewinnler konnten überschuldete Güter an sich bringen und sich Adelsbriefe kaufen. Das meint »Beute« im *Beute außm Deutschen Kriege* überschriebenen Epigramm – zum Schaden der Bauern und des alten Adels: »WAs gab der Deutsche Krieg für Beute? | Viel Grafen / Herren / Edelleute«.[7]

Neben dem mehr oder weniger unabhängigen ›privaten‹ Leben auf dem Land und der Versorgung durch kirchliche Ämter oder Pfründen standen dem Adel noch zwei andere standesgemäße Lebensformen offen: Militär und Fürsten- bzw. Hofdienst. Für militärische Betätigung war in diesem Jahrhundert der Kriege Raum genug, für die Übernahme von Führungspositionen in der Landesverwaltung stand der Adel in Konkurrenz mit dem gelehrten Bürgertum. Er machte sich daher unter dem Druck der politischen und wirtschaftlichen Verhältnisse seinerseits die humanistische Bildungspropaganda zunutze und erwarb durch ein Universitätsstudium die erforderliche Kompetenz für diese Aufgaben. Das wiederum minderte zunehmend die Aufstiegschancen der bürgerlichen Gelehrtenschicht.

Eine weitere Möglichkeit bot sich dem Adel am Hof selbst. Es lag im Interesse des Herrschers, den Adel an sich zu binden und sich durch die Vermehrung von hierarchisch fein abgestuften Funktions- und Ehrenstellen am Hof einen Dienstadel

5 Friedrich von Logau, *Sinngedichte*, hrsg. von Ernst-Peter Wieckenberg, Stuttgart 1984, S. 206.

6 Ebd., S. 107.

7 Ebd., S. 98.

zu schaffen, der nicht mehr von seinen Ländereien lebte, sondern abhängig war von fürstlicher Gunst und Besoldung. Und je mehr sich die Höfe zu den entscheidenden Machtzentren entwickelten, umso weniger konnte es sich auch der vermögende landsässige Adel aus Gründen des Prestiges leisten, der Residenz fernzubleiben. Er hielt sich wenigstens in der ›Saison‹ in den Residenzstädten auf und unterwarf sich damit ebenfalls den sozialen Zwängen des Hofes.

Vorbild für den fürstlichen Hof in Deutschland wurde seit dem Ende des Dreißigjährigen Kriegs immer mehr das französische Modell; allerdings blieb der Einfluss von Wien, der bedeutendsten Hofhaltung im Reich, vor allem in Süddeutschland weiter bestehen. Der Sinn des Hofzeremoniells lag in der Repräsentation der fürstlichen Macht und der Disziplinierung der höfischen Gesellschaft, d. h. vor allem des Adels. Der Hof als soziales System regulierte das Verhalten, erlegte Zwänge auf, bot Beschäftigungsmöglichkeiten, stellte den Menschen in eine spannungsreiche, auf Rang und Stand eifersüchtig achtende Welt, deren Zentrum der Fürst bildete. Höfische Repräsentation, höfisches Zeremoniell, höfische Feste und Feiern sorgten zudem dafür, dass der soziale Unterschied zur Welt der Untertanen unüberbrückbar wurde, wie auch die prachtvollen Schlossanlagen mit ihren stilisierten Gärten den Anspruch einer eigenen, von der Umgebung abgetrennten Welt eindrucksvoll dokumentieren.[8]

8 Zu Hof und Hoforganisation vgl. u. a. Norbert Elias, *Die höfische Gesellschaft. Untersuchungen zur Soziologie des Königtums und der höfischen Aristokratie*, Darmstadt [2]1975; Neuausg. Frankfurt a. M. 2002 [u. ö.]; *Hof, Staat und Gesellschaft in der Literatur des 17. Jahrhunderts*, hrsg. von Elger Blühm [u. a.], Amsterdam 1982 (= *Daphnis* 11, 1982, H. 1–2); Jürgen Freiherr von Kruedener, *Die Rolle des Hofes im Absolutismus*, Stuttgart 1973; Rainer A. Müller, *Der Fürstenhof in der Frühen Neuzeit*, München [2]2004.

Der Hof als ökonomischer Faktor bot nicht nur den zahlreichen Beschäftigten Verdienstmöglichkeiten, sondern prägte auch Handel und Gewerbe in den Residenzstädten entscheidend. Die fürstliche Repräsentationskultur kam dabei nicht zuletzt den Künsten – Architektur, bildende Kunst, Theater, Musik, Musiktheater, verschiedene Formen höfischer Gelegenheitsdichtung usw. – zugute. Die Kosten überforderten allerdings oft genug die Finanzkraft kleinerer Territorien.

Literarisch ergiebig waren Hof und Hofleben nicht nur in Gestalt zahlloser affirmativer höfisch-repräsentativer Fest- und Gelegenheitsdichtungen, sondern seit jeher auch als Gegenstand der Kritik. In der Hofkritik äußert sich bei aller traditionellen Topik – »Wer will daß er bey Hof fort kom / | Der leb als ob er blind / taub / stum«[9] – im 17. Jahrhundert nicht zuletzt das Unbehagen an der neuen absolutistischen Hofkultur und der Zerstörung der alten ständischen Lebensformen. Beispielhaft dafür stehen die Epigramme Friedrich von Logaus, eines Hofmanns wider Willen, während gegen Ende der Epoche die Satire *Der Hof* des Freiherrn Friedrich Rudolph Ludwig von Canitz in der Form eines ›Abrisses‹ oder ›Ikon‹-Gedichts die moralische Verkommenheit in den Mittelpunkt rückt.[10]

9 Georg Rodolf Weckherlin, *Gedichte*, hrsg. von Christian Wagenknecht, Stuttgart 1972, S. 229. – Zur literarischen Hofkritik vgl. Helmuth Kiesel, *›Bei Hof, bei Höll.‹ Untersuchungen zur literarischen Hofkritik von Sebastian Brant bis Friedrich Schiller*, Tübingen 1979.

10 *Gedichte des Barock*, hrsg. von Volker Meid, 2. überarb. Aufl., Stuttgart 2014, S. 298.

Während Hof- und Staatsbeamte, und nach dem Dreißigjährigen Krieg auch Berufsoffiziere, an gesellschaftlichem Status gewannen, verloren die Städte und damit das Stadtbürgertum im Rahmen des sich entwickelnden absolutistischen Territorialstaates an Gewicht. Allerdings konnten große Städte wie Nürnberg, Leipzig, Breslau oder Hamburg den politischen Bedeutungsverlust durch ihre wirtschaftlichen und kulturellen Leistungen ausgleichen; die Residenzstädte wiederum profitierten zunehmend vom Hof als ökonomischem Faktor.

Die Verfassungs- und Gesellschaftsordnung der Städte war bei insgesamt starren gesellschaftlichen Strukturen recht unterschiedlich. In Nürnberg, einer Stadt mit Patriziat, folgten in der Rangordnung danach die Nichtpatrizier (reiche Kaufleute), die mit Patriziertöchtern verheiratet waren, gefolgt von den Kaufleuten und den ›Gemeinen‹. In Bremen, einer Stadt ohne Patriziat, nennt die Kleider- und Luxusordnung von 1656 vier Gruppen, wobei die ersten beiden eng zusammengehörten: »1. Bürgermeister, Ratsherrn, Doktoren und Licentiaten, 2. Älterleute der Kaufmannsgesellschaft, übrige Gelehrte, vornehme Kaufleute, Brauer, 3. Ämter- und Zunftbürger, Schiffer, geringere Kaufleute und Höker, 4. Schiffsvolk, Fuhrleute, Arbeiter und Dienstboten.«[11] In den Residenzstädten stand selbstverständlich der Fürst an der Spitze der gesellschaftlichen Pyramide, gefolgt vom hohen Adel und Klerus, den Beamten (aus dem niederen Adel und dem Bürgertum) usw. Als unterster Stand werden Tagelöhner, Dienstboten und Verdienstlose aufgeführt, denen aber noch die unterständischen

11 *Handbuch der deutschen Wirtschafts- und Sozialgeschichte*, hrsg. von Hermann Aubin und Wolfgang Zorn, Bd. 1, Stuttgart 1971, S. 580.

Gruppen der ›unehrlichen‹ Berufe wie Scharfrichter oder Abdecker folgten. Außerhalb der Hierarchie standen, wie erwähnt, die Juden.

Die Stadtherrschaften, in der Hand des Patriziats oder anderer führender Familien, suchten im Verein mit einem strengen Kirchenregiment und den auf die Sicherung ihrer Besitzstände bedachten Zünften jeglichen gesellschaftlichen Wandel zu verhindern und sich gegen den Druck von unten – etwa durch Lohnarbeiter, Gesellen und die städtische Unterschicht – zu behaupten. Diesem Zweck dienten die städtischen Verfassungen, ›Policey-Ordnungen‹ und Verordnungen für einzelne Bereiche (z. B. Gesinde- oder Marktordnungen), die das städtische Leben im Sinn einer strikten Sozialdisziplinierung reglementierten. Geregelt war so ziemlich alles: Handel und Gewerbe, die Formen der Religionsausübung und der Ablauf von Familienfeiern (Taufe, Hochzeit, Begräbnis), sitten- und religionskonformes Benehmen (Verbot von Gotteslästerungen, Fluchen usw.) einschließlich genauer Kleidungsvorschriften entsprechend dem gesellschaftlichen Rang oder Stand.

Gerade die zahllosen, sehr detaillierten Kleiderordnungen mit genauen Angaben über jeweils erlaubte Stoffe, Verzierungen und Schmuckgegenstände sorgten dafür, dass »die ständische Abstufung auch im äußeren Erscheinungsbild sichtbar gemacht und jeder Versuch, sich über den eigenen Stand zu erhöhen, von vornherein vereitelt und dem Luxus des ›gemeinen‹ Mannes Einhalt geboten werden« konnte.[12] Allerdings

12 Wolfram Mauser, *Dichtung, Religion und Gesellschaft im 17. Jahrhundert. Die ›Sonnete‹ des Andreas Gryphius*, München 1976, S. 263. – Mauser zitiert hier auch (Anm. 703) aus der Straßburger Kleiderordnung von 1628, die sechs Rangstufen unterscheidet, von der Kleidung »der Mägd / Wartherin / Näderin und anderer Lediger Weibspersonen ihres gleichen« bis hin zur »Kleydung deß sechsten und höchsten Grads / der Regiments- und Großen Rathspersonen /

wurden auch immer wieder die oberen Stände zur Zurückhaltung aufgefordert, denn Luxus geriet nicht zuletzt aus religiösen Gründen gerade in schwierigen Zeiten in Verruf.

In diesem Programm gesellschaftlicher Disziplinierung hat auch die Literatur ihren Platz. Sie lehrt, »was zu thun oder zulassen sey« und führt entsprechend dem horazischen *prodesse* und *delectare* »durch allerley Exempel und Fabeln« auf »die alleranmuthigste Art [...] fast spielend zur Tugend / und dem was nützlich ist«.[13] Das schließt die Vermittlung ethischer und religiöser Normen ebenso ein wie belehrende Hinweise auf ein verantwortliches Leben in der ständisch geordneten Gesellschaft, in einer »vom Geist der Sozialregulierung der Stadt und der absolutistischen Tendenz des Staates gemeinsam bestimmten, ganz realen Umwelt«.[14] Auch Dichtung ist, so die These Wolfram Mausers, »in dieser Zeit [...] losgelöst von gesellschaftlich-politischem Funktionszusammenhang gar nicht denkbar«.[15]

Geradezu eine Übersetzung dieses Geistes der ethischen, religiösen und gesellschaftlichen Disziplinierung ins (mäßig gelungene) Poetische stellen die 1630 in Danzig erschienenen »Lehr-sonnette« von Johannes Plavius dar.[16] In 100 Texten

wie auch deß Adels ins gemein / und dann der Stadt bestellter Abvocaten und Räthe / sambt deren Weib und Kinder.«

13 Augustus Buchner, *Anleitung zur deutschen Poeterey. Der Poet*, hrsg. von Marian Szyrocki, Tübingen 1966, S. 29 f. [*Poet*].

14 Gerhard Oestreich, »Policey und Prudentia civilis in der barocken Gesellschaft von Stadt und Staat«, in: *Stadt – Schule – Universität – Buchwesen und die deutsche Literatur im 17. Jahrhundert*, hrsg. von Albrecht Schöne, München 1976, S. 21. – Oestreich prägte auch den Begriff der ›Sozialdisziplinierung‹.

15 Mauser (Anm. 12), S. 24.

16 Die Sonette sind vollständig abgedruckt in: *Danziger Barockdichtung*, hrsg. von Heinz Kindermann, Leipzig 1939, S. 122–164.

hält der lutherische Dichter zur Tugend an, indem er jeweils die in der Überschrift genannten Gebote und Verbote erläutert. Die Folge beginnt mit der Aufforderung *Sey in der that ein Christe* (Nr. 1), die die religiöse Grundhaltung in lutherischem Geist vorgibt (*Ließ die Bibel*, Nr. 53). Sie schlägt sich nieder in Sonetten über Glaube, Liebe und Hoffnung, über Gottesfurcht und Gottvertrauen, über die zehn Gebote, die vier letzten Dinge oder vorbildliche christliche Verhaltensweisen. Andere Sonette fordern gesellschaftliche Tugenden ein: *Arbeite fleissig* (Nr. 19), *Sey friedlich* (Nr. 25), *Lerne was gutes* (Nr. 37), *Meide böse gesellschaft* (Nr. 45), *Sey reinlich* (Nr. 84) oder *Lache die leute nicht aus* (Nr. 86). Schließlich fehlt auch nicht ein Sonett, Nr. 33, das die lutherische Auffassung vom weltlichen Regiment auf den Punkt bringt: *Sey der Obrigkeit vnterthan.*[17]

Allerdings ließen sich die tieferen Konflikte innerhalb der scheinbar so wohlgeordneten ständischen Gesellschaft weder durch literarische Appelle noch durch disziplinierende Verordnungen aus der Welt schaffen. Es kam immer wieder zu Aufständen und sozialen Unruhen, zu Judenpogromen und Hexenverfolgungen. Auslöser städtischer Unruhen waren vor allem konfessionelle Streitigkeiten, wirtschaftliche Krisenerscheinungen wie die sogenannte Kipper- und Wipper-Inflation zu Beginn des Dreißigjährigen Krieges sowie Verfassungskonflikte zwischen der regierenden Oberschicht und den Zünften in den großen Reichsstädten.

Das Eskalationspotential derartiger innerstädtischer Konflikte zeigen die Auseinandersetzungen der Jahre 1612–14 zwischen dem von den Patriziergesellschaften beherrschten Rat und den Zünften in Frankfurt a. M. Die Zünfte zwangen den Rat zu einer Verfassungsreform – aus dieser Zeit stammt auch

17 Ebd., S. 136.

die am Anfang des Kapitels zitierte Verordnung über den Status der Juden – und vertrieben ihn schließlich unter dem Druck der besitzlosen Tagelöhner und Manufakturarbeiter aus der Stadt, denen eine bloße Verfassungsreform angesichts einer schweren Wirtschaftskrise nicht genügen konnte. Im Verlauf des Aufstands stürmte und plünderte eine aufgehetzte Menge im August 1614 das Ghetto; die jüdische Gemeinde, etwa 2500 Personen, wurde aus der Stadt vertrieben, nicht zuletzt, weil sie unter dem Schutz des verhassten Patriziats stand und als Sündenbock für Misswirtschaft, Verschuldung und Arbeitslosigkeit herhalten musste. Das Pogrom hatte die Verhängung der Reichsacht über den Anführer Vincenz Fedtmilch (Fettmilch) und andere zur Folge. Der Aufstand brach zusammen; die alten Machtverhältnisse wurden wiederhergestellt. 1616 kehrten die Juden unter dem Schutz kaiserlicher Truppen wieder nach Frankfurt zurück.

Die Anführer des Aufstands wurden zum Tode verurteilt und hingerichtet. Noch zu Goethes Zeit konnte man den auf dem Brückenturm aufgesteckten Schädel Fedtmilchs sehen, wenn man den Main auf dem Weg von Sachsenhausen nach Frankfurt überquerte. Goethe ließ sich, wie er in *Dichtung und Wahrheit* (Bd. 1, 1811) schreibt, ›als Knabe schon gern die Geschichte dieser Aufrührer« erzählen und bedauerte diese »unglücklichen Menschen, welche man wohl als Opfer, die einer künftigen bessern Verfassung gebracht worden, ansehen dürfe«.[18]

18 Johann Wolfgang Goethe, *Dichtung und Wahrheit*, hrsg. von Walter Hettche, Stuttgart 1991 [u. ö.], S. 159.

Bauern

Mehr als 80 % der Bevölkerung des Reichs lebte auf dem Land. Die rechtliche und ökonomische Situation der Bauern war regional recht unterschiedlich. In Vorarlberg und Tirol waren die Bauern in Landtagen vertreten, in Franken und Schwaben gab es noch freie Reichsdörfer, wie denn überhaupt die territoriale Zersplitterung im Südwesten im Unterschied zu den großen Gutsherrschaften im Osten gewisse Freiräume bot. Aufstiegschancen für die klein- oder unterbäuerliche ländliche Bevölkerung ergaben sich durch die Zerstörungen des Dreißigjährigen Krieges und den Bevölkerungsrückgang: Die Gutsherrschaften mussten freigewordene Bauernstellen neu besetzen und die verwüsteten Flächen kultivieren, um die Steuerkraft wieder herzustellen.

Dabei entwickelten sich die Verhältnisse im Westen und Osten des Reichs weiter auseinander. Während im Westen das Besitzrecht der Bauern erhalten blieb, führten im Osten die großen Bevölkerungsverluste und -verschiebungen durch den Krieg zu einer stärkeren Belastung der verbliebenen Bauern, die immer größere Flächen im Frondienst bestellen mussten und in die Leibeigenschaft gedrückt wurden. Die starke Stellung der Gutsherrschaft in Ostelbien verdankte sich auch dem Umstand, dass »Grundherrschaft, Gerichtsherrschaft, Polizeihoheit und oft auch Kirchenpatronat« zusammenfielen.[19] Ähnlich war die Lage in Böhmen. Hier forderten die Bauern 1679/80 die Rückkehr zu den alten Freiheiten und Gerechtigkeiten, was Kaiser Leopold I. 1680 zu einem eher wirkungslosen Appell an die Herren veranlasste, ihre Untertanen »christ- und mildiglich zu tractiren und mit ihnen also umzugehen und zu gebären, damit sie samt Weib und Kindern auch leben,

19 Maurer (Anm. 2), S. 34.

Newe Bauren-Klag / Uber die Unbarmhertzige Bauren Reütter dieser zeit, Einblattdruck 1643. Abgedruckt (Illustration und Text) in *Gedichte des Barock* (Anm. 10), S. 151–153.

dem gemeinsamen Wesen zu Besten erhalten und hierdurch allerseits der göttliche Segen und Landeswohlfahrt erworben und festgestellet werden möge.«[20]

Soziale Missstände, Kriege und politische bzw. konfessionelle Unterdrückung führten im Lauf des 17. Jahrhunderts immer wieder zur Verweigerung von Dienstleistungen, zu Unruhen und Aufständen bis hin zu kriegerischen Auseinandersetzungen; den ständigen Krieg zwischen Bauern und Soldaten thematisiert ausdrücklich Grimmelshausen in seinem *Simplicissimus* (Kap. IV). Anders als die wohlhabenden befes-

20 *Quellen zur Geschichte des deutschen Bauernstandes in der Neuzeit*, hrsg. von Günther Franz, Darmstadt ²1976, S. 165.

tigten Städte, die sich durch Bündnisse, Geldleistungen und Söldnertruppen relative Sicherheit erkaufen konnten, blieben die Bauern auf sich selbst gestellt. Sie hatten Übergriffen in Kriegs- und Friedenszeiten wenig entgegenzusetzen, und vor der alltäglichen Not, wie sie die 1677 gedruckte *Bauren-Klage / Uber ihren mühseligen Standt und Ungelegenheiten* schildert, gab es kein Entkommen. Zur Erntezeit werden die Abgaben erhoben, so dass den Bauern kaum etwas übrigbleibt, im Winter folgen die Frondienste, im Frühjahr herrscht Mangel.[21]

Besonders betroffen von den Unruhen waren Süd- und Südwestdeutschland mit ihren vielen Kleinterritorien. Im Dreißigjährigen Krieg verschärfte sich die Lage auf dem Land, als zu den ohnehin bedrückenden Lasten noch zerstörerische Kriegseinwirkungen, Kontributionen, Hungersnot, Heimsuchungen durch Soldatenbanden und religiöse Verfolgungen hinzukamen und damit Widerstand provozierten. Ort eines regelrechten Bauernkrieges wurde 1626 das Land ob der Enns in Oberösterreich, das Bayern vom Kaiser als Pfand für die aufgewendeten Kriegskosten erhalten und besetzt hatte. Die bayerischen Beamten pressten das Land aus und betrieben gleichzeitig eine rücksichtslose Rekatholisierungspolitik, Maßnahmen, die schließlich den Aufstand der evangelischen Bauern auslösten. Stephan Fadinger, ihr Anführer, fasste die Gründe in einem Spruch zusammen:

Der Jesuiter Gleißnerei
Und des Statthalters Tyrannei,
Des Vicedomes Dieberei
Und der Amtleut Finanzerei,

21 Hermann Strobach, *Bauernklagen. Untersuchungen zum sozialkritischen deutschen Volkslied*, Berlin 1964, S. 285 f.

Darzu der schwere G'wissenszwang,
Der Auflagn unerschwinglich Drang:
Die habn gemacht in diesem Land
Unter der Baurschaft den Aufstand.[22]

Das Heer der Bauern – von 40 000 Mann ist die Rede – scheiterte schließlich nach mehreren Siegen über kaiserliche und bayerische Truppen bei der Belagerung von Linz. Es sollen 10 000 Bauern gefallen sein. Dabei hatten die Aufständischen das feudale System und die ständische Gesellschaftsordnung nicht in Frage gestellt und keine sozialrevolutionären Forderungen angemeldet. Sie betrachteten ihren Aufstand als Notwehr gegen land- und religionsfremde Unterdrücker, als letztes Mittel, sich Gehör zu verschaffen: »Von Bayerns Joch und Tyrannei | und seiner großen Schinderei | Mach uns, o lieber Herr Gott, frei!«[23] Ihr Ziel war die Rückkehr zu den früheren Zuständen – Religionsfreiheit, Wiederherstellung der kaiserlichen Oberherrschaft –, doch die selbstbewusste Unterscheidung zwischen Notwehr gegen die unmittelbaren Unterdrücker und grundsätzlicher Bejahung einer rechtmäßigen Obrigkeit konnte nicht mit Verständnis rechnen.

Überhaupt war, von Ausnahmen abgesehen, die Haltung nicht nur der landbesitzenden Aristokratie, sondern auch der akademisch gebildeten Literaturproduzenten gegenüber den Bauern wenig verständnisvoll. Dabei stehen die Bauern allerdings nicht allein; die Verachtung gilt ebenso den Handwerkern, zumal die in ihrer Dichtung – die Tradition des Meister-

22 Zit. nach: *Historische Volkslieder und Zeitgedichte vom sechzehnten bis neunzehnten Jahrhundert*, hrsg. von August Hartmann, Bd. 1, München 1907, S. 214.

23 Ebd., S. 191.

gesangs lebt auch im 17. Jahrhundert noch weiter – an den Gepflogenheiten des vorigen Jahrhunderts festhalten. Besonders deutlich zeigen sich Bildungshochmut und Standesbewusstsein der Dichter-Gelehrten in der Komödiendichtung. Diese Texte bestätigen fast ausnahmslos die gesellschaftliche Hierarchie der höfisch-absolutistischen Gesellschaft. Der Hof und die Hofgesellschaft stellen die Norm dar, an der sich soziales Verhalten bewähren muss – oder eben durch Verstöße komisch scheitert. Für die Komik sorgen neben den traditionellen Typen der antiken Komödie und der Commedia dell'Arte vom prahlerischen Landsknecht über den Parasiten bis hin zum alten Geizhals nicht zuletzt von der Gesellschaft geringgeschätzte bzw. ausgestoßene Personen oder Personengruppen wie »Huren und Huren Wirthe / Fuchsschwäntzer und Tellerlecker / und wie es heutiges Tages gebräuchlich ist / Bauren / Jüden / und solche Personen / die das Volck zum lachen bewegen können«.[24]

Sieht man von dem Außenseiter und Autodidakten Grimmelshausen ab, der in seinen Funktionen als Gutsverwalter und Bürgermeister auf dem Land mit den bäuerlichen Verhältnissen bestens vertraut war und das auch in seinen Werken erkennen lässt,[25] interessiert die Barockliteraten das reale Landleben als Gegenstand der Dichtung nicht. Bezeichnend ist die Bemerkung in der Leseranrede des *Pegnesischen Schäfergedichts* (1644) von Georg Philipp Harsdörffer und Johann Klaj, die den Einwand vorwegnimmt, »daß die Schäfer dergleichen Unterredungen nicht führen / ja solche zu verstehen nicht fähig weren«: »Hierauf wird geantwortet / daß bey Beschreibung ihrer Bäurischen Gespräche unnd groben Sitten / mehr

24 Balthasar Kindermann, *Der Deutsche Poet*, Wittenberg 1642, S. 242.
25 Vgl. Hans Dieter Gebauer, *Grimmelshausens Bauerndarstellung. Literarische Sozialkritik und ihr Publikum*, Marburg 1977, S. 260 ff.

Verdrus als Belustigung zu befahren« gewesen wäre und das das Schäferwesen nur Maskerade sei.[26]

Es geht vielmehr um die Beschwörung der »guldene[n] Tugendzeit«,[27] um den Mythos vom Goldenen Zeitalter, um das Bild eines unschuldigen, naturverbundenen Lebens. Wenn in Texten wie Opitz' Lehrgedicht *Zlatna, Oder von Rhue des Gemütes* (1623) im Rückgriff auf literarische und philosophische Traditionen und Topoi der Antike und des Humanismus von bäuerlicher Tätigkeit die Rede ist, wird es betont idyllisch, selbst wenn das Stroh auf dem bescheidenen Lager sticht und die Tischmanieren zu wünschen übrig lassen: Der Schäfer schneidet in die Rinde einer Linde den Namen seiner Liebsten, die wiederum krönt ihn mit einem Kranz aus Majoran und Rosen und führt ihn – nach einer Ruhepause – heim

vnd setzt den Tisch bald voll
Mit Speisen die sein Hoff vnd Landgutt selber träget;
Ein Eyer oder drey die jetzt erst sein geleget /
Die Henne selbst darzu / ein frisches Haselhun /
Nach dem die Bürger sonst die Finger lecken thun:
Ein Lamb das heute noch lieff neben seiner Mutter /
Den feisten Rom [fetten Rahm] der Milch / vnd quittengelbe Butter [...].[28]

26 Georg Philipp Harsdörffer / Sigmund von Birken / Johann Klaj, *Pegnesisches Schäfergedicht 1644–1645*, hrsg. von Klaus Garber, Tübingen 1966, I, S. 4.

27 Georg Philipp Harsdörffer, *Poetischer Trichter*, reprogr. Nachdr. der Ausg. 1650 (Tl. 1), 1648 (Tl. 2), 1653 (Tl. 3), Darmstadt 1969, Tl. 2, S. 102.

28 Martin Opitz, *Gesammelte Werke*, krit. Ausg., hrsg. von George Schulz-Behrend, Bd. II/1, Stuttgart 1978, S. 85 [v. 412–414].

Die Schäfer- oder Landlebendichtung zielt nicht auf eine Auseinandersetzung mit der bäuerlichen Wirklichkeit, sondern ihr Wirklichkeitsbezug liegt in ihrer gegenbildlichen Funktion. Die Bauern oder Hirten sind verkleidete Bürger oder Landadelige, die sich in der Fiktion eines arkadischen Utopia den gesellschaftlichen Zwängen der Stadt und des Hofes entziehen.

Gesellschaftliches Versagen: Hexenwahn

Trotz der erwähnten Pogrome in Frankfurt und anderen Städten und der Vertreibung der Juden aus mehreren Territorien des Reichs ließen die Judenverfolgungen im 16. und 17. Jahrhundert im Vergleich zum späten Mittelalter insgesamt nach. Zugleich intensivierte sich jedoch die Verfolgung von sogenannten Hexen seit dem letzten Drittel des 16. Jahrhunderts: »Beide Male handelt es sich um eine Aufrichtung von Feindbildern, die dazu dienten, Teilgruppen der Gesellschaft die Schuld an ungelösten oder gar unlösbaren Problemen zuzuweisen.«[29]

Obwohl die Hexeninquisition bei geistlichen und weltlichen Fürsten zunächst auf Widerstand stieß, breiteten sich die

29 Helmut Brackert, »›Unglückliche, was hast du gehofft?‹ Zu den Hexenbüchern des 15. bis 17. Jahrhunderts«, in: *Aus der Zeit der Verzweiflung. Zur Genese und Aktualität des Hexenbildes*, Frankfurt a. M. 1977, S. 176. – Vgl. allgemein zu Hexenglauben und -verfolgungen Wolfgang Behringer, *Hexen. Glaube, Verfolgung, Vermarktung*, München [5]2009; zur Hexenliteratur u. a. die hier ausgewerteten Darstellungen von Erich Trunz in seiner Meyfart-Biographie (*Johann Matthäus Meyfart. Theologe und Schriftsteller in der Zeit des Dreißigjährigen Krieges*, München 1987, S. 211–244) und Italo Michele Battafarano (u. a. *Spees Cautio Criminalis. Kritik der Hexenprozesse und ihre Rezeption*, Trento 1993).

Prozesse aus und nahmen in der Zeit von 1580 bis 1630 epidemischen Charakter an. Begleitet wurde das Vorgehen gegen ›Hexen‹ von einer umfangreichen Literatur, die ihren Ausgang von dem Handbuch der Hexenverfolgung nahm, das die vom Papst zu Generalinquisitoren für Deutschland ernannten Dominikaner Heinrich Institoris und Jakob Sprenger 1487 veröffentlicht hatten. Dabei ist es kein Zufall, sondern Ausdruck kirchlich sanktionierter offener Frauenfeindlichkeit, dass der Titel dieses Werks, *Malleus maleficarum* (*Hexenhammer*), die weibliche Form verwendet, während die als Begründung der Verfolgungen immer wieder herangezogene Bibelstelle (2. Mose 22,18) in der Fassung der Vulgata das (beide Geschlechter bezeichnende) Maskulinum benutzt: »Maleficos non patieris vivere«. Luthers Übersetzung des Satzes – »Die Zeuberinnen soltu nicht leben lassen« – bestätigt konfessionsübergreifend dieses Vorurteil.

Dabei nimmt der *Hexenhammer* nur alte kirchliche Traditionen auf, wenn er die Frau als »animal imperfectum« bezeichnet und schreibt: »Schlecht also ist die Frau von Natur, da sie schneller am Glauben zweifelt, auch schneller den Glauben ableugnet. Das ist die Grundlage für die Hexen.«[30] Und Johann Praetorius, Sammler von Rübezahlsagen und Autor der unkritischen Kompilation von Hexengeschichten *Blockes-Berges Verrichtung* (1668), deutet den (nach Luthers Übersetzung wiedergegebenen) Satz aus dem 2. Buch Mose ganz im Sinn der herrschenden Praxis: »das Gesetze GOTTES hat damit wollen zuverstehen geben / daß Manns-Personen mehrentheils weniger mit dieser Sucht behafftet sind / und daß

30 Heinrich Kramer [Institoris], *Der Hexenhammer. Malleus Maleficarum*, neu aus dem Lateinischen übertr. von Wolfgang Behringer, Günter Jerouschek und Werner Tschacher, München [6]2007, S. 231.

an stat eines Mannes wol funfftzig Weiber damit beschleppet zufinden.«[31]

Der *Hexenhammer* war vom 15. bis 17. Jahrhundert in 29 Auflagen verbreitet; mit dem Anwachsen der Verfolgungen im letzten Viertel des 16. Jahrhunderts erschienen weitere Traktate über das Hexenwesen, die die Praxis der Hexenverfolgung juristisch und theologisch zu begründen suchten und sich im Wesentlichen auf die Autoritäten, d. h. die Buchtradition, stützten.[32] Einen furchtbaren Höhepunkt erreichten die Verfolgungen in den Bistümern Bamberg und Würzburg; hier wurden in den zwanziger Jahren des 17. Jahrhunderts weit über 1000 Personen verbrannt. Erst das Eingreifen der Schweden unterbrach diese Verfolgungswelle.

Angesichts der herrschenden Hysterie und der damit verbundenen Gefahren ist es umso bemerkenswerter, dass zwischen 1602 und 1635 immerhin einige Schriften gegen die He-

31 Johann Praetorius, *Blockes-Berges Verrichtung*, unveränderter Nachdr. der Ausg. Leipzig 1669, Hanau 1968, S. 130. – Schon Grimmelshausen benutzte das Buch als Quelle; später griffen u. a. Goethe in seiner Darstellung der Walpurgisnacht in *Faust I* (1808) und Heinrich Heine im Tanzpoem *Der Doktor Faust* […] *nebst kuriosen Berichten über Teufel, Hexen und Dichtkunst* (1851) darauf zurück.

32 Dazu gehören Werke wie Jean Bodins *De la démonomanie des sorciers* (1580; dt. von Johann Fischart 1581) und die *Disquisitionum magicarum libri VI* (1599) des in den katholischen Niederlanden wirkenden Jesuiten Martin Delrio (Del Rio). Sorgte Delrio für die theologische Untermauerung der Hexenprozesse, so der angesehene Leipziger Jurist Benedikt Carpzov für die juristische mit seinem bis weit ins 18. Jahrhundert immer wieder aufgelegten Buch über das sächsische Strafrecht (*Practica nova rerum criminalium Imperialis Saxonica*, 1635).

xenprozesse erschienen – danach bis 1701 keine mehr –, darunter der *Gründliche Bericht von Zauberey vnd Zauberern* (1602; erweitert 1613) des calvinistischen Pfarrers Antonius Praetorius, Friedrich Spees lateinische *Cautio criminalis, seu de processibus contra sagas liber* (1631) und Johann Matthäus Meyfarts *Christliche Erinnerung / An Gewaltige Regenten / vnd Gewissenhaffte Praedicanten / wie das abschewliche Laster der Hexerey mit Ernst außzurotten / aber in Verfolgung desselbigen auff Cantzeln vnd in Gerichtsheusern sehr bescheidentlich zu handeln sey* (1635). Aber erst Christian Thomasius gab um 1700 mit einer Reihe von Schriften den Anstoß zur entscheidenden Diskussion über den Hexenglauben und das Prozessverfahren, die zu Reformen des Verfahrens und schließlich zur Abschaffung der barbarischen Praxis der Hexenverfolgung führte.

Gemeinsam ist allen Gegnern der Hexenprozesse vor Thomasius, dass sie nicht den Glauben an Hexen zu widerlegen, sondern die institutionellen Mängel und die völlige Untauglichkeit, Ungerechtigkeit, Gefährlichkeit des Verfahrens bloßzustellen suchen. Adressaten sind daher vor allem die Obrigkeiten. Im Fall von Spees Buch kann man Erfolge vermuten: Johann Philipp von Schönborn, der den Jesuitenpater 1631/32 in Köln kennengelernt hatte, beendete nach seinem Amtsantritt (1642 Bischof von Würzburg, seit 1647 in Personalunion auch Kurfürst und Erzbischof von Mainz) die Hexenprozesse, die gerade im Bistum Würzburg schreckliche Ausmaße angenommen hatten. Vielleicht beeinflusst von den inzwischen vorliegenden deutschen Fassungen der *Cautio criminalis* ließ Königin Christine von Schweden 1649 Hexenprozesse in den von Schweden besetzten Gebieten verbieten: Der in schwedischen Diensten stehende Feldprediger Johann Seifert hatte 1647 Spees Text auszugsweise ins Deutsche übersetzt; 1649 folgte die vollständige

Übertragung von Hermann Schmidt, Rat des Grafen zu Nassau-Siegen.[33]

Während Hexerei im Mittelalter vorwiegend mit Schadenzauber verbunden war, erhielt das Verbrechen nach der Hexenlehre des *Malleus maleficarum* eine neue Dimension, die durch den Umgang mit dem Teufel – Teilnahme am Hexensabbat, Pakt und Geschlechtsverkehr mit dem Teufel – als Bündnis gegen Gott aufgefasst wurde. Hexerei galt daher nun als *crimen exceptum*, als Sonderverbrechen, das besonderen Prozessregeln unterlag. Hexenprozesse waren Inquisitionsprozesse, bei denen ein bloßer Verdacht bzw. eine entsprechende Denunziation zur Verhaftung ohne förmliche Anklage genügte. Die Angeklagten besaßen keinerlei Rechte; sie durften weder ihrem Ankläger gegenübertreten noch einen Anwalt nehmen. Im Hexengefängnis waren sie den Henkersknechten ausgeliefert; niemand sonst hatte Zutritt. Ein Geständnis war die einzige Voraussetzung für eine Verurteilung zum Feuertod. Folter war in allen Graden erlaubt, handelte es sich doch um ein Verbrechen gegen Gott und um den Kampf gegen den Teufel. Der Prozess führte in jedem Fall zum Tod, entweder durch ein erzwungenes Geständnis oder durch die Folter. Vom Vermögen der Opfer profitierten Hexenrichter, Henker und Denunzianten.

Spee vermeidet weitgehend theoretische Diskussionen, sondern setzt sich mit dem juristischen Verfahren auseinander, das in jeder Beziehung ungeeignet sei, Hexen zu identifizieren. Er spricht von unmenschlichen, habgierigen Richtern, von Verfahrensfehlern und dem Versagen der Obrigkeiten,

33 Die deutschen Übertragungen sind als Faksimiledrucke ganz bzw. auszugsweise (Seifert) in der krit. Ausg. der *Cautio criminalis* enthalten: *Cautio criminalis*, hrsg. von Theo G. M. van Oorschot, Tübingen/Basel 1992.

von der Blindheit und Dummheit der Gelehrten, Beichtväter und Prediger, von Unwissenheit und Aberglauben des Volkes usw. Entscheidender Punkt bleibt die Anwendung der Folter. Spee wirft den Richtern, Beichtvätern und Buchgelehrten vor, dass sie keine Vorstellung von der menschlichen Natur hätten, dass die unmenschlichen Qualen bzw. die Angst davor jedes Geständnis wertlos machten. Er schlägt den Richtern eine Art Selbstversuch vor:

> Sie wissen gewiß alle nicht, wie furchtbar die Gewalt der Folter ist, die in Ruhe und Muße ihren Hirngespinsten nachhängen und harten, grausamen Sinnes niemals eine Vorstellung gewonnen haben, was für Schmerzen die Folterwerkzeuge verursachen. Nicht aus böser Absicht, nur aus aufrichtigster christlicher Liebe zu ihrem eigenen Besten und zum Heil ihrer Seelen wünschte ich, es käme ihnen in den Sinn, nur für ein halbes Viertelstündchen die Folter ein wenig versuchen zu wollen und sozusagen einen Vorgeschmack von ihr zu bekommen, ehe sie sich daran machen, diese widerwärtigen Streitigkeiten über das Verhalten der Angeklagten auf der Folter zu erörtern.[34]

An anderer Stelle heißt es: »Die Gewalt der Folterqualen schafft Hexen«.[35] Die eigene Erfahrung führt den Jesuitenpater zu dem Urteil, dass er »jedenfalls bis jetzt noch keine verurteilte Hexe zum Scheiterhaufen geleitet habe, von der ich unter aller Berücksichtigung aller Gesichtspunkte aus Überzeugung hätte sagen können, sie sei wirklich schuldig gewesen«.[36]

34 Friedrich Spee, *Cautio Criminalis oder Rechtliches Bedenken wegen der Hexenprozesse*, übers. von Joachim-Friedrich Ritter, Weimar 1939 [u. ö.], S. 265.
35 Ebd., S. 269.
36 Ebd., S. 153.

Spees protestantischer Kollege Johann Matthäus Meyfart kannte die *Cautio criminalis* und die Schriften anderer Kritiker der Hexenprozesse. Die Argumentation in seiner *Christlichen Erinnerung* folgt trotz des vorsichtig formulierten Titels weitgehend der Spees und wendet sich wie dieser gegen die Form des Prozesses, gegen die Brutalität und sexuellen Übergriffe der Henkersknechte und vor allem gegen die Unmenschlichkeit und juristische Untauglichkeit der Folter. Kritik gilt den Hexenrichtern und ihrem Verfolgungseifer ebenso wie der Duldung durch die Obrigkeiten und dem Verhalten der Geistlichen, die von den Verurteilten Schuldbekenntnisse erwarteten statt auf die Wahrheit zu hören: »Denn die Hencker quelen nur den Leib / solche Geistliche quelen die Seele / bis dieselbige zum Vberflus bekennen / was sie niemals gethan vnd verwircket haben [...].«[37]

Die für die Durchführung von Hexenprozessen Verantwortlichen und ihre Helfer lassen nicht nur Mitleid und Barmherzigkeit vermissen, indem sie Körper und Seele von Gottes Geschöpfen aufs grausamste zerstören. Sie sind de facto Werkzeuge des Teufels, dessen Einfluss sie durch die Verfolgungen einzudämmen glauben. Wie Spee erinnert Meyfart die Obrigkeiten und die Hexenverfolger daran, dass sie ihr Seelenheil aufs Spiel setzen, und er steigert diese Mahnung in einer Art *peroratio* zu einer eindrucksvollen Höllenvision, die den »Inquisitoren, Officialen, Commissarien, Hexenmeister / Ober-Schultheiß / Schultheiß / CentRichter / Centgraff / Schösser /

37 Johann Matthäus Meyfart, *Christliche Erinnerung / An Gewaltige Regenten / vnd Gewissenhaffte Praedicanten / wie das abschewliche Laster der Hexerey mit Ernst außzurotten / aber in Verfolgung desselbigen auff Cantzeln vnd in Gerichtsheusern sehr bescheidentlich zu handeln sey*, Erfurt 1635, S. 198 f.

Castner / etc.« heftige Gewissensqualen und ein schreckliches Ende voraussagt.[38]

Auch wenn Meyfarts Hexenschrift inhaltlich nicht über die seines Vorgängers Spee hinausgeht – mit ihrer rhetorischen Sprachkunst, ihrem persönlichen Engagement und ihrer Leidenschaft ist sie ein bedeutendes Dokument der Menschlichkeit in einer finsteren Zeit, ausgezeichnet auch dadurch, dass sich Meyfart durch den Gebrauch der deutschen Sprache über den gelehrten Diskurs hinaus ungeschützt an eine breitere Öffentlichkeit zu wenden wagte.

Dass es ein Wagnis war, zeigt sich auch darin, dass der Hexenwahn kein Thema der Dichtung des 17. Jahrhunderts ist. Zwar treiben in erzählenden oder dramatischen Werken Zauberer, Zauberinnen, Hexen oder Gespenster gelegentlich ihr Unwesen, aber das bleibt im Rahmen der sagenhaften, volkstümlichen oder antiken literarischen Überlieferungen. Und wenn wie bei Grimmelshausen eine kritische Haltung erkennbar scheint, wird sie durch die hintergründige ironische, anspielungsreiche Darstellung unangreifbar.[39] Die Praxis der Hexenprozesse mit ihren Folterexzessen findet, anders als die Qualen der Märtyrer und Märtyrerinnen, keinen Niederschlag in der Dichtung.

Eine überzeugende monokausale Erklärung der Hexenverfolgungen gibt es nicht. Und dass diese wahnhaften Vorstellungen und kriminellen Exzesse gerade auch von den Gebildeten fast ohne Ausnahme hingenommen oder befürwortet wurden, ist nur schwer zu verstehen. Mehrere Faktoren lassen

38 Ebd., S. 265 ff.

39 Vgl. zum Hexenthema bei Grimmelshausen u. a. Italo Michele Battafarano, »Hexenwahn und Teufelsglaube im *Simplicissimus*«, in: *Argenis* 1 (1977) S. 301–372; I. M. Battafarano / Hildegard Eilert, *Courage. Eine starke Frau der deutschen Literatur*, Bern [u. a.] 2003, S. 69–115.

sich anführen, die wohl zu dem gesellschaftlichen und geistigen Klima beigetragen haben, das es möglich machte, dass sich die Hexenverfolgungen im Namen Gottes zu einem Massenphänomen auswachsen konnten.

Zum Hintergrund gehört neben dem bereits erwähnten christlichen Frauenbild das Weiterleben alter abergläubischer Vorstellungen und magischer bzw. als magisch denunzierter Praktiken, die in einer Epoche konfessioneller Intensivierung des Glaubens und zunehmender staatlicher Regulierung anstößig wirken mussten. Zudem förderten die wirtschaftlichen und politischen Krisen, die konfessionellen Auseinandersetzungen, die fortwährenden Kriege und ein weitverbreitetes Endzeitbewusstsein ein potentiell gefährliches Klima der Unsicherheit und der Angst. Nicht zu übersehen ist auch die persönliche Disposition mancher Herrscher – etwa des Kurfürsten Maximilian I. von Bayern – mit ihrer Furcht vor Verhexung.

Außerdem ließen sich – und das ist vielfach nachweisbar – die diffusen Ängste instrumentalisieren, etwa als Hebel der Disziplinierung im Machtkampf zwischen den Konfessionen, als Waffe in politischen Auseinandersetzungen in den Städten, für persönliche Abrechnungen oder finanziellen Gewinn. Bereicherung als Motiv war, begünstigt durch das Denunziationsverfahren, kein Einzelfall. Für Denunziationen gab es Belohnungen, und von der Konfiszierung des Vermögens der Beschuldigten profitierten Denunziant, Gericht und Gerichtsherr. Insgesamt gingen die epidemischen Verfolgungen nach Ende des Dreißigjährigen Krieges zurück, wenn es auch immer wieder zu lokal begrenzten Exzessen kam.

VI. Neue Horizonte, Reisen

»Von Nutzbarkeit der frembden Reysen«[1]

»Ehre bleibt mihr / oder nichts; | reisen mus ich / oder stärben«, heißt es in einem Gedicht in Philipp von Zesens Roman *Adriatische Rosemund* (1645).[2] Die Verse charakterisieren die Haltung des männlichen Protagonisten Markhold gegenüber seiner geliebten Rosemund: Liebe hat hinter dem tätigen Leben des Mannes und dem humanistischen Streben nach Bildung, Ehre und Dichterruhm zurückzutreten. Mit dieser Auffassung steht er in einer weit zurückreichenden Tradition. Seit den Scholaren des Mittelalters gehört das Studium, der Erwerb von Wissen, neben ›Dienstreisen‹, Kriegszügen, Pilgerfahrten oder Handel zu den wichtigsten Motivationen für das Reisen, allerdings begrenzt auf eine eher kleine Schicht. Im Humanismus verstärkt sich der Trend zur akademischen Bildungsreise (*peregrinatio academica*), der sich im 17. Jahrhundert fortsetzt und noch an Bedeutung gewinnt: Die Kenntnis fremder Länder und Städte und der Verkehr mit ausländischen Gelehrten gehörten zum Selbstverständnis der *nobilitas litteraria*. Auch weniger wohlhabenden Studenten und Akademikern bot sich nicht selten die Gelegenheit, als Hofmeister und Reisebegleiter junger Adeliger oder Patrizier die Studienaufenthalte ihrer Zöglinge zur eigenen Bildung zu nutzen.[3]

1 Überschrift des einleitenden Kapitels von: Adam Olearius, *Vermehrte Newe Beschreibung Der Muscowitischen vnd Persischen Reyse*, Schleswig 1656, hrsg. von Dieter Lohmeier, Tübingen 1971, S. 1 ff.

2 Philipp von Zesen, *Sämtliche Werke*, unter Mitwirkung von Ulrich Maché und Volker Meid hrsg. von Ferdinand van Ingen, Bd. IV/2, bearb. von Volker Meid, Berlin / New York 1993, S. 39.

3 Zu den Kavalierstouren des höheren und regierenden Adels, die sich seit dem 15. Jahrhundert zunehmend von den bürgerlich-humanistischen akademischen Reisen lösten, vgl. den Band *Grand Tour*.

Immer mehr werden dabei die bereisten Länder und Städte wie das Reisen selbst zu Bildungserlebnissen und zum Gegenstand der Literatur. Das gilt nicht nur für Reisetagebücher oder Reiseberichte, sondern das Interesse an fremden Ländern und Kulturen findet auch ein Echo in poetischen Werken, die häufig an alte, im Humanismus erneuerte Traditionen anknüpfen können: Gedichte, die das Reisen selbst thematisieren, Gedichte auf Landschaften, Flüsse, Städte, Sehenswürdigkeiten, Texte, die Fremdes, Exotisches zur Ausgestaltung des kulturhistorischen Hintergrunds heranziehen oder als Quellen der Bildlichkeit und als Vergleichsmaterial nutzen.

Allerdings schien es trotz der humanistischen Bildungspropaganda immer noch erforderlich, das Reisen ohne diplomatisch-militärische, ökonomische oder missionarische Veranlassung zu rechtfertigen, um alte religiöse Vorbehalte zu entkräften. Beispielhaft dafür ist die ausführliche Argumentation im einleitenden Kapitel von Olearius' *Vermehrter Newen Beschreibung Der Muscowitischen vnd Persischen Reyse* (1656; erste Fassung 1647), der wissenschaftlich wie literarisch anspruchsvollsten deutschen Reisebeschreibung des 17. Jahrhunderts.[4]

Außer dass die »Wanderschafft [...] belustiget und zu Gottes Lob führet«,[5] bringt sie dem Reisenden wie auch dem Vaterland moralischen Nutzen und Erkenntnisgewinn – vorausgesetzt, die Reisen werden »mit gutem Verstande und rechtschaffenem Vorsatz« unternommen. Dann könne man »auch von Barbarischen und bösen Leuten etwas gutes lernen«.[6]

Adeliges Reisen und europäische Kultur vom 14. bis zum 18. Jahrhundert, hrsg. von Rainer Babel und Werner Paravicini, Ostfildern 2005.

4 Olearius (Anm. 1), S. 1–4.

5 Ebd., S. 2.

6 Ebd., S. 3.

Wenn Reisen Gewinn bringt, ist das zugleich Ansporn und Verpflichtung für diejenigen, die Gelegenheit und Glück hatten, in ferne Länder zu reisen, ihre Erfahrungen weiterzugeben und in eine »Historische wahrhaffte Beschreibung« zu fassen, so dass die Leser »zu Hause sitzend die gantze Welt durch reisen können«.[7]

Olearius' Haltung ist ambivalent. Er stellt zunächst religiöse und moralische Rechtfertigungsgründe des Reisens in den Vordergrund, zeigt aber in den großen und faktenreichen landeskundlichen Kapiteln über Russland und Persien mit der bisher unerreichten Genauigkeit seiner Karten und mit den auf Erfahrung beruhenden Korrekturen älterer Darstellungen (»mit meinen Füssen betreten / mit meinen Augen gesehen«)[8] sein großes wissenschaftliches Interesse. Das gilt nicht zuletzt auch für die von ihm hochgeschätzte Kultur und Dichtung der Perser (s. Abb. S. 152 mit einem Ausschnitt aus dem Kapitel »Von jhren Poeten vnd dero Versen«). Von dem eigentlichen, wirtschaftlichen Zweck der Reise, der Erschließung einer neuen Handelsroute, ist allerdings überhaupt nicht die Rede. Dass Olearius zwischen alter und neuer Zeit steht, wird auch in seinen Wertungen und Urteilen deutlich. Zwar bringt jeder Reisende seine eigene kulturelle Prägung mit, aber bei Olearius gibt es bei allem Faktenreichtum keinerlei Versuche, in die fremden Kulturen einzudringen: Er urteilt in Fragen der Sitte, Moral, Kultur und vor allem der Religion ganz selbstverständlich und unreflektiert (und gelegentlich auch von Empörung getragen) vom Standpunkt eines von christlichen (protestantischen) Glaubens- und Moralvorstellungen geprägten Westeuropäers aus. Im Vergleich zur Entwicklung in Frankreich, wo schon seit Montaigne die

7 Ebd., S. 4.
8 Ebd., Vorrede, S. [XIV].

men. In betrachtung dieses / hat der fürnehme Türckische Poet Füssuli geschrieben:

Schaer olmisch her derede bir kodokh
Bis dahe schaeleri Elden koidukh.

Ein jeder junger Esel wil Poete seyn.
Drumb die Poeterey stell ich nun gäntzlich ein.

Sie haben herzliche Schrifften der alten jhrer Nation Poeten / so wol in Türckischer als Persischer Sprache. Denn weil beyde Sprachen bey jhnen gleich gültig seynd / lesen sie so gern die Türckische als die Persische Poeten. Jhre beste Poeten aber / die sie in Schrifften haben / seynd (nach dem sie mir kund geworden) Saadi, Hafis, Firdausi, Füssuli, Chagani, Eheli, Schems, Nawai, Schahidi, Ferahsed, Deheki, Nessimi, &c.

Der Poeten Schrifften.

Jhre arten Verse zu machen / vergleichet sich fast der Deutschen / denn sie jhr absehen auff die Reimen haben / worbey sie es so genaw nicht nehmen / wenn etwa in einem Vers eine Sylbe mehr / als im andern stehet.

Sie haben nicht allein am ende der Verse gleichlautende Thon vnd Syllaben / wie pag. 527. Kuri, muri, pag. 544. Sar, behat. imgleichen pag. 602. & 603. sondern auch gantze vnd einerley Wörter / welche auch bißweilen zu anfang / auch wol in der mitten der Verse müssen gesatzt seyn. Auch suchen sie jhre Lust in den Wörtern / welche zweiffelhaffte bedeutung haben. Item / daß sie nach der Figur Anadiplosi gesetzt seynd / daß wie ein Vers sich endet / der ander wieder anfenget. Jch wil nur ein par zum Exempel mit hieher setzen / weitläufftiger hievon zu seyn wil vnser vorhaben nicht leiden:

Art der Verse.

جره جره چراغ يعنى چه
ادمى را دماغ يعني چه
جره جره چراغ از ترى بود
ادمى را دماغ ازخرى بود

Tziri, tziri, tziragh jani tzæ?
Adamira demagh Jani tzæ?
Tziri, tziri tziragh es teri bud,
Adamira demagh cheri bud.

Warumb knistert doch das Liecht?
Darumb pralt vnd pocht der Mann?
Jenem Truckener Talch gebricht.
Esels Fett hangt diesem an.

Hie

Berichte aus den neuen Welten zur Überprüfung der eigenen europäischen Maßstäbe anregten, »steht Olearius noch ganz am Anfang«.[9]

Kommerzielle und literarische Weiterverwertung

Das Argument, die Welt durch fremde Augen sehen zu können, machten sich auch die deutschen Verleger von Reisebüchern im Sinn ihres Geschäftszweigs zunutze. Das traf sich mit dem wachsenden Interesse des Publikums an Neuem und Unerhörtem, an der größer gewordenen Welt mit all ihren Wundern. Zwar hatten außergewöhnliche Naturphänomene und Nachrichten von fernen Völkern schon immer Aufmerksamkeit erregt, aber die Fülle des im 16. und 17. Jahrhundert angehäuften Materials in Form von Reisebeschreibungen und geographischen und völkerkundlichen Darstellungen bedeutete eine neue Qualität. Um diese Informationsflut zu kanalisieren und zu ordnen, veröffentlichten Verleger wie Theodor de Bry (*America*, 1590–1630) und Levinus Hulsius (*Schiffahrten*, 1598–1650) zahlreiche Reiseberichte der Frühen Neuzeit in großen Publikationsserien. Damit ermöglichten sie auch die populären Kompilationen mit Auszügen aus diesem umfangreichen Material, mit denen der interessierte Leser sein Streben »nach der Kenntniß ausländischer Sachen« auf bequeme Art befriedigen konnte: »so reiset er gleichsam zu Papier / in den Schrifften andrer Personen / tapffer herum / und schauet also der Welt zu / durch fremde Augen.«[10]

Zu den produktivsten Autoren derartiger Kompilationen

9 Ebd., Nachw. von Dieter Lohmeier, S. 55*.

10 Erasmus Francisci, *Ost- und West-Indischer wie auch Sinesischer Lust- und Stats-Garten*, Nürnberg 1668, Widmungsvorrede des Verlegers.

polyhistorischer Art gehörten der Nürnberger Verlagskorrektor Erasmus Francisci und der Hamburger Journalist, Sachbuchautor und Romanschriftsteller Eberhard Werner Happel. Sie verfahren dabei durchaus unterschiedlich und lassen in ihrer jeweiligen Auswahl aus dem überreichen Angebot an Reisebüchern, ihren Wertungen und Reflexionen eigene Standpunkte und Zielsetzungen erkennen. Francisci wählt die Texte, so betont er jedenfalls, nach ihrem exemplarisch-moralischen Nutzen aus, um »mit unterschiedlichen Exempeln / zur Geschicklichkeit und Tugend zu reitzen« und vor dem Laster zu warnen,[11] während es Happel vor allem darum geht, die gewaltig anwachsende Begierde der Menschen, »dergleichen curieuse Materie zu lesen [...] / einiger massen zu vergnügen«.[12]

Francisci kann mit seinen Sammlungen – u.a. *Ost- und West-Indischer wie auch Sinesischer Lust- und Stats-Garten* (1668), *Guineischer und Americanischer Blumen-Pusch* (1669) oder *Neu-polirter Geschicht- Kunst- und Sitten-Spiegel ausländischer Völcker* (1670) – geradezu als Spezialist für ferne Länder, für amerikanischen und asiatischen Exotismus gelten. Die Rechtfertigung für seine Kompilationen besteht für ihn darin, dass das Exotische das Interesse des Lesers weckt und dass diese Geschichten – obwohl sie im Grunde nichts Neues über die menschliche Natur und die Beschaffenheit der Welt enthalten – uns zu einem kritischen Blick auf uns selbst veranlassen können.

Happel verzichtete im Unterschied zu Francisci auf eine höhere Rechtfertigung seiner Kompilationen und erweiterte zugleich das Spektrum der Themen und ›Wunder‹ in seinen aus

11 Erasmus Francisci, *Neu-erbauter Schau-Platz denckwürdiger Geschichte / und seltzamer / mehrentheils trauriger Fälle*, Nürnberg 1663, Vorrede.

12 Eberhard Werner Happel, *Gröste Denkwürdigkeiten der Welt Oder so genannte Relationes Curiosae*, Tl. 1, Hamburg 1683, Vorrede.

Zeitungslieferungen zusammengestellten vielbändigen *Grösten Denckwürdigkeiten der Welt* (1683–89) um wissenschaftliche, politische, historische und literarische Themen. Die Texte sind daher höchst abwechslungsreich, wobei sich Happel nicht einfach mit der bloßen Wiedergabe seiner Quellen begnügt, sondern über die für einen Journalisten hilfreiche Fähigkeit verfügt, Sachthemen lebendig abzuhandeln und das novellistische Potential mancher Berichte zu nutzen.[13]

Selbstverständlich verwendeten Romanschriftsteller oder auch Dramatiker für ihre in fernen Weltgegenden oder Zeiten angesiedelten Werke neben der älteren und zeitgenössischen wissenschaftlichen Literatur die neuen Reisebeschreibungen und Kompilationen. Großen Erfolg damit hatte etwa Heinrich Anshelm von Zigler und Kliphausen mit seinem im 16. Jahrhundert in Südostasien spielenden Roman *Die Asiatische Banise / Oder Das blutig- doch muthige Pegu* (1689), für dessen geographischen und historischen Hintergrund er nicht zuletzt die »gelehrten Schriften des nie genung gepriesenen Francisci« neben zahlreichen anderen Texten heranzog.[14] Damit erfüllte er als *poeta doctus* die Forderung der zeitgenössischen Poetik nach ›Wahrscheinlichkeit‹, aber zugleich liegt angesichts der Konkurrenzsituation auf dem Markt der Gedanke an eine Spe-

13 Vgl. etwa seine Dramatisierung der Pocahontas-Geschichte in: E. W. Happel, *Grösssester Denkwürdigkeiten der Welt* […] *Anderer Theil*, Hamburg 1685, S. 209–218. – Vgl. Volker Meid, »Francisci, Happel und Pocahontas. Amerikanisches in der deutschen Literatur des 17. Jahrhunderts«, in: *Amerika in der deutschen Literatur. Neue Welt – Nordamerika – USA*, hrsg. von Sigrid Bauschinger [u. a.], Stuttgart 1975, S. 17–27.

14 *Heinrich Anshelm von Zigler und Kliphausen, Die Asiatische Banise*, hist.-krit. und komm. Ausgabe des Erstdrucks (1689), hrsg. von Werner Frick [u. a.], Berlin / New York 2012, S. 10. Der umfangreiche Kommentarteil (S. 541 ff.) bringt zahlreiche Quellenzitate.

kulation auf das Interesse des Lesers an exotischen Sensationen nicht fern.

Dient bei Zigler das exotische Material der Ausgestaltung des historischen und kulturellen Hintergrunds, ohne die Struktur des höfisch-historischen Romans zu überdehnen und seinen politisch-ethischen Sinn anzutasten, erhält die Gattung bei Happel eine neue Funktion. Er nutzt sie als Medium der Information über fremde Länder, indem er das traditionelle Handlungsschema, das eine intensive Reisetätigkeit begünstigt, mit geographischen, völkerkundlichen, historischen und gelegentlich auch literarischen Materialien ausfüllt. Geradezu als eine Art Bericht von einer Weltreise erscheint der Roman *Der Insulanische Mandorell, Ist eine Geographische Historische und Politische Beschreibung Aller und jeden Insulen Auff dem gantzen Erd-Boden / Vorgestellet In einer anmühtigen und wohlerfundenen Liebes- und Helden-Geschichte* (1682). Notgedrungen muss Happel den Romanhelden viel reisen lassen, vor allem zur See, um das im Titel angekündigte Programm verwirklichen zu können. Die Reihenfolge im Titel – erst der Hinweis auf die enthaltenen Informationen, dann auf das Romanhafte – ist typisch für Happel und seine Strategie der Lesergewinnung.

Dichter reisen

Viele der gelehrten Barockdichter konnten ihre Ausbildung durch Auslandsreisen, oft verbunden mit längeren Studienaufenthalten, abrunden. Zu den bevorzugten Reisezielen zählten Italien, Frankreich, England und die Niederlande. Die Anregungen, die die deutschen Reisenden in kulturell und literarisch weiter fortgeschrittenen Ländern empfingen, stärkten zugleich die eigenen literarischen und gesellschaftlichen Reformbestrebungen. So orientiert sich die Vorstellung einer kultivierten Gesellschaft, die Georg Philipp Harsdörffer in den acht Bänden seiner *Frauenzimmer Gesprächspiele* (1641–1649) idealtypisch vorführt, an den italienischen städtischen Akademien, die er aus eigener Anschauung (auch als Mitglied einer neapolitanischen Akademie) kannte.

Es handelt sich dabei nicht um Sprachgesellschaften wie die berühmte Accademia della Crusca, in die Fürst Ludwig von Anhalt-Köthen auf seiner Kavaliers- und Studienreise 1600 in Florenz aufgenommen worden war und die ihm als Vorbild für die von ihm 1617 mitbegründete Fruchtbringende Gesellschaft vor Augen stand. Es waren vielmehr Gesellschaften von Gleichgesinnten und Gleichgestellten, in denen sich bürgerlich-humanistische und aristokratische Momente miteinander verbanden und die im freien Gespräch ihre intellektuellen Fähigkeiten erproben und mit literarischen Mitteln zur Erkenntnis der Welt beitragen wollten.[15]

Über allgemeine literarische Anregungen hinaus, die bei vielen Autoren von Martin Opitz bis Christian Hoffmann von Hoffmannswaldau auf fruchtbaren Boden fielen, fehlt es natürlich nicht an dichterischen Bildern von Reiseeindrücken, bei denen vielfach humanistische Traditionen – Lob (und Tadel) von Städten, Bauwerken, Sehenswürdigkeiten – nachwirken. So bewegt sich Andreas Gryphius auf vertrautem Gebiet, wenn er, wie etwa Joachim du Bellay ein Jahrhundert zuvor in den *Antiquitez de Rome* (1558), seinen Aufenthalt in Rom in mehreren Sonetten thematisiert (Sonette II, 39–42).[16] Im Einklang mit dem Geist seiner Märtyrerdramen und -gedichte geschieht dies in dem Sonett *Vber die unterirrdischen Grüffte der*

15 Vgl. Italo Michele Battafarano, *Glanz des Barock. Forschungen zur deutschen als europäischer Literatur*, Bern 1994, S. 75 ff.

16 Zu den Romdichtungen du Bellays, Gryphius' u. a. vgl. Walter Rehm, *Europäische Romdichtung*, München [2]1960.

Heiligen Martyrer zu Rom als uneingeschränktes Lob des alten und gegenwärtigen ›Inbegriffs der Welt‹ in dem Abschiedssonett *Als Er aus Rom geschidn*:

ADe! Begriff der Welt! Stadt der nichts gleich gewesen /
Und nichts zu gleichen ist / in der man alles siht
Was zwischen Ost und West / und Nord und Suden blüht.
Was die Natur erdacht / was je ein Mensch gelesen.
Du / derer Aschen man nur nicht vorhin mit Bäsen
Auff einen Hauffen kährt / in der man sich bemüht
Zu suchen wo dein Grauß / (fliht trüben Jahre! fliht /)
Bist nach dem Fall erhöht / nach langem Ach / genäsen.
Ihr Wunder der Gemäld' / ihr Kirchen und Palläst /
Ob den die Kunst erstarr't / du starck bewehrte Fest /
Du herrlichs Vatican, dem man nichts gleich kan bauen:
Ihr Bücher / Gärten / Grüfft'; Ihr Bilder / Nadeln / Stein /
Ihr / die diß und noch mehr schliß't in die Sinnen ein /
Fahrt wol! Man kan euch nicht satt mit zwey Augen schauen.[17]

Vor diesen Sonetten stehen zwei andere, die satirischen Charakter besitzen, keine ungewöhnliche Variante der Reisedichtung. In dem einen zielt die Satire *Auff einen ungeschickten Römer*, dem »die Röm'sche Lufft« – im Gegensatz zu ihm, dem Fremden – nicht bekommen und der ein grober, ungebildeter Klotz geblieben sei; das andere, *An Cleandrum* überschrieben, spricht vom Gegenteil eines an Erfahrung und Bildung interessierten Reisenden, Variation eines geläufigen Themas der Sa-

17 Andreas Gryphius, *Gedichte*, hrsg. von Thomas Borgstedt, Stuttgart 2012, S. 59 [Sonette II, 42]. – Die folgenden Zitate ebd. S. 58 [Sonette II, 39 und 40].

tire. Schlusszeile des Gedichts, das alles aufführt, was den stumpfen Reisenden nicht interessiert: ›Was hält ihn denn zu Rom lang auff? Albaner Wein.‹«[18]

Der Lutheraner Gryphius versagt sich in seinen Romgedichten jede religiöse Kritik, bewundert vielmehr den kulturellen Reichtum der Stadt und verkehrt mit bedeutenden Gelehrten wie dem Jesuiten Athanasius Kircher, mit dem er später noch korrespondiert. Aber es geht auch anders, wenn Reisende ihre nationalen oder religiösen Prägungen oder Vorurteile unreflektiert bzw. polemisch ausleben. Beispiele dafür bieten die Gedichte des schlesischen Adligen August Adolph von Haugwitz, der auf seiner Kavalierstour 1668/69 u. a. London und Paris besuchte. Eines der in London entstandenen Gedichte (*An die Abgebrandte Stadt Londen / in Londen*) thematisiert den großen Brand von 1666: »SO muß dich denn die Gluth / du grosse Stadt verzehren?« Er sieht den Brand als weitere Strafmaßnahme Gottes nach Pest und Schwert (Bürgerkrieg) angesichts der in der Stadt überhand nehmenden Ketzer, d.h. der reformierten religiösen Gruppen: »Und wil der Secten Schwarm / mit lauter Feuer fegen«.[19] Und in dem *An Paris* überschriebenen Sonett folgt der Schilderung der Schönheit und Pracht der Stadt das Standardverdikt, Paris als Sündenpfuhl:

UNd was ists das ich erst von und in dir bemerck'
O Galliens grosses Haupt! das soviel Zungen preisen /
Nach der wir Deutschen so viel hundert Meilen reisen?
Ists deines Luvers Pracht? ists deiner Häuser stärck?

18 Zu diesem Sonett vgl. die Interpretation von Italo Michele Battafarano, in: I. M. B., *Von Andreas Gryphius zu Uwe Timm. Deutsche Parallelwege in der Aufnahme von Italiens Kunst, Poesie und Politik*, Trento 2009, S. 9–14.

19 *Gedichte des Barock*, hrsg. von Volker Meid, 2., überarb. Aufl., Stuttgart 2014, S. 289 f.

Ists deiner Kirchen Zier? der Brücken Wunder-Werck /
Der Gärten Liebligkeit und was du sonst kanst weisen?
Daß ich soll etzen ein in Marmor oder Eisen?
Soll deiner Saine Glantz / soll deiner Musen-Berg
Von mir erzehlet seyn? Der hohen Schulen Sonne
Die aller älteste und weiseste Sorbonne?
Nein! Mitten solcher Pracht gleich ich dich mit der Hölle:
Weil dein geschminncktes Volck so manchen Geist verführt /
Daß er der Seelen Heyl durch schnöde Lust verliehrt /
Denn kurtz / was dich verdammt / sind Huren / Diebe / Bälle.[20]

Anders als Bildungsreisen oder Kavalierstouren zu den üblichen europäischen Reisezielen waren ›Fernreisen‹ im Grunde nur möglich im Zusammenhang anderer Unternehmungen: Dazu gehörten die Missionsarbeit vor allem des Jesuitenordens, Gesandtschaftsreisen, Entdeckungs- bzw. Eroberungsreisen oder der wachsende Fernhandel, wie ihn etwa die Holländisch-Ostindische Kompanie in großem Stil betrieb. Unter den Teilnehmern derartiger Reisen befanden sich in den leitenden Funktionen auch Angehörige der *nobilitas litteraria*, Ärzte, Gelehrte oder Offiziere. Eine Reihe davon veröffentlichten auch Reisebücher – ebenso wie übrigens auch manche der ›ungelehrten‹ Teilnehmer.

Dichter finden sich eher selten unter den Fernreisenden. Zwar ist von Paul Flemings Freund Gottfried Finckelthaus eine Brasilienreise bekannt, und ein Mitglied der Deutschgesinnten Genossenschaft ließ ihrem Vorsitzenden Philipp von Zesen einen Gruß »aus West-Indischem Fernabuk« (Pernambuco bzw. Recife in Brasilien) zukommen, in dem auch von Heimatge-

20 Ebd., S. 290.

fühlen bei der Lektüre von Zesens Poetik die Rede ist.[21] Aber die einzige dichterisch ergiebige – und wohl auch existentiell bedeutsame – Reise in die Ferne unternahm Paul Fleming. Als Finckelthaus 1639 kurz vor seiner Abreise nach Brasilien mit Fleming zusammentraf, war dieser gerade von der holsteinischen Gesandtschaftsreise nach Russland und Persien zurückgekehrt.

Berühmt wurde das langwierige – und wirtschaftlich ergebnislose – Unternehmen durch die große Reisebeschreibung von Adam Olearius. Sie enthält auch eine Reihe von Gedichten Flemings, den die Teilnehmerliste unter den »Hoff-Junckern und Trucksessen« führt. Olearius, einer seiner akademischen Lehrer in Leipzig, vermittelte ihm wohl die Stelle. Sie bot ihm zum einem die Möglichkeit, seinen mehrfach geäußerten humanistischen Vorsätzen (»Was gilt bey uns ein Mann / der nicht gereiset hat«)[22] und seiner Berufung als Dichter zu folgen. Zum anderen verstand Fleming die Reise als Chance, dem immer näher rückenden Krieg und der Pestgefahr zu entkommen: »Ich sang der deutschen Ruhm / und ihrer theuren Printzen / | Biß Mars mich da trieb' aus / der Unhold aller Kunst.«[23]

Mit dem Antritt der Reise verliert die patriotische Thematik an Bedeutung, die viele Gedichte zuvor geprägt hatte, bis sie später in der Ausnahmesituation der Reise in anderer Form zurückkehrt, als Sehnsucht des ›halb-verlorenen Sohns‹[24] nach einer idealisierten Heimat. Damit aber wachsen auch die Zwei-

21 Zesen, *Sämtliche Werke* (Anm. 2), Bd. X/2, bearb. von Ulrich Maché, Berlin / New York 1977, S. 562 f.

22 Paul Fleming, *Teütsche Poemata*, Lübeck [1646], reprogr. Nachdr. Hildesheim 1969, S. 202.

23 Paul Fleming, *Deutsche Gedichte*, hrsg. von Volker Meid, bibliogr. erg. Ausg. Stuttgart 2000, S. 46.

24 Ebd., S. 115 (»weil ich fast nicht denck heim ein halb-verlohrner Sohn«).

fel an seiner Entscheidung, zumal die Reise und die mit ihr verbundenen Zwänge wohl seine Erwartungen enttäuscht hatten: »Ich bin ein schwaches Both ans große Schiff gehangen / | muß folgen / wie / und wenn / und wo man denckt hinaus«, heißt es in dem Sonett *An Deutschland*. Und: »Nun hab' ich allzuweit von dir / Trost / abgeländet / | und kan es endern nicht / wie hoch es mir auch reut.«[25]

Zu dem Missvergnügen trugen neben der Trennung von der Familie und dann von seiner Geliebten in Reval die Spannungen innerhalb der Reisegesellschaft bei, die zu gefährlichen Situationen führten und schließlich mehrere Gesandtschaftsmitglieder zur Flucht veranlassten. Bezeichnend für das schlechte Klima, für die der Gesandte Otto Brüggemann verantwortlich war, ist eine kleine Episode, die Olearius so erzählt:

> Den 17. Maij reiseten wir über eine ebene dürre Heyde sieben Meilen / da man den Berg Caucasus / welcher nach N. W. hinweg gefallen / nicht mehr sehen kunte. Zu Mittage als ich mit M. [Magister] Fleming ein wenig voraus geritten / hatten sich die Gesandten mit dem Comitat / ehe wir es vermuteten / zur Mittages Mahlzeit vnd zur Futterung gelagert / ob wir schon wieder zurücke ritten / wolte man vns doch nach gehaltener Mahlzeit nichts zu willen seyn / musten derwegen dem Hunger zu steuren (dann wir auch vorigen Tag gefastet) wilden Knoblauch aus der Erde graben / mit hartem Brodt essen / vnd aus einer faulen Pfütze trincken.[26]

25 Ebd.
26 Olearius (Anm. 1), S. 738 f. – Näheres über den Reiseverlauf, über Ziele, Umstände und Konflikte im Nachwort von Dieter Lohmeier, S. 9* ff.

Flemings Verse begleiten die Reise, aber eine Erwartung nach konkreten Schilderungen von Reiseeindrücken oder Landschaftsbildern wird enttäuscht. Fleming bleibt vielmehr den poetischen und rhetorischen Mustern der humanistischen Dichtung verpflichtet. Gänzlich in den Bereich der Konvention gehören die zahlreichen Gedichte auf offizielle oder andere gesellschaftliche Anlässe und Gelegenheiten mit ihrer rhetorischen Überhöhung und mythologisierenden Bildlichkeit: »Steh' auf / steh' auf / aus Thetis feuchten Armen / | O güldner Phaeton / | Steh' auf / und laß von deiner Glut erwarmen | Olympens gantzen Thron«, heißt es zu Beginn des Gedichts *Als die Fürstl. Holst. Gesandten mit dero Komitate von Moskaw nacher Persien auffbrachen.*[27] In einem 462 Verse umfassenden Gedicht vom September 1638 an den Gesandtschaftsarzt Hartmann Gramann, in dem »der verlauff der Reise nacher Moschkaw und Persien meistentheils angeführet wird«, bleibt es meist bei uncharakteristischen Aufzählungen.[28]

Wenn Fleming exotische Landschaften oder Orte ausführlicher beschreibt, verschwinden sie hinter dem verschwenderischen mythologischen Apparat der europäischen Dichtungstradition oder dienen nur als Vergleichsmaterial. Als er die goldenen Türme der Stadt Moskau von ferne sieht, kommt ihm nur »in den Sinn | was güldners noch als Gold / nach dem ich mich muß sehnen. | Es ist das hohe Haar der schönen Basilenen«, seiner Verlobten in Reval.[29] Das ist in der Lyrik der Zeit ein durchaus übliches Vergleichs- und Überbietungsmuster, wie schon der Blick auf die Überschrift eines Sonetts von Georg Rodolf Weckherlin deutlich macht: *Venedig gegen seiner Liebsten verglichen.*[30]

27 Fleming (Anm. 23), S. 70.
28 Fleming (Anm. 22), S. 200–213.
29 Fleming (Anm. 23), S. 125.
30 *Gedichte des Barock* (Anm. 19), S. 15.

Sosehr Fleming gesellschaftlichen und literarischen Konventionen verpflichtet ist und wie in dem Moskau-Gedicht die Reiseeindrücke oft nur als poetisches Material dienen, so hinterließ die jahrelange Reise mit ihrer Distanz vom literarischen Betrieb mehr als nur äußerliche Spuren in seinem Werk. Nicht zuletzt warf sie ihn auf sich selbst zurück, förderte die Reflexion über sich und seine Situation und trug sicherlich auch dazu bei, zu einem eigenen Ton zu finden. Hier liegt der wohl wichtigste poetische Ertrag der Reise.

Satirische Reisen

Reisen gehört seit der Antike zum Alltag des Personals der erzählenden Literatur. Das ergibt sich vielfach schon aus den Handlungsmustern der jeweiligen Gattung, etwa aus dem Schema von Trennung und Wiedervereinigung des höfisch-historischen Romans, aus der Konzeption des Romans als einer Art Lebensreise im Pikaroroman oder, im sogenannten politischen Roman, als Vehikel der Lehre zur Vermittlung von Welt- und Lebenserfahrung. Dabei richtet sich die Perspektive vor allem auf die reisenden Protagonisten und ihr Schicksal, auch wenn sie – wie etwa bei Grimmelshausen – durch das Medium des Helden zugleich ein Bild der Welt entwerfen.

Anders verfahren die satirischen Reiseschilderungen oder Erzählungen von imaginierten Reisen oder Orten, die seit dem Humanismus neue Aktualität gewinnen. Hier geht es nicht um individuelle Erfahrungen, sondern um Kritik der politischen und gesellschaftlichen Zustände. In ihren Darstellungen fremder, verfremdeter oder erfundener Schauplätze spiegeln sie auf verzerrte, verkehrte Weise die eigene Welt und Gesellschaft, hinterfragen sie kritisch und suchen durch die indirekte Methode die Leser zur Reflexion und damit zu neuen Einsichten zu führen. Dabei lassen sich zwei unterschiedliche Möglichkeiten unterscheiden. In dem einen Fall steht das Ziel der Reise im Mittelpunkt, während der Weg in die alternative Welt kaum interessiert, in dem anderen sorgt die Reise selbst für die Beobachtungen und Eindrücke, auf die es den Verfassern ankommt.

Ein Beispiel für die erste Methode ist Balthasar Venators *Kurtze und Kurtzweilige Beschreibung Der zuvor unerhörten Reise / Welche Herr Bilgram von Hohen Wandern ohnlängsten in die Neue Ober-Welt des Monds gethan* (1660), ein seit Lukian beliebtes fiktives Reiseziel. Allerdings erfährt man von der Reise selbst nicht viel: Der Ich-Erzähler gibt vor, er wisse nicht, ob er »gefahren, geritten, gesegelt oder gangen« sei, als er eines Abends spät die Grenzstadt Hellmond erreicht habe.[31] Er unterhält sich mit den recht menschenähnlichen Mondbewohnern, die ihn über seine Heimat ausfragen, und er nutzt seine Beobachtungen auf dem Mond zu Vergleichen mit den irdischen Gegebenheiten. So entsteht ein kritisches Bild der politischen und kirchlichen Zustände in Europa, wobei sich die Satire allerdings mit Fürstenlob (auf seinen pfälzischen Arbeitgeber) verbindet. Auch mit der Darstellung der Rückreise hält sich Venator nicht lange auf. Als der Ich-Erzähler wegen einer Liebesaffäre in Schwierigkeiten gerät, rettet er sich durch einen Sprung aus dem Fenster und landet wieder – »das Haus stund uff der äußersten Schnippen des Lands« – sanft auf der Erde, »allwo ich jetzt noch im Bett liege, eben uff der Seiten, wie ich mich gestern schlafen gelegt hatte«.[32]

Während in derartigen Satiren entsprechend dem Verfahren der literarischen Utopie nicht der Weg in die alternativen Welten, sondern nur ihre gegenbildliche Funktion interessiert,

31 Balthasar Venator, *Gesammelte Schriften*, hrsg. von Georg Burkard und Johannes Schöndorf, Bd. 1, Heidelberg 2001, S. 563.

32 Ebd., S. 586.

liegt im anderen Fall der satirischen Weltdarstellung das kritische Potenzial in der Reise selbst, in der Beschreibung dessen, was den Reisenden auf ihrem Weg durch eine bestimmte Gegend oder ein bestimmtes Land begegnet und was sie beobachten: Landschaften, Orte, Personen, religiöse, politische, wirtschaftliche oder kulturelle Sachverhalte können die kritische Aufmerksamkeit erregen. Das geschieht meist in verschlüsselter Gestalt, die allerdings leicht durchschaubar ist.

Ausschnitte aus der realen Welt des Dreißigjährigen Krieges, regional und zeitlich eingegrenzt, zudem entschieden parteiisch, zeigt der Jesuit Johannes Bisselius in seiner neulateinischen Reisesatire *Icaria* (1637). Sie schildert die Reise von Ilebissus (Bisselius) und zwei Ordensgenossen von Regensburg aus durch die Oberpfalz im Mai 1632 – Anlass war das befürchtete Vorrücken der Schweden – und verbindet vor dem Hintergrund der immer wieder vergegenwärtigten Kriegswirren satirische Kritik und konfessionelle Polemik gegen Andersgläubige (Lutheraner, Calvinisten, Juden) mit Landschaftsbeschreibungen, unterhaltsamen Begebenheiten und Geschichten aus dem europäischen Erzählrepertoire.

Ein deutschsprachiges Gegenstück zu Bisselius' *Icaria* stellt die *Heutelia* (1658) dar, eine Satire auf die Schweiz (Hevtelia: Helvetia), aber auch ein Kommentar zu den konfessionellen Konflikten in Europa, die sich in der Zusammensetzung der Reisegruppe aus Menschen unterschiedlicher Konfession spiegeln. Dabei lässt sich der versöhnliche Umgang der Reisenden miteinander als Plädoyer für ein neues Verhältnis der Konfessionen in irenischem Geist verstehen.

Von Welterkenntnis und kultureller Identität handeln die satirischen *Gesichte Philanders von Sittewalt* (1640, 2. Tl. 1643–50) von Johann Michael Moscherosch, wobei hier die Erkenntnis von der Beschaffenheit der Welt dem Leser ebenso wie dem reisenden Subjekt die Augen öffnen und ihn verändern soll. Die Reisehandlung des ersten Teils führt den jungen Philander von Straßburg aus durch Frankreich und über Genf und Basel wieder zurück zum Ausgangspunkt. Anlass der Reise ist die Erkenntnis Philanders, der als Ich-Erzähler fungiert, dass sein auf der »Hoheschul«[33] erworbenes Bücherwissen der alltäglichen Erfahrung widerspreche und der Gegensatz von Schein und Sein das menschliche Leben bestimme: »Es dauchte mich aller Menschen Wesen nur eine angenommene weise / eine eitele Heucheley sein / vnnd solches fast ohne vnderscheid bey allen Ständen.« Um zu sehen, ob es anderswo besser sei oder »ob daselbsten Trew vnd Religion, Glauben vnnd Redlichkeit auch also vermummet«, zieht es ihn »in einander Land vnnd Reich«.

Es ist eine durchaus erfolgreiche Bildungsreise. Begegnungen und Reiseerlebnisse liefern die Themen für die warnenden und mahnenden Visionen und Träume (u.a. *Welt-Wesen*, *Venus-Narren*, *Höllen-Kinder*), die vor den Konsequenzen eines verfehlten Lebens im Hinblick auf »ein ewiges praemium«[34] warnen und zu einem Prozess der Selbsterkenntnis führen sollen. Dabei steht dem jungen Reisenden der ältere, erfahrene Expertus Robertus zur Seite und trägt dazu bei, dass Philander lernt, Glanz und Schein der Welt zu durchschauen und zur ernüchternden Wahrheit vorzudringen: *desengaño*, ›Enttäuschung‹, ist das Generalthema der *Sueños* (1627) des spanischen Satirikers Francisco de Quevedo y Villegas, auf denen Mosche-

33 Johann Michael Moscherosch, *Visiones de Don Quevedo. Wunderliche vnd Warhafftige Gesichte Philanders von Sittewalt.* [...] Zum andern mahl auffgelegt, Straßburg 1642. Reprogr. Nachdr. Hildesheim / New York 1974, S. 4; die folgenden Zitate ebd., S. 5, 8.

34 Moscherosch, *Wunderliche und Wahrhafftige Gesichte Philanders von Sittewalt*, ausgew. und hrsg. von Wolfgang Harms, Stuttgart 1986, S. 72.

roschs freie, den deutschen Verhältnissen angepasste Bearbeitung zur Hälfte beruht.

Geht es im ersten Teil im Anschluss an Quevedos Höllenvisionen thematisch vor allem um religiöse Aspekte, so widmet sich Moscherosch im zweiten, nicht mehr durch eine Reise strukturierten Teil der Satire seinem kulturpatriotischen Anliegen, der Warnung vor dem moralischen, kulturellen und politischen Niedergang Deutschlands, der in der Katastrophe des Krieges gipfelt. Im Rahmen der Kritik an der modischen Nachahmung ausländischer kultureller und sprachlicher Erscheinungen im ›Gesicht‹ *Ala mode Kehrauß* ist in einer eingefügten Erzählung auch von der Suche nach dem größten Narren in der Welt die Rede, die Christian Weise später wieder aufnahm und mit dem Roman *Die drey ärgsten Ertz-Narren In der gantzen Welt* (1672) den Prototyp einer für kurze Zeit höchst erfolgreichen satirischen Gattung ›erfand‹, den politischen Roman; ›politisch‹, ein Schlüsselwort der Pädagogik Weises, bedeutet weltklug (s. S. 54 ff.).

In den *Ertz-Narren* bildet die revueartige Reisehandlung den Rahmen für einen Bildungs- und Erkenntnisprozess, der durch die Beobachtung vielfältiger Narren und Narrheiten »in der grossen und weitläufftigen Narrenschule der Welt«[35] »unvermerckt« zu den für ein glückliches Leben und eine erfolgreiche Karriere in Staat und Gesellschaft erforderlichen »klugen Lebens-Regeln« hinführen soll. Die Reisenden kommentieren und diskutieren ständig ihre Beobachtungen und Erfahrungen, begehen selbst Dummheiten und machen Fehler, lassen sich aber über die eigenen Fehler belehren und gelangen so zu Einsicht und Selbsterkenntnis. Sie lernen im Unterschied zu den vielen beobachteten Narren den Schein der Welt zu durch-

35 Christian Weise, *Sämtliche Werke*, hrsg. von Hans-Gert Roloff, Bd. 17, Berlin / New York 2006, S. 66; das folgende Zitat ebd. S. 61.

schauen, wobei ein Erzieher, der an die Gestalt von Moscheroschs Expertus Robertus erinnert, die maßgeblichen Einsichten vermittelt. Die Verbindung von Narrenrevue und Reisehandlung bleibt ein wichtiger Formtypus der politischen Romane der Folgezeit, wobei sich die Suche natürlich auf andere Ziele konzentriert.

Allerdings: Reisen bildet nicht immer. Das hatte schon Olearius angedeutet und Gryphius am Beispiel des Romreisenden illustriert, den einzig der Wein von den Albaner Bergen interessiert. Satirisch-parodistisch geht auch Christian Reuter das Thema an: *Schelmuffskys Warhafftige Curiöse und sehr gefährliche Reisebeschreibung Zu Wasser und Lande* (1696–97), dem »Grossen Mogol« gewidmet, ist eine konsequente indirekte Literatur- und Gesellschaftssatire, die sich jeglichen moralischen Kommentar versagt. Sie nimmt Elemente des Pikaroromans, des politischen Romans, der Reisebeschreibung, der Literatursatire und der Lügengeschichte auf und zeichnet ein Bild der Welt, wie es sich im Hirn, in der Vorstellung eines kleinbürgerlichen Angebers darstellt, der in Wirklichkeit nicht über die Wirtshäuser der Umgebung hinausgekommen ist, der nichts gelernt hat außer mit dem Blasrohr zu schießen und zu lügen. Und da er mangels Bildung und Weltkenntnis nicht fähig ist, eine widerspruchsfreie Phantasiewelt aufzubauen, entlarvt er sich unfreiwillig ständig selber, so dass der Text fortwährend Lügensignale aussendet und durch die Diskrepanz zwischen dem Anspruch feinster adliger Lebensart und Weltläufigkeit und dem wahren rüpelhaften Wesen des Helden, zwischen vorgeblicher Weltkenntnis und grotesken geographischen und topographischen Fehlleistungen, für Komik sorgt. Damit verkehrt er den politischen Roman ins Gegenteil: Schelmuffsky wird durch seine imaginären Reisen gewiss nicht klüger.

Das epigrammatische Fazit verfehlten Reisens zieht der Schweizer Johann Grob:

Auf einen kurzweiligen Ostindienfahrer

DAß dir nach Batavia mit zu fahren nicht gegrauet /
Daß du Siam / Indostan / und auch Sina selbst beschauet /
Und gesund bist wieder kommen / diß ist gleichwol eine taht /
Welche bei uns Oberdeutschen billich preis und ehre hat:
Du erzehlest wunderding' aus Japan und Coromandel /
Von der Indianer pracht / glauben / kleidung / thun / und handel:
Doch ist eines so von allen uns füraus verwundert macht /
Namlich daß du einen Affen nur allein heraus gebracht.[36]

36 *Das Spiel der Zeit. Deutsche Barockgedichte*, hrsg. von Volker Meid, Stuttgart 2015, S. 184.

VII. Bildung, Wissen, Wissenschaft

Grimmelshausen, der bedeutendste deutsche Romanschriftsteller des Barock, spricht in seiner ersten Veröffentlichung Probleme an, die ihm offensichtlich zu schaffen machten. Es geht um seine Bildung, seine Legitimation als Autor und seine gesellschaftliche Stellung. Er war 45 Jahre alt, sehr spät für ein Debüt, als sein *Satyrischer Pilgram* (1666–67) erschien. In den Vorreden betreibt er ein dialektisches ironisches Spiel der Selbst- und Vorwärtsverteidigung, das nicht ohne Bitterkeit über die ihm verwehrten Bildungschancen auf die prekären Voraussetzungen seiner literarischen Existenz zu sprechen kommt. Momus, der personifizierte literarische Neid, stellt in der ersten der drei Vorreden des Werkes die polemische Frage, was denn wohl Nützliches und Lehrreiches »von einem solchen Kerl wie der Author ist / zu hoffen seyn« sollte. Schließlich wisse man ja, »daß Er selbst nichts studirt, gelernet noch erfahren: sondern so bald er kaum das ABC begriffen hatt / in Krieg kommen / im zehenjährigen Alter ein rotziger Musquedirer worden / auch allwo in demselben liderlichen Leben ohne gute disciplin und Unterweisungen wie ein anderer grober Schlingel / unwissender Esel / Ignorant und Idioth, Bernheuterisch uffgewachsen« sei.[1]

Nun zeigt gerade dieser satirische Scheinangriff mit seiner überlegten Verwendung des alten Bescheidenheitstopos Grimmelshausens Kenntnis literarischer Techniken und Überlieferungen, die er ja irgendwie und irgendwann erworben haben musste. Aber, wie die folgende »Gegenschrifft des Authors« deutlich macht, bleibt in den Augen der Gesellschaft als entscheidender Mangel das Fehlen einer akademischen Ausbil-

1 Hans Jacob Christoph von Grimmelshausen, *Satyrischer Pilgram*, hrsg. von Wolfgang Bender, Tübingen 1970, S. 6.

dung. Dem Eingeständnis, dass er sich dessen bewusst war – »solches ist niemand leider als mir« –, folgt der Gegenangriff, der die Gelehrtenzunft nicht gerade schont (Talentverschwendung, Faulheit, Hoffart, Neid, Gewinnsucht) und die eigene Leistung hervorhebt:

> Aber da wisse du und deinige / daß ich mich vor keinen Doctorem außgebe / zumahlen mir nichts destoweniger zu einiger Schand nicht gereichen kan / daß ich die Gelegenheit / darhin zu gelangen nicht haben mögen; sondern vielmehr zu Ehren dienet / daß dennoch mit dem wenigen so ich erfahren / meinem Nebenmenschen zu dienen begehre […].[2]

Aber da hatte er als »geringer Dorfschultes«[3] im badischen bzw. bischöflich-straßburgischen Renchen nicht mit dem Elitebewusstsein der *nobilitas litteraria* gerechnet. Denn das Fehlen der akademischen Ausbildung beeinträchtigte nicht nur seine beruflichen und gesellschaftlichen Aufstiegschancen, sondern auch seine Stellung im literarischen Leben, in dem die humanistisch gebildeten Gelehrtendichter den Ton angaben und akademische Bildung als selbstverständliche Voraussetzung literarischer Betätigung galt. Auf die Konzeption des geistigen Adels, mit dem die humanistische Gelehrtenschicht ihre Aufstiegsstrategie untermauerte, konnte sich Grimmelshausen wegen seines akademischen Defizits nicht berufen.

Dass es ihm aber um literarische wie gesellschaftliche Aner-

2 Ebd., S. 9.

3 So nannte Quirin Moscherosch, Pfarrer in Bodersweier bei Kehl, etwa 15 km von Renchen, Grimmelshausen. Vgl. Volker Meid, *Grimmelshausen. Leben, Werk, Wirkung*, Stuttgart 2011, S. 147.

kennung ging, illustriert auch der Umstand, dass er wieder auf den Adelstitel seiner Familie zurückgriff, den sein Großvater aufgegeben hatte. Aber das änderte letztlich wenig an seiner Situation. Er war kein Teil der oberrheinischen Adelswelt, auch wenn es Kontakte durch Widmungen oder als langjähriger Angestellter einer Adelsfamilie gab. Als Verwalter der Familie von Schauenburg, als Gastwirt oder dann als Schultheiß einer kleinen Gemeinde fehlte ihm die entsprechende gesellschaftliche Stellung, ein Mangel, der auch nicht durch das Adelsprädikat wettzumachen war. Und da er sich nicht auf die Ideologie vom geistigen Adel und den entsprechenden Status berufen konnte, blieb er in beiden Fällen in einer prekären Zwischenstellung: ein Außenseiter in einer von Tradition, Besitz und/oder gelehrter Bildung geprägten Umwelt – ein Außenseiter, der sich seiner Situation bewusst war, wie sowohl das Werben um Anerkennung als auch die empfindlichen Reaktionen auf Kritik von Seiten ›gelehrter‹ Schriftsteller wie Philipp von Zesen oder Christian Weise deutlich machen.

Bevor Grimmelshausen als Zwölf- oder Dreizehnjähriger unter die Soldaten geriet, hatte er – wahrscheinlich – für einige Jahre die Lateinschule in der Reichsstadt Gelnhausen besucht. Das war die Grundlage, die ihm im Militärdienst immerhin den Aufstieg zum Regimentsschreiber und schließlich -sekretär ermöglichte und auch für die anschließenden Verwalterposten nach dem Krieg qualifizierte. Er gehörte damit zu einer Zwischenschicht zwischen den ›Gelehrten‹ – akademisch ausgebildete Geistliche, Juristen und Ärzte, Universitäts- und Lateinschullehrer – und ›Ungelehrten‹, von der Erich Trunz in seiner Darstellung des deutschen Späthumanismus als Standeskultur spricht und zu der er Absolventen von Lateinschulen ohne Universitätsstudien oder Studienabbrecher rechnet. Es war eine relativ große Gruppe, zu der u.a. Kaufleute, Buchdrucker, Apotheker, Wundärzte, Schreiber, Sekretäre oder Lehrer an Rechenschulen zählten.[4]

Aber auch wenn diese sich nicht zur *nobilitas litteraria* rechnen durften – dafür sorgten schon Standes- und Selbstbewusstsein, Ruhmsucht und Eitelkeit der Gelehrtenschicht –, lebten sie in einer völlig anderen Welt als die Masse des Volkes, des ›Pöbels‹ bzw. ›Pövels‹, die von vornherein von jeder höheren Bildung ausgeschlossen war. Hier war es keine Frage des Lateinischen als Zeichen der Distinktion, sondern der Lese- und Schreibfähigkeit überhaupt. Vor allem auf dem Land – rund 80% der Bevölkerung lebten in Dörfern – war das Schulwesen in der Frühen Neuzeit noch kaum entwickelt. Das schloss zwar das Lesen- und Schreibenlernen nicht aus, aber eine Alphabetisierung breiter Schichten war erst möglich, als Staat und Kirche auch hierin eine Aufgabe ihrer Sozialregulierungs- und Erziehungspolitik erkannten und danach handelten.

Schulwesen

Analphabetentum blieb in den ländlichen wie in den städtischen Unterschichten noch lange der Normalfall. Immerhin entstanden seit dem Spätmittelalter in den Städten neben den akademisch ausgerichteten Rats- bzw. Lateinschulen private Schreib- und Leseschulen, auf die das niedere Bürgertum angewiesen war und wo elementare Kenntnisse vermittelt wurden. Seit der Reformation griffen zwar Staat und Kirchen verstärkt in das Schulwesen ein, aber die Erfolge waren im Elementarbereich im Unterschied zu den Reformen der Insti-

4 Vgl. Erich Trunz, »Der deutsche Späthumanismus um 1600 als Standeskultur«, In: E. T., *Deutsche Literatur zwischen Späthumanismus und Barock. Acht Studien*, München 1995, S. 22f.

tutionen höherer Bildung zunächst eher bescheiden. Eine allgemeine Schulpflicht dekretierten zuerst die Schulordnungen von Weimar (1619), Gotha (1642) und Württemberg (1649), ohne dass damit bis zum Ende des 18. Jahrhunderts wirklich von einem regelmäßigen Schulbesuch – vor allem auf dem Land – die Rede sein konnte. Im Sommer wurden die Kinder auf dem Land als Arbeitskräfte benötigt, im Winter besaßen sie vielfach nicht die notwendige Kleidung. Außerdem: »In dem Maße, wie das ländliche Schulsystem expandierte, verstärkte sich der Widerstand der Eltern.«[5] Auf dem Land war die Lage auch deswegen so schlecht, weil es letztlich vom guten Willen des Gutsherrn abhing, ob etwas für die Schulen getan wurde.

Generell fehlte es bis weit ins 18. Jahrhundert hinein an den Voraussetzungen, um den staatlichen und kirchlichen Erziehungs- und Disziplinierungsanspruch auch im ländlichen Schulwesen durchzusetzen. Die Ausstattung der Schulen war mangelhaft, Bezahlung, Bildung und gesellschaftliches Ansehen der Lehrer schlecht. In der braunschweigischen Schulordnung von 1651 werden die Mängel im Schulwesen darauf zurückgeführt, dass qualifizierte Lehrer nicht an der Schule bleiben wollten. Der Grund dafür sei, »daß die praeceptores so viel zu ihrem Sold nicht zu erfreuen gehabt, davon sie notdürftiges Essen und Trinken, zu geschweigen Kleider und andere unentbehrliche Notdurft nehmen könnten«, und »daß sie keine Ehre, sondern hingegen lauter Verachtung und Beschimpfung in bürgerlichen Konversationen und Zusammenkünften zu erwarten gehabt« hätten.[6] Weil die Besoldung so schlecht war,

5 Richard van Dülmen, *Kultur und Alltag in der Frühen Neuzeit*, Bd. 3: *Religion, Magie, Aufklärung 16.–18. Jahrhundert*, München 1994, S. 172.

6 Zit. nach: Friedrich Paulsen, *Geschichte des gelehrten Unterrichts auf den deutschen Schulen und Universitäten vom Ausgang des Mittelalters bis zur Gegenwart*, Bd. 1, Leipzig [3]1919, S. 485.

übten Lehrer vielfach noch andere Tätigkeiten aus, oder es waren Vertreter anderer Berufe, die zusätzlich den Unterricht an Elementarschulen übernahmen. Entsprechend niedrig waren die Anforderungen: Der Lehrer sollte Lesen, Schreiben, Rechnen und Singen können; außerdem gehörte die Erziehung im christlichen Geist zu den selbstverständlichen Aufgaben des Elementarunterrichts.

Wenn auch allmählich das Interesse an der Volksbildung zunahm, so sollte doch die (gottgewollte) ständische Hierarchie nicht in Frage gestellt werden. Es ging vielmehr um eine für den jeweiligen Stand angemessene Erziehung, der bei dem ›Volk‹ der Gedanke zugrunde lag, dass eine elementare Schulbildung die Leistungsfähigkeit der Untertanen im Rahmen des (früh)modernen Verwaltungs- und Machtstaats nur steigern würde. In der Tat trug der Regulierungsanspruch des Staates in Verbindung mit den Kirchen auch in Erziehungs- und Bildungsfragen wesentlich zur Konsolidierung und Vereinheitlichung der Territorialstaaten der Frühen Neuzeit bei.

Humanismus und Reformation hatten das höhere Schulwesen durch neue Inhalte und Unterrichts- und Studienreformen tiefgreifend verändert, Reformen, die später auch auf das von den Jesuiten erneuerte katholische Bildungswesen einwirkten. Die städtischen höheren Schulen – protestantische Gelehrtenschule (Lateinschule, Gymnasium), Jesuitengymnasium und Schulen anderer Orden – waren auf die Bedürfnisse einer kleinen Schicht aus dem gehobenen Bürgertum, Patriziat und interessiertem Adel zugeschnitten und garantierten ein hohes Bildungsniveau.

Die protestantische Lateinschule des 17. Jahrhunderts basierte auf dem christlich-humanistischen Bildungsideal, einer Verbindung von Beredsamkeit, Glaubenslehre und Wissenschaft, wie es Philipp Melanchthon formuliert und Johannes Sturm in Straßburg in einem vorbildlichen Modell (zehnjähriges Curriculum, nach Jahresklassen gegliedert) organisatorisch verwirklicht hatte: ›sapiens atque eloquens pietas‹.[7] Der Akzent lag auf der sprachlich-literarischen Bildung und der stufenweisen Hinführung zur schriftlichen und mündlichen Beherrschung des Lateinischen. Dabei führte der Weg zur *eloquentia latina* nicht zuletzt über die Nachahmung klassischer Muster. Die Lehrpläne orientierten sich an den Anforderungen der Universitäten, zu denen die Lateinschulen hinführen sollten. Zahlreiche städtische Gymnasien folgten dem Straßburger Beispiel. Die meisten der ›gelehrten‹, d.h. lateinisch gebildeten protestantischen deutschen Dichter des 17. und frühen 18. Jahrhunderts erwarben hier die Grundlagen ihrer Bildung.

In den katholischen Territorien prägte der Jesuitenorden das höhere Schulwesen, wenn auch andere Orden wie die Benediktiner eigene Gymnasien und in Salzburg eine Universität betrieben. Im Unterschied zur protestantischen Gelehrtenschule ging das Jesuitengymnasium keinerlei Kompromisse mit einer volkssprachlichen ›realistischen‹ Pädagogik ein. Das Jesuitentheater, das in Städten wie München oder Wien zum prachtvollen Hoftheater werden konnte, bediente sich der lateinischen Sprache. Die Ausbildungsstätten der Jesuiten standen im Dienst der Gegenreformation. Wie bei Johannes Sturm war die von der Rhetorik geprägte Pädagogik der Jesuiten auf das Ideal der *eloquentia latina* ausgerichtet; auch sie verband Christentum und Humanismus. Aber im Gegensatz zur protestantischen Lateinschule bestimmte die Konzeption eines von vornherein konfessionell zweckbestimmten Rhetorikunterrichts die pädagogische Praxis der Jesuitengymnasien. Der

7 In Johannes Sturms Programmschrift *De literarum ludis recte aperiendis* (1538) heißt es: »Propositum a nobis est, sapientem atque eloquentem pietatem, finem esse studiorum«, zit. nach: Wilfried Barner, *Barockrhetorik. Untersuchungen zu ihren geschichtlichen Grundlagen*, Tübingen 1970, S. 259, Anm. 2.

Gegner sollte mit den eigenen humanistischen Waffen geschlagen werden. Die Ausbreitung der Jesuitenschulen im 16. und 17. Jahrhundert ist daher eng mit den Erfolgen der Gegenreformation verbunden. In den katholischen Ländern bestand nahezu ein jesuitisches Erziehungsmonopol, das zunehmend auch die Universitäten einbezog.

Mit den sogenannten Ritterakademien trat ein neuer Schultyp neben die protestantischen und jesuitischen Gymnasien. Nach frühen Gründungen wie den ›Collegien‹ in Tübingen (1592) oder Kassel (1599) dauerte es noch ein halbes Jahrhundert, bis die Ritterakademien als Alternative zum Privatunterricht durch Hofmeister eine größere Bedeutung für die Adelserziehung erlangten. Ihre spezifisch standesbezogenen pädagogischen Zielsetzungen verweisen auf Tendenzen der Verweltlichung von Bildung und reflektieren zugleich die Kritik an der Realitätsferne der humanistischen Gymnasien. Diese Akademien hatten den Zweck, die jungen Adeligen auf ihre späteren Funktionen am Hof, in der Verwaltung und im Militär vorzubereiten. Die Lehrpläne waren entsprechend und bevorzugten neben der Vermittlung ritterlich-höfischer Fähigkeiten (Fechten, Tanzen u.a.) die modernen Sprachen und Wissenschaften (Staatswissenschaften, neuere Geschichte, Geographie, Naturwissenschaften). Es ging vor allem um die praktische Anwendung; Mathematik beispielsweise wurde auf Feldvermessung, Baukunst und Fortifikationswesen zugeschnitten: Die Schüler sollten, heißt es in einem Programm, »durch reelle demonstratio per experimenta und praxin sofort den usum der Sache erlernen, Risse [Abrisse, Zeichnungen] machen und den Übungen im freien Feld fleißig beiwohnen«.[8]

Inzwischen war aber auch in einige protestantische Gelehrtenschulen ein modernerer Geist eingezogen. Beispielhaft

8 Zit. nach Paulsen (Anm. 6), S. 522.

wirkte hier Christian Weise, der als Hofmeister und als Professor an dem wie eine Ritterakademie aufgezogenen Gymnasium illustre Augusteum in Weißenfels pädagogische Erfahrungen gesammelt hatte. Als Rektor des Zittauer Gymnasiums brachte er seit 1678 die Konzeption einer an der Praxis orientierten und im öffentlichen Leben brauchbaren Bildung in eine bürgerlich-gelehrte Umgebung ein und versuchte seine Schüler, auch mit Hilfe des intensiv gepflegten Schultheaters, zu ›politischen‹, d. h. weltklugen Menschen zu erziehen und sie damit auf ihre künftigen Aufgaben in Gesellschaft und Staat vorzubereiten.[9]

Universitäten

Während der Adel dem Besuch bürgerlicher Gelehrtenschulen häufig ablehnend gegenüberstand, galt ein Universitätsstudium als durchaus annehmbar bzw. wurde aus Karrieregründen notwendig. Die Vorbereitung auf das Studium lag, wenn kein Besuch eines Gymnasiums oder einer Ritterakademie vorausgegangen war, in den Händen von Hofmeistern, die ihre Schützlinge auch während des Studiums und auf der Kavalierstour mit gelegentlich eingeschobenen Studienaufenthalten an ausländischen Universitäten begleiten konnten (und dabei gegebenenfalls selbst Gelegenheit zum Studium fanden). Die meisten Studenten kamen jedoch aus dem höheren, akademisch gebildeten Bürgertum, während Angehörige von kleinbürgerlichen oder bäuerlichen Schichten nur ausnahmsweise zum Studium gelangten.

Die Reformation hatte wie in anderen Bereichen auch zu einer konfessionellen Trennung im Bereich der Universitäten und damit zu einer Neuorientierung der theologischen Fakul-

9 Zu den Bildungschancen von Frauen vgl. Kap. IX, S. 246 ff.

täten geführt. Davon abgesehen blieb der Aufbau der Universitäten bzw. des Studiums bis weit ins 17. Jahrhundert hinein im Wesentlichen unverändert. Das Studium der *artes liberales* in der Artisten- bzw. philosophischen Fakultät bildete weiterhin die Basis, auf der die drei höheren Fakultäten der Theologie, Rechtswissenschaften und Medizin aufbauten. Der Lehrbetrieb in lateinischer Sprache spielte sich in den traditionellen Formen der Vorlesung, Disputation und Deklamation ab und zielte auf die Überlieferung eines gegebenen Lehrbestandes.

In den katholischen Territorien hatten die Jesuiten mit ihrer Studienordnung von 1599 (*Ratio atque institutio studiorum S.J.*) ein eigenes, überstaatliches Ausbildungskonzept vorgelegt, das sowohl den Gymnasialunterricht als auch die Universitätsausbildung regelte. Nach der philologisch-humanistischen Grundausbildung am Gymnasium folgte ein dreijähriges Philosophiestudium, das auf das Studium der Theologie vorbereitete und auf den Schriften des Aristoteles beruhte. Aufbau und Inhalte des Philosophiestudiums an den katholischen und protestantischen Universitäten unterschieden sich, sieht man von den konfessionellen Aspekten ab, nicht wesentlich voneinander. Das traditionelle scholastisch-aristotelische Wissenschaftsverständnis dominierte weiterhin bis weit über die Mitte des 17. Jahrhunderts hinaus.

Neue Tendenzen blieben zunächst auf wenige Universitäten beschränkt. Descartes wirkte in der ersten Jahrhunderthälfte vor allem durch seine mathematischen und naturwissenschaftlichen Schriften; auf ihrer Basis vertrat der Hamburger Philosoph und Naturforscher Joachim Jungius ein mathematisch-logisches Methodenkonzept, das die Metaphysik aus den eigentlichen Wissenschaften ausschloss. Jungius steht für die wachsende Bedeutung der Naturwissenschaften an den deutschen Universitäten, die sich zunehmend empirischen Methoden öffneten.

Allerdings stellte diese ›moderne‹ Auffassung der Natur und der Naturwissenschaften keineswegs den Regelfall dar. Daneben behauptete sich im 16. und 17. Jahrhundert ein anderes Verständnis von Naturphilosophie und -wissenschaft, deren Vertreter ihr »Tun als Studium des göttlichen Wirkens in der Natur« verstanden.[10] Es waren von neuplatonischer Naturspekulation und neuplatonischem Analogiedenken (Mikrokosmos – Makrokosmos) getragene Versuche, verborgene Zusammenhänge aufzudecken und die Einheit der göttlichen Schöpfung in allen ihren Manifestationen zu ergründen. An diesem pansophischen Projekt arbeitete auch eine Reihe von Wissenschaftlern und Künstlern, die in der Regierungszeit Kaiser Rudolfs II. (1576–1612) am Prager Hof wirkten und Prag zu einem kulturellen und wissenschaftlichen Zentrum von europäischem Rang machten.[11]

Zu den Wissenschaftlern, die sich zeitweilig am Prager Hof aufhielten, gehörten u. a. die Astronomen und Mathematiker Tycho Brahe und Johannes Kepler, der Arzt und Paracelsist Oswald Croll und der Alchemiker und Emblematiker Michael Maier, Autoren, die empirische Naturbeobachtung und spekulatives Analogiedenken miteinander verbanden. Dabei kam dem Werk des Paracelsus, das seit 1589–91 auch in Gesamtausgaben vorlag, eine wesentliche Vermittlerrolle im Hinblick auf

10 Kaspar von Greyerz, »Religion und Wissenschaft im 16. und 17. Jahrhundert: Eine Einführung«, in: *Religion und Naturwissenschaften im 16. und 17. Jahrhundert*, hrsg. von K. v. G. [u. a.], Gütersloh 2010, S. 10. – Vgl. zu diesem Thema auch die Aufsätze in der Sektion »Alte und neue Wissenschaften und Weltdeutungen« in dem Tagungsband *Im Zeichen der Krise. Religiosität im Europa des 17. Jahrhunderts*, hrsg. von Hartmut Lehmann und Anne-Charlott Trepp, Göttingen 1999, S. 405–535.

11 Vgl. die materialreiche Darstellung von Erich Trunz, *Wissenschaft und Kunst im Kreise Kaiser Rudolfs II. 1576–1612*, Neumünster 1992.

die spekulative wie die empirische Naturforschung und -deutung zu.

Zu den einflussreichsten Werken aus dem Prager Kreis gehört Oswald Crolls *Basilica chymica* (1609), ein grundlegendes Werk der Medizin und Arzneikunde, das nicht nur das Beziehungs- und Wirkungsgeflecht zwischen Makro- und Mikrokosmos im Anschluss an Paracelsus fruchtbar zu machen sucht, sondern auch eine praktische Arzneikunde mit Herstellungsanweisungen enthält: Das Werk, in zahlreichen lateinischen Ausgaben und Übersetzungen (deutsch, französisch, englisch) verbreitet, wurde an Universitäten und von paracelsisch orientierten Medizinern und Apothekern benutzt. Der Dichter und Mediziner Paul Fleming stellte Croll in einem Gedicht auf eine Stufe mit Paracelsus und Raimundus Lullus.[12] Die im Anhang zur *Basilica chymica* enthaltene Signaturenlehre – Titel der deutschen Übersetzung von 1623: *Von den jnnerlichen Signaturn / oder Zeichen aller Dinge. Oder Von der wahren vnd lebendigen Anatomia der grossen vnd kleinen Welt* – knüpft ebenfalls an Paracelsus an und schlägt den Bogen zur Signaturenlehre Jacob Böhmes (s. Kap. VIII).[13]

Folgenreich über den akademischen Bereich hinaus erwies sich die Rezeption des Neostoizismus und Tacitismus, praxisbezogenen Konzeptionen, die der Niederländer Justus Lipsius als Reaktion auf die religiösen Bürgerkriege mit Werken wie

12 Paul Fleming, *Teütsche Poemata*, Lübeck [1646], reprogr. Nachdr. Hildesheim 1969, S. 85 (»Krellius«).

13 Ausgaben von Werken Crolls: *Basilica Chymica*, Nachdr. der Ausg. Frankfurt a. M. 1611, Hildesheim 1996. – *De signaturis internis rerum. Die lateinische Editio princeps (1609) und die deutsche Erstübersetzung (1623)*, hrsg. und eingel. von Wilhelm Kühlmann und Joachim Telle, Stuttgart 1996. – *Alchemomedizinische Briefe 1585 bis 1597*, hrsg., übers. und erläutert von W. Kühlmann und J. Telle. Stuttgart 1998.

De constantia (1584) und *Politicorum sive civilis doctrinae libri sex* (1589) entwickelt hatte. An Universitäten wie Helmstedt, Gießen und Jena gewann die ›praktische Philosophie‹ vor allem in der Form der Politikwissenschaft an Bedeutung. In Jena gab es Vorlesungen über Hugo Grotius, den Begründer des Natur- und Völkerrechts, und Samuel Pufendorf erhielt 1661 den neuen Lehrstuhl für Natur- und Völkerrecht in Heidelberg. Gegen Ende des 17. Jahrhunderts, auch das ein Zeichen eines allmählichen Wandels der Universitäten und der Tendenz zur Verweltlichung der Bildung, lösten die juristischen Fakultäten die theologischen von der Führungsrolle an den protestantischen deutschen Universitäten ab.

Eine neue Epoche der Universitätsgeschichte begann mit Christian Thomasius' offensiver Kritik an der aristotelischen Schulphilosophie, der juristischen Dogmatik und nicht zuletzt der orthodox-lutherischen Theologie, die ihn schließlich zur ›Auswanderung‹ von Leipzig ins preußische Halle zwang. Hier entstand seit 1694 die erste moderne Universität im Reich. Geprägt wurde sie einerseits von Thomasius, der die Rechtswissenschaft vertrat (Naturrecht, Staats- und Verwaltungsrecht), andererseits von einer theologischen Fakultät, die im Unterschied zur Orthodoxie einem praxisbezogenen, rationalen und irenischen Geist verpflichtet war. Hier wurde der ebenfalls aus Leipzig vertriebene Pietist August Hermann Francke zur bestimmenden Gestalt. Einig waren sich Thomasius und Francke bei ihren Reformbemühungen in der Ablehnung der überkommenen Schulgelehrsamkeit und der lutherischen Orthodoxie.

Noch in Leipzig hatte Thomasius seine konservativen Kollegen mit einer Vorlesung in deutscher Sprache und der Konzeption eines weltmännischen Gelehrtenideals als Gegenbild zum muffigen Pedanten schockiert (*Discours Welcher Gestalt man denen Frantzosen in gemeinem Leben und Wandel nachahmen solle?*, 1687). Die Kritik am lateinischen Wissenschaftsbetrieb, die auch Leibniz teilte, führte seit der Wende zum 18. Jahrhundert zum allmählichen Übergang zur deutschen Sprache. Den entscheidenden Beitrag zur Etablierung der deutschen Sprache als Wissenschaftssprache leistete dann Christian Wolff, der Begründer der deutschen Aufklärungsphilosophie, der 1706 zunächst als Professor der Mathematik und Naturlehre nach Halle berufen wurde. In sein philosophisches Werk nahm er die rationalistischen und mechanistischen Vorstellungen der französischen Philosophie seit Descartes sowie Elemente des Leibnizschen Denkens auf. Die Emanzipation der Philosophie von der Theologie war ein erster, wichtiger Schritt zur Freiheit des Denkens und der Lehre an deutschen Universitäten, auch wenn es – wie die Vertreibung Wolffs aus Halle 1723 zeigt – Rückfälle gab.

Themen

Neostoizismus

Neben der aristotelischen Philosophie, die weiterhin den Schul- und Universitätsbetrieb dominierte, etablierte sich seit der Wende zum 17. Jahrhundert mit dem christlichen Stoizismus eine auf praktische Lebensbewältigung ausgerichtete Philosophie. Es war eine Krisenphilosophie, entstanden aus den Erfahrungen der religiösen Bürgerkriege des 16. Jahrhunderts. Die Krisen und Kriege des folgenden Jahrhunderts sorgten dafür, dass sie nichts von ihrer Aktualität verlor. Auch weite Bereiche der deutschen Literaturproduktion lassen den Einfluss der Philosophie des Neostoizismus erkennen.

Ihre maßgebliche Formulierung hatte sie bei dem niederländischen Philologen Justus Lipsius gefunden, der auf die Bürgerkriege in seiner Heimat und in ganz Europa in doppelter Hinsicht reagierte: Zum einen entwarf er in einem Lehrbuch der Politik das auf praktische Verwirklichung gerichtete Konzept eines Machtstaates, der moralische Autorität auf römisch-stoischer Grundlage und militärische Stärke verbinden sollte, um den durch die konfessionellen Kriege verursachten staatlichen Auflösungserscheinungen entgegenzuwirken und den Untertanen ein sicheres Leben zu ermöglichen;[14] zum anderen schrieb er – nun auf die prekäre Situation des Individuums in der Bürgerkriegszeit bezogen – mit dem Traktat in Dialogform *De constantia libri duo* (1584) eine Anleitung, wie der Mensch trotz aller äußeren Widrigkeiten und Wechselfälle (Fortuna) und der Gefährdung durch die Affekte mit Hilfe des Verstands und nach der Richtschnur »der eintzigen gesunden Vernunfft« zur Beständigkeit, zur stoischen Ruhe des Gemüts zu gelangen vermag.[15]

In der Einleitung des Dialogs spricht Lipsius davon, dass er vor einigen Jahren »dem wüsten vnnd vnruhigen Wesen« seines Vaterlandes (Bl. 1r) entfliehen wollte und auf dem Weg nach Wien Freunde in Lüttich besucht habe. Überall in Europa herrsche Krieg und Unruhe, wendet einer der Freunde gegen sein Vorhaben ein, diesem Unglück könne man nicht durch Reisen entkommen: »Derhalben sol man Lipsi nicht das Vatterland / sondern die Affecten fliehen: vnnd das Gemüte also stercken vnd rüsten / das wir auch mitten vnter dieser vnruh vnd Kriegswesen rühig vnd zu frieden sein können.« (Bl. 3r) Der Mensch ist »zweytheilig«, Vernunft und »Wahn« (*opinio*) hängen »mit einer vneinigen einigkeit« aneinander:

14 Justus Lipsius, *Politicorum sive civilis doctrinae libri sex*, Leiden 1589; dt. von Melchior Haganaeus: *Von Vnterweisung zum Weltlichen Regiment: Oder / von Burgerlicher Lehr / Sechs Bücher*, Amberg 1599.

15 Justus Lipsius, *Von der Bestendigkeit [De constantia]*, Faksimiledr. der dt. Übers. des Andreas Viritius nach der zweiten Aufl. von ca. 1601, hrsg. von Leonard Forster, Stuttgart 1965, Bl. 11r; im Folgenden Blattzahlen in Klammern im Text.

Das um 1611 entstandene Gemälde von Peter Paul Rubens zeigt den Begründer des Neostoizismus und Seneca-Herausgeber Justus Lipsius unter der Büste Senecas mit den Brüdern Peter Paul (am linken Bildrand) und Philipp Rubens (mit der Schreibfeder) sowie dem Humanisten Johannes Wouverius (Johann van den Wouver).

»Jene streitet für vnd in der Seelen: dieser für vnd in dem Leibe.« (Bl. 11v, 12r) Während die Vernunft zur Beständigkeit und Tugend anleitet, stehen der von den Sinnen gesteuerte blinde »Wahn« und die Affekte dem Ziel eines vernunftbestimmten Lebens entgegen und müssen bezwungen werden.

Lipsius' Stoizismus plädiert nicht für passives Dulden und schon gar nicht für das Ausweichen vor schwierigen Situationen im privaten oder öffentlichen Leben, sondern für tatkräftiges, von geistiger und moralischer Freiheit bestimmtes Handeln bzw. für willensstarke Behauptung in allen Wechselfällen des Lebens. Das geschieht in dem Bewusstsein, dass – entgegen der Meinung der antiken Stoa – das Fatum unter der göttlichen Vorsehung steht. Die Dinge mögen ausschlagen, wie sie wollen: Ein »hohes Gemüt« lässt sich nicht beirren in seiner Beständigkeit, streitet nicht wider Gott und macht sich von den Leiden und Schmerzen los, wie groß sie auch sein mögen, »dieweil vns dieselbigen nirgend zu nütz sein« (Bl. 69v).

Das Buch steht für ein entschiedenes Dennoch des selbstverantwortlichen, vernunftgeleiteten Menschen, für ein ethisches Programm, das Paul Fleming später in seinem Sonett *An Sich* in lapidaren Imperativen und Maximen exemplarisch formulierte: »Sey dennoch unverzagt […].«[16] Seine breite Resonanz – 30 Auflagen des lateinischen Textes bis zum Ende des 17. Jahrhunderts, zahlreiche Übersetzungen – verdankt das Werk nicht zuletzt seinem konfessionell neutralen Charakter, der es für Lutheraner und Reformierte ebenso wie für Katholiken annehmbar machte.

16 *Gedichte des Barock*, hrsg. von Volker Meid, 2., überarb. Aufl., Stuttgart 2014, S. 64.

Affektenlehre (und Literatur)

In der Antike konkurrierten verschiedene Auffassungen der Affekte. Die beiden einflussreichsten Traditionsstränge der Affektenlehre, der aristotelische und der stoische, wurden in der Frühen Neuzeit wieder aufgenommen und spielten im Kontext der rhetorischen Fundierung der Künste eine bedeutende Rolle auch für die Literatur.

Eine entschieden affektkritische Funktion vertreten die stoische Philosophie und ihr folgend der Neostoizismus des 16. und 17. Jahrhunderts. Affekte sind danach unvernünftige Bewegungen der Seele, die es zu bekämpfen und möglichst auszutilgen gilt, um die Ruhe des Gemüts zu erreichen bzw. zu bewahren. Sie beruhen auf Fehlurteilen, dem »Wahn«, der »in allen dingen dem Leibe vnnd den Sinnen zu willen« ist und

> gleich wie das Auge / so durch einen Nebel oder durchs Wasser sihet / den dingen eine falsche Maß gibt: so thut auch das Gemüt / welchs durch die Wolcken des Wahns sihet. Dieser [...] ist den Menschen eine vrsach alles vbels: dieser ist der anfenger vnsers wüsten vnd verderblichen Lebens. Das vns die Sorgen plagen / kömpt von jhm her: das vns die Affecten hin vnnd wider vmbher schleppen / kömpt von jhm her: das vns die Laster gebieten / kömpt von jhm her.[17]

Die aristotelische Position vertritt Justus Georg Schottelius in seiner *Ethica Die Sittenkunst oder Wollebenskunst* von 1669, der ersten systematischen Ethik in deutscher Sprache. Sie befasst sich u. a. ausführlich mit dem Wesen der Affekte, mit ihren Wirkungen und ihrer Kontrolle mit dem Ziel, den Men-

17 Lipsius (Anm. 15), Bl. 14r f.

schen »zu Erlernung der Tugenden« anzuleiten.[18] Für Schottelius sind die Affekte (»Hertzneigungen«) »an sich selbst oder von Natur nicht bös«, sie sollten allerdings »gezähmet«, »mit der Vernunft befreundet«, auf dem »Mittelwege« gehalten und »untadelhaft und tugendfähig gemacht werden«. Damit steht er in der aristotelischen Überlieferung, wie sie – im einzelnen durchaus modifiziert und in die christliche Moraltheologie eingebunden – über Augustinus und Thomas von Aquin bis in die Neuzeit wirksam blieb und auch im Protestantismus weitergeführt wurde. In dieser bis ins 17. Jahrhundert dominanten Tradition, der beispielsweise auch Lohenstein verpflichtet ist, erhalten die Affekte eine durchaus positive, unverzichtbare, zwischen Leib und Seele vermittelnde Funktion, sofern sie von der Vernunft kontrolliert werden.

Beide Auffassungen, die aristotelische und die neustoische, übten eine starke Wirkung auf die Literatur der Frühen Neuzeit aus. Das zeigt sich etwa in der Dramentheorie, in der sie miteinander konkurrieren, aber auch in der Dichtung selbst: sei es in den programmatischen Entwürfen des stoischen Lebensideals bei Martin Opitz oder Paul Fleming, sei es in den Darstellungen widerstreitender Affekte in den »Reyen« oder den Reden handelnder oder reflektierender Personen barocker Trauerspiele, sei es in Beschreibungen der körperlichen Auswirkungen der Affekte in erzählenden Texten.

Anweisungen, wie Affekte zu erregen bzw. darzustellen sind, geben die Rhetoriken und Poetiken sowie – mit Illustrationen versehen – Franciscus Langs *Dissertatio de actione scenica* (1727). Am Nutzen der Affektenlehre besteht kein Zweifel: »Ohne die Lehre von denen Gemüths-Neigungen kan man

18 Justus Georg Schottelius, *Ethica. Die Sittenkunst oder Wollebenskunst. 1669*, hrsg. von Jörg Jochen Berns, Bern/München 1980, S. 14; das folgende Zitat ebd., S. 135.

keinen autorem recht *verstehen* / andere rechtschaffen *unterweisen* / oder sie zu etwas *bereden* / weder sich selbst noch andere *erkennen*«, schreibt Christian Thomasius in der *Ausübung der Sittenlehre.*[19]

Rhetorik und Poetik

Rhetorik war eine zentrale Disziplin an Gymnasien und Universitäten der Frühen Neuzeit. Darüber hinaus prägte sie weite Bereiche des Lebens und des Sozialverhaltens durch entsprechende Lehrbücher (Anleitungen zur Höflichkeit, Komplimentierbücher, Brieflehren usw.), aber auch Künste wie Musik und Architektur und nicht zuletzt die Literatur wurden von rhetorischen Prinzipien geleitet, die jedem Gebildeten durch seine Ausbildung vertraut waren. Dass die Poesie als ›gebundene Rede‹ einen Teil bzw. Spezialfall der Redekunst darstellt, war im 17. Jahrhundert unumstritten: »Diesem nach«, beschließt Georg Philipp Harsdörffer in der Vorrede zum dritten Teil seines *Poetischen Trichters* eine Erörterung des Verhältnisses der beiden *artes*, sind »die Poeterey und Redkunst miteinander verbrüdert und verschwestert / verbunden und verknüpfet / daß keine sonder die andre gelehret / erlernet / getrieben und geübet werden kan«.[20]

Diese Ansicht ist ein Erbe der Antike, und sie ist grundlegend für das Verständnis von Dichtung und Poetik in der Frühen Neuzeit. Das schließt Differenzierungen nicht aus: Nicht

19 Christian Thomasius, *Ausübung der Sittenlehre* (1696), *Ausgew. Werke*, hrsg. von Werner Schneiders, Bd. 11, Hildesheim [u. a.] 1999, S. 39.

20 Georg Philipp Harsdörffer, *Poetischer Trichter*, reprogr. Nachdr. der Ausg. 1650 (Tl. 1), 1648 (Tl. 2), 1653 (Tl. 3), Darmstadt 1969, Tl. 3, Bl.)(4r. – Zur Einführung in die Rhetorik: Gert Ueding / Bernd Steinbrink, *Grundriß der Rhetorik: Geschichte, Technik, Methode*, Stuttgart 1986.

nur, dass die Poetik mit Metrik, Prosodie und literarischer Gattungslehre spezifische Eigenbereiche besitzt und der Poesie größere stilistische Lizenzen gewährt werden, auch die Anforderungen an Redner und Dichter seien von unterschiedlicher Qualität, wie (nicht nur) Harsdörffer pro domo argumentiert: Der *poeta doctus* müsse nicht nur mehr wissen als der Redner, sondern müsse auch, »wann er den Namen würdig führen sol / mehr natürliche Gaben zu seiner Vollkommenheit« besitzen.[21] Hinweise auf göttliche Inspiration in Anlehnung an die platonische bzw. neuplatonische Tradition gehören zu den Standardargumenten der Poetiker.

Opitz bezeichnet in seinem *Buch von der Deutschen Poeterey* (1624) den vornehmsten Zweck der Dichtung mit der Trias »vberredung vnd unterricht auch ergetzung der Leute«.[22] Damit verwendet er Kategorien der Rhetorik und übernimmt die für sie konstitutive Wirkungsintention, die wiederum nicht ohne die Affektenlehre zu denken ist. Neben sachlicher Argumentation oder Belehrung (*probare, docere*) setzt der Dichter (wie der Redner) vor allem auf emotionale Wirkungen: sowohl auf die Erregung gemäßigter, sanfter Affekte, um die Adressaten für sich bzw. die Sache zu gewinnen (*ethos*; *delectare, conciliare*), als auch auf das Hervorrufen heftiger Leidenschaften, um das Publikum mitzureißen (*pathos*; *movere, persuadere*).

Zugleich folgt Opitz, wie andere Poetiker auch, bei der Gliederung seiner Poetik nach den allgemeinen Kapiteln im praktischen Teil der Systematik der Rhetoriklehrbücher: *inventio* (»erfindung«), *dispositio* (»abtheilung«), *elocutio* (»zubereitung vnd ziehr der worte«).[23] Über die Rhetorik hinaus führt

21 Ebd., Tl. 3, Bl. 3v f.

22 Martin Opitz, *Buch von der Deutschen Poeterey (1624)*, Studienausg., hrsg. von Herbert Jaumann, Stuttgart 2005, S. 19.

23 Ebd., S. 26 ff.

nur der letzte Teil der Poetik, der die Verskunst behandelt. Dass dieses Nacheinander sowohl für die rednerische als auch für die dichterische Produktion seine Logik hat, macht Harsdörffer im ersten Teil des *Poetischen Trichters* deutlich:

> Wann ich einen Brief schreiben will / muß ich erstlich wissen / was desselben Inhalt seyn soll / und bedencken den Anfang / das Mittel / das End / und wie ich besagten Inhalt aufeinander ordnen möge / daß jedes an seinem Ort sich erwolgesetzet / füge: Also muß auch der Inhalt / oder die Erfindung deß Gedichts erstlich untersucht / und in den Gedancken verfasset werden / bevor solcher in gebundener Rede zu Papier fliesse. Daher jener recht gesagt: *Mein Gedicht ist fertig / biß auf die Wort.*[24]

Dichtung und Redekunst werden in dieser Konzeption, wie es bei Opitz heißt, »in dinge vnd worte abgetheilet«.[25] Die Sprache, das Wort sollte dabei jeweils in einem angemessenen Verhältnis zu den Dingen, dem Inhalt oder Gegenstand der Dichtung stehen. Für die Zuordnung ist die Lehre vom *decorum* oder *aptum* zuständig, die grundsätzlich auch für die Dichtung gilt, wenn auch hier größere Freiheiten möglich sind. Zudem richtet sich der sprachliche Ausdruck nach der Wirkung, die bei dem Adressaten durch die Erregung von Affekten erzielt werden soll. Der Dichter müsse sich bemühen, schreibt Augustus Buchner in seiner postum 1665 veröffentlichten Poetik, wie er seine Rede nicht nur verständlich, sondern vor allem auch, »wie er sie schön / lieblich / und scheinbar mache / damit er das Gemüth des Lesers bewegen / und in demselben eine Lust und Verwunderung ob den Sachen / davon er

24 Harsdörffer (Anm. 20), Tl. 1, S. 4 f.
25 Opitz (Anm. 22), S. 26.

handelt / erwecken möge / zu welchem Zweck er allzeit zielen muß«.[26]

Im Dienst dieser Wirkungsabsicht kommt der *elocutio*, der sprachlichen Einkleidung der in der *inventio* gefundenen und in der *dispositio* geordneten Gedanken und Argumente, eine zentrale Bedeutung zu. Sie umfasst im Rahmen des übergeordneten Grundsatzes von der Angemessenheit von Sache und Wort vor allem Stilvorschriften wie die Lehre von den drei Stilebenen (*genera dicendi*) sowie den ganzen Bereich des ›Redeschmucks‹ (*ornatus*). Der Redeschmuck ist nicht Selbstzweck, sondern unentbehrlich im Dienst der angestrebten emotionalen Beeinflussung des Hörers oder Lesers. Dabei ergeben sich im Verlauf des 17. Jahrhunderts allerdings deutliche Veränderungen. Klassizistische Theorie und eine zunehmend manieristische, argute (scharfsinnige) Praxis entwickeln sich auseinander, Ansatzpunkt für die aufklärerische Kritik an einer als überladen, schwülstig und dunkel charakterisierten Bildersprache. Dass aber auch diese im Dienst einer spezifischen Wirkungs- und Erkenntnisabsicht steht, erklären die grundlegenden Texte der europäischen Argutia-Bewegung von Emanuele Tesauro (*Il cannocchiale aristotelico*, 1654, definitive Fassung 1670), Baltasar Gracián (*Agudeza y arte de ingegno*, 1642, erw. 1648) und Jacob Masen (*Ars nova argutiarum*, 1649).

Dichtung ist durch die aus der rhetorischen Tradition fließenden Vorgaben dem ›Subjektiven‹ entzogen. Sie verlangt vielmehr den *poeta doctus*, der in einer Distanz zu Sache und Wort steht und bewusst über die Kunstmittel verfügt, die dem Thema seiner Dichtung und der beabsichtigten affektiven Wirkung angemessen sind. Diese rhetorische Auffas-

26 Augustus Buchner, *Anleitung zur deutschen Poeterey. Poet*, hrsg. von Marian Szyrocki, Tübingen 1966, S. 15 [»Anleitung«].

sung von Dichtung und die daraus resultierende rhetorische Grundhaltung des Poeten ist charakteristisch für die Frühe Neuzeit. Und das heißt auch, dass die Frage nach dem ›Erlebnis‹ anachronistisch ist. Dichtung dieser Epoche lässt sich nicht nach dem Grad der inneren Beteiligung des Dichters klassifizieren. Distanzhaltung meint nicht die persönliche Stellung des Dichters zur Sache, sondern seine künstlerische Einstellung.

Rhetorik und Wissensorganisation

In der Frühen Neuzeit dominieren in Deutschland die ›Wortwissenschaften‹ und damit die von Rhetorik und Philosophie geprägten Systeme, Wissen zu sammeln, zu organisieren und zu erinnern. Das ist für die Literatur schon deswegen von Bedeutung, weil die Rhetoriker und Poetiker der Frühen Neuzeit der seit Aristoteles tradierten Vorstellung anhängen, dass Redner und vor allem Poeten über eine universale Bildung, über »eine fast volkommene kündigkeit aller wissenschaften und künste / die iemahls unter sterblichen bekant gewesen«, verfügen müssten.[27] Dieses in schriftlichen ›Dateien‹ verschiedenster Art und im Gedächtnis gespeicherte Wissen für das jeweilige Thema ohne größere Umwege aufzufinden und abzurufen, lehrt im System der Rhetorik (und der Poetik) der erste Produktionsschritt, die *inventio*. Er ist der Auffindung, nicht Erfindung, der Sachen (*res*) oder Argumente gewidmet, wie sie Zweck oder Gegenstand der Rede bzw. Dichtung erfordern.

Diese Suche systematisiert seit Aristoteles die Topik, die Lehre von den ›Örtern‹ (*topoi*, *loci*). Dabei handelt es sich um

27 Philipp von Zesen, *Sämtliche Werke*, unter Mitw. von Ulrich Maché und Volker Meid hrsg. von Ferdinand van Ingen, Bd. XI, bearb. von Ulrich Maché, Berlin / New York 1974, S. 297.

ein formalisiertes Fragesystem, um eine oft an Raumstrukturen orientierte Erinnerungstechnik, die zu »den Stätten und gleichsam Behausungen sämtlicher Argumente« führen soll, die sich wiederum entweder aus der Person (*loci a persona*) oder aus der Sache (*loci a re*) ergeben.[28] Wie wir »nicht jedes Mal, wenn wir ein Wort zu schreiben haben, in Gedanken die Buchstaben dieses Wortes zusammensuchen«, so »dürfen wir uns auch nicht jedes Mal, wenn eine Sache zu behandeln ist, immer von neuem auf spezielle Argumente für diesen Fall besinnen, sondern müssen bestimmte Grundgedanken zur Verfügung haben, die so wie die Buchstaben zum Schreiben eines Wortes sogleich für die Behandlung eines Falles zur Verfügung stehen.«[29]

Die Anleitungen zum Auffinden von Argumenten sind variabel und offen für Veränderungen und Erweiterungen, doch die Methode bleibt gleich. Auf Quintilians *Institutio oratoria*, die einflussreichste Rhetorik nach Cicero, stützt sich beispielsweise die Liste der *loci a persona* am Ende der Epoche bei Johann Christoph Männling:

> Die Erfindung geschicht also / daß ich alle Umstände betrachte / als: (1) Die Beschaffenheit der Zeit / ob selbige frölich oder Traurig / gut oder böse / Winter oder Sommer sey / (2) Den Ort / wovon und wohin ich schreibe. (3) Die Gelegenheit oder Ursachen / so es erwecket. (4) Die Personen an die man schreibet / ob solche hoch oder niedrig / ihre

28 Marcus Tullius Cicero, *De oratore. Über den Redner*, Lat./Dt., übers. und hrsg. von Harald Merklin, Stuttgart 1976 [u. ö.], S. 309. – Vgl. das Kapitel »Erfindung und Topik« in der grundlegenden Darstellung von Joachim Dyck, *Ticht-Kunst. Deutsche Barockpoetik und rhetorische Tradition*, Bad Homburg 1966; 3., erg. Aufl., Tübingen 1991, S 40–65.

29 Cicero (Anm. 28), S. 287.

Fata. (5) Die zufälligen Umbstände als Glück / Unglück / Tugend / Laster / Gesundheit / Kranckheit / Leben / und Tod. (6) Die Nahmens-Bedeutung / als auch Buchstaben-Wechsel. (7) Das Alter oder Jahre / Monate etc.[30]

Bei den *loci a re* unterscheidet Cicero zunächst zwischen *loci*, die aus dem »eigentlichen Wesen« einer Sache stammen, und solchen, die »von außen herangetragen« werden: Aus dem Gegenstand der Rede heraus argumentiert man dann, wenn man die *loci* aus dem Wesen, aus einem Teil oder aus der Bezeichnung einer Sache nimmt; nicht im Wesen einer Sache liegen von außen an den Gegenstand herangetragene Argumente wie etwa Verwandtes, Ähnliches, Unähnliches, Gegensätzliches usw.[31] Dass es sich dabei keineswegs um praxisferne Anleitungen handelt, lässt sich leicht an Beispielen zeigen.[32]

An erster Stelle der aus dem Wesen einer Sache gewonnenen ›Örter‹ steht der *locus ex definitione*, also die Definition eines Gegenstands. Sie kann in der Poesie durchaus metaphorischen Charakter annehmen. Zahlreiche Gedichte des 17. Jahrhunderts stellen schon in der Überschrift oder der ersten Zeile Fragen, die nach definitorischen Antworten verlangen: »Was ist die arge Welt?« (Harsdörffer), »Was ist das große Nichts?« (Hoffmannswaldau), »Was die Liebe?« (Ernst Christoph Homburg) oder

30 Johann Christoph Männling, *Der Europaeische Helicon, Oder Musen-Berg / Das ist Kurtze und deutliche Anweisung zu der Deutschen Dicht-Kunst*, Alten Stettin 1704, S. 79 f.

31 Cicero (Anm. 28), S. 309.

32 Eine Reihe davon führt Dyck (Anm. 28) im genannten Kapitel an.

WAs sind wir Menschen doch? ein Wohnhauß grimmer Schmertzen
Ein Ball des falschen Glücks / ein Irrlicht diser Zeit.
Ein Schauplatz herber Angst / besetzt mit scharffem Leid /
Ein bald verschmeltzter Schnee und abgebrante Kertzen.[33]

Geläufig ist auch die Technik der Beschreibung einer Sache aus ihren Teilen (*enumeratio partium*), wie sie beispielsweise Gryphius eindrucksvoll in seinem bekannten Sonett *Thränen des Vaterlandes / Anno 1636* nutzt. In der Praxis folgenreicher noch ist der *locus notationis*, der die Bezeichnung einer Sache oder den Namen einer Person als Quell der Erfindungen nutzt, eine Möglichkeit, von der in der Gelegenheitsdichtung inflationär Gebrauch gemacht wurde.[34]

Die Topik war ursprünglich als Denkprinzip, als Hilfsmittel der *inventio* zum leichteren Auffinden der Argumente gedacht. Sie erforderte eine große Gedächtnisleistung, die nur durch Übung und mnemotechnische Stützen zu leisten war. Verbreitet waren bildliche Vorstellungshilfen, vor allem räumliche Strukturen: etwa ein Haus, dessen Räume jeweils mit bestimmten Gedanken, Themen oder Stoffen verbunden sind. Doch im Zusammenhang mit dem humanistischen Schulbetrieb und der expandierenden enzyklopädischen Literatur entwickelte sich die als Hilfsmittel der *inventio* gedachte Topik zu einem Ordnungssystem des in Schatzkammern und Enzyklo-

33 Die erste Strophe von Gryphius' Sonett *Menschliches Elende*; *Gedichte des Barock* (Anm. 16), S. 124.

34 Beispiele ebd., S. 97 f., 216–218, 218 f. – Über die Rolle der *inventio* beim Anfertigen von Gelegenheitsgedichten vgl. Wulf Segebrecht, *Das Gelegenheitsgedicht. Ein Beitrag zur Geschichte und Poetik der deutschen Lyrik*, Stuttgart 1977, S. 111–151; über die Namen als ›Brunnquell‹ von Erfindungen ebd., S. 115–119.

pädien gesammelten Wissens. Das gilt auch für die bedeutende Mnemonik-Literatur der Frühen Neuzeit[35] – Auswendiglernen gehörte zu den Voraussetzungen des Schulerfolgs –, denn auch hier verloren die bildlichen Erinnerungshilfen mit ihren imaginierten Räumen oder Örtern an Bedeutung. Wie in der Rhetorik trat die Ordnungsfunktion der *loci* in den Vordergrund, um das Material mit Hilfe von Stichwörtern und Gedächtnisstützen zu erschließen. Sie bezogen sich nun nicht mehr auf Räume und Bilder, sondern wurden zur Basis eines Systems von Begriffen, d.h. statt Erinnerungsräumen und -bildern entstanden Begriffssysteme.

35 Zu diesem Komplex vgl. u.a.: *Ars memorativa. Zur kulturgeschichtlichen Bedeutung der Gedächtniskunst (1400–1750)*, hrsg. von Jörg Jochen Berns und Wolfgang Neuber, Tübingen 1993; *Das enzyklopädische Gedächtnis der Frühen Neuzeit. Enzyklopädie- und Lexikonartikel zur Mnemonik*, hrsg. von Jörg Jochen Berns und Wolfgang Neuber, Tübingen 1998; Stefan Rieger, *Speichern/Merken. Die künstlichen Intelligenzen des Barock*, München 1997; *Seelenmaschinen. Gattungstraditionen, Funktionen und Leistungsgrenzen der Mnemotechniken vom späten Mittelalter bis zum Beginn der Moderne*, hrsg. von Jörg Jochen Berns und Wolfgang Neuber, Wien 2000.

VIII. Natur, Sprache, Bildlichkeit

Natur

Die seit der Antike gebräuchlichen Topoi der Natur- und Landschaftsbeschreibung leben in der Frühen Neuzeit in aktualisierter, den veränderten geschichtlichen und gesellschaftlichen Bedingungen angepasster Form weiter. Sie heben zwei gegensätzliche Aspekte hervor: Natur als *locus amoenus* bzw. *locus terribilis.*[1] Es sind Bildmuster, die je nach ihrer Funktion mit bestimmten Requisiten im Rahmen entsprechender Landschaften und Jahreszeiten möbliert werden: als heitere Szenerie in Texten der erfüllten Liebe, als bedrohlicher, dunkler oder unheimlicher Ort in Liebesklagen, Evokationen der Trauer oder Inszenierungen von meditativer Einsamkeit. Dabei kann der räumliche Rückzug aus der Gesellschaft eine durchaus gesellschaftskritische Funktion erhalten oder wie schon im Mittelalter in einen religiösen Kontext einbezogen werden.

Denn die Natur, von der die barocken Dichter sprechen und die sie darstellen, ist nicht die der modernen Naturwissenschaften, auch wenn sie gelegentlich auf neue Erfindungen verweisen oder technische Prozesse beschreiben und sich generell das wachsende Wissen über die Welt und die Natur zunutze machen. Obwohl es auch im Reich zu bedeutenden Fortschritten in der Mathematik und den Naturwissenschaften kam – etwa im Prager Kreis um Kaiser Rudolf II. oder durch Otto von Guericke, Leibniz u. a. –, so blieben sie doch weit hinter den Entwicklungen in England, Frankreich, Italien und den Niederlanden zurück. Entsprechend spät erfolgte die Ablösung

1 Vgl. Klaus Garber, *Der locus amoenus und der locus terribilis. Bild und Funktion der Natur in der deutschen Schäfer- und Landlebendichtung des 17. Jahrhunderts*, Köln/Wien 1974.

des religiösen durch das neue mathematisch-naturwissenschaftliche Weltbild.

Die Sicht der Natur bleibt daher zunächst weitgehend theologisch geprägt. Als göttliche Schöpfung hat sie zeichenhaften Charakter. Ihre Erscheinungen verweisen auf den Schöpfer, der alle Dinge als Gedanke gedacht hatte, bevor er seinen Plan verwirklichte. Allerdings beginnt mit der Umsetzung des Schöpfungsplans zugleich die Geschichtlichkeit der Schöpfung, die durch den Sündenfall in ihrer Vollkommenheit beeinträchtigt wurde. Der tiefere Sinn der Erscheinungen und Dinge der Welt, den sie als Zeichen oder Signaturen der göttlichen Allmacht besitzen, stand Adam noch unmittelbar offen durch seine Sprache; doch dieses Wissen ist als Folge des Sündenfalls nur noch in Spuren vorhanden. Ihnen nachzugehen, im Buch der Natur zu lesen und die in der Natur verborgenen göttlichen Geheimnisse und Zusammenhänge aufzudecken, wird zur Aufgabe einer religiös motivierten Kunst und Wissenschaft: Das geschieht u.a. durch Versuche, in die geheimnisvolle Bildersprache der Hieroglyphen einzudringen oder durch sprachlich-kabbalistische Operationen der adamitischen Ur- oder Natursprache näherzukommen, aber auch durch alchemistische Experimente und kosmologische Spekulationen im Geist einer pansophischen Universalwissenschaft.

Anders als die spekulativen Pansophen mit ihren Berufungen auf esoterische Quellen suchte Johannes Kepler das religiöse Konzept der inneren Einheit der göttlichen Schöpfung mathematisch und empirisch zu bestätigen. Allerdings bleiben bei allen Bemühungen um eine empirisch-wissenschaftliche Überprüfung seiner Theorien Ausgangspunkt und Antrieb seiner *Fünf Bücher von der Harmonik der Welt* (*Harmonices mundi libri V*, 1619) religiös und spekulativ: Nachvollzug und Feier der göttlichen – und das heißt für Kepler notwendig mathematischen – Ordnung der Schöpfung in ihrer universalen

Harmonie. Dabei verbindet er seine mathematischen Berechnungen über die Planetenbewegungen mit alten pythagoreischen Vorstellungen von einer aus der Bewegung der Gestirne resultierenden, in Zahlenproportionen fassbaren Sphärenharmonie. Die Zahlenverhältnisse haben ihre Parallele in den Harmonien der Musik, und in der zeitgenössischen mehrstimmigen Musik offenbart sich für Kepler die universale Harmonie am eindringlichsten. Darüber hinaus fügen sich alle Bereiche der Schöpfung – von den Proportionen der Pflanzenblüten über die heiligen Zahlen der Bibel bis hin zu den elliptischen Planetenbahnen – in ihren Formen und Zahlenverhältnissen zu einer großen, von Gott so gewollten Weltharmonie. Folgerichtig endet das Buch mit einem Gebet, einem Lobpreis des Schöpfers.

Sprache, Natursprache

Wie nun andere Künste und Wissenschaften / uns nicht durch den Wind an- und eingewehet / sondern mit emsigen Fleiß begriffen werden müssen; Als sollen wir nicht gedenken / wir verstehen unsere Sprache genugsam / weil wir selbe von unseren Eltern erlernet / sondern betrachten / daß es ein anders sey reden / ein anders wol und zierlich reden: ein anders schreiben / ein anders recht schreiben: ein anders ist singen / ein anders auß der Kunst zu singen. Fürwar es ist zu erbarmen / daß wir auß unbedachtsamer Frem[d]gierigkeit / uns mit Erlernung der Griechischen / Lateinischen und andern Sprachen von Jugend auf plagen / und unsere volkommene / herrliche / deutliche / wollautende / fernemliche / Kraft- und Saftreiche / wunderschickliche Teutsche Sprache zu begreiffen niemals gedenken / und uns durch faule Undankbarkeit / solcher hohen Gabe gantz unwürdig machen / da man doch vermittelst dieser im Geistli-

> chen und Weltlichen Stand das Brod mit verdienen muß. Dem Frauenzimmer ist auch diese Wissenschaft wol Teutsch zu reden / und recht zu schreiben so nöhtig als zierlich: nöhtig in Auferziehung jhrer Ehepflantzen [...]; zierlich aber / weil sie jhre schöne Gedanken / mit unartigen Worten nicht außreden mögen.[2]

Dieser Text Harsdörffers – »Von der Teutschen Sprache Vortrefflichkeit« – ist eine Aufforderung zur Arbeit an der deutschen Sprache, und ›Spracharbeit‹ gehört zu den zentralen Stichwörtern der sprachlich-literarischen Reformbewegung des 17. Jahrhunderts.[3] Sie war, in weitestem Sinn verstanden, grundlegend für ihre nationalhumanistische Programmatik. Das bedeutet nicht nur, dass die deutsche Sprache in Vers und Prosa im Hinblick auf Wortschatz, Ausdrucksfähigkeit, Reinheit und grammatische Korrektheit zu verbessern und allen Sprachverderbern das Handwerk zu legen war: Spracharbeit meint auch Reflexion über Sprache und Sprachen einschließlich sprachtheoretischer und sprachmystischer Spekulationen, wissenschaftliche Forschung, Überlegungen zur Geschichte der deutschen Sprache und ihr Verhältnis zu den anderen Sprachen, die Durchsetzung einer deutschen grammatischen Terminologie und ganz pragmatisch die Erweiterung der Möglichkeiten des Deutschen als Sprache des Handwerks, der Technik und der Wissenschaft durch das Bemühen um eine entspre-

2 Georg Philipp Harsdörffer, *Frauenzimmer Gesprächspiele*, hrsg. von Irmgard Böttcher, Tübingen 1968, Tl. 3, S. 309 f.

3 So überschreibt Harsdörffer eine »Zugabe« zur zweiten Auflage des ersten Teils seiner *Frauenzimmer Geprächspiele* mit »Schutzschrift / für Die Teutsche Spracharbeit / und Derselben Beflissene« (ebd., Tl. 1, S. 339 ff.); vgl. Markus Hundt, *›Spracharbeit‹ im 17. Jahrhundert. Studien zu Georg Philipp Harsdörffer, Justus Georg Schottelius und Christian Gueintz*, Berlin / New York 2000.

chende Terminologie für den expandierenden Bereich der Fachliteratur.

Hinter diesem Programm steht ein entschiedener Sprachpatriotismus, der sich auch in der Gründung von Sprachgesellschaften manifestiert (s. Kap. I) und der ein kulturelles Gegengewicht zur Krisensituation des Jahrhunderts der Kriege herzustellen sucht. Aber es geht neben Legitimation und Ehrenrettung der deutschen Sprache, neben praktischen und ästhetischen Aspekten nicht zuletzt auch um Moral, denn zwischen sprachlichem und moralischem Zustand einer Nation sieht man einen engen Zusammenhang. Auf die krisenhafte Gegenwart bezogen heißt das: Die Wiederherstellung einstiger deutscher Größe verlangt die sprachliche und moralische Erneuerung.

Der Blick zurück trägt zur patriotischen Stärkung des Selbstbewusstseins angesichts der realen politischen Ohnmacht und der unverkennbaren ›Verspätung‹ der Deutschen im Kontext der europäischen Literaturen bei: Ihre Geschichte mache die ehrwürdige und uralte deutsche Sprache einzigartig unter den lebenden Sprachen. Das ist nun keine spezielle deutsche Überheblichkeit, denn anderswo geht die humanistische Sprachwissenschaft ähnlich vor und kommt zu entsprechenden Ergebnissen für das eigene Land. Wie sich andere europäische Herrschergeschlechter und Völker bis auf das Personal der Bibel zurückgehende Stammbäume zulegten, so identifizierte der bayerische Geschichtsschreiber Aventinus (Johannes Turmair) Aschkenaz, einen Urenkel Noahs, als biblischen Stammvater der Deutschen. Wenn man dann noch ›bewies‹, dass Aschkenaz mit dem bei Tacitus erwähnten Tuisto bzw. Tuisco gleichzusetzen sei, hatte man durch die Übereinstimmung biblischer und antiker Überlieferungen eine doppelte Legitimation der Ursprungsgeschichte der Deutschen. Nach diesen Vorgaben war der deutschen humanistischen Sprachwissenschaft daran gelegen, die Nähe des Deutschen zu den Sprachen der Bibel, den heiligen Sprachen, zu beweisen: ein entscheidendes Kriterium für die Würde bzw. die Rangfolge der lebenden Sprachen. In der Konkurrenz mit den drei heiligen Sprachen Hebräisch, Griechisch und Latein etablierte sich im 16. und 17. Jahrhundert die Überzeugung, dass dem Deutschen jedenfalls der Vorrang vor dem Lateinischen und Griechischen gebühre.

Als repräsentativ für die Ansichten der Gelehrten des 17. Jahrhunderts kann die Darstellung von Justus Georg Schottelius gelten. Wenn er von der »allervollenkommeste[n] Ertzsprache« spricht, »welche dem Adam gegeben / und nach welcher der Adam alle Dinge / und zwar nach jhrer rechten Eigenschaft benahmet hat«,[4] so bezieht er sich auf die Theorie von der Natursprache, wie sie u. a. Jacob Böhme in seiner Schrift *De signatura rerum* (1622, Erstdruck 1635) unter dem Einfluss von Paracelsus formuliert hatte. Sie geht davon aus, dass Gott in der Schöpfung Sprachzeichen, Signaturen, hinterlassen habe, die in ihrem Klang, ihrem »außgehenden hall / stim vnd spraache«, »das Wesen aller Wesen« und den »verborgnen Geist« der Dinge offenbaren, wenn sie im Stand der Erleuchtung gelesen bzw. zum Klingen gebracht werden: »ein jedes ding hat seinen Mund zur offenbarung / vnd das ist die Naturspraache / darauß jedes ding auß seiner eigenschafft redet / vnd sich immer selber offenbahret / vnd darstellet worzu es gut vnd nutz sey […].«[5]

4 Justus Georg Schottelius, *Ausführliche Arbeit Von der Teutschen HaubtSprache 1663*, hrsg. von Wolfgang Hecht, Tübingen 1967, Tl. 1, S. 33. Die zitierte »dritte Lobrede von der Uhralten Haubt Sprache der Teutschen« war bereits in Schottelius' *Teutscher Sprachkunst* von 1641 enthalten.

5 Jacob Böhme, *Werke*, hrsg. von Ferdinand van Ingen, Frankfurt a. M. 1997, S. 518 f.

Dichterische Sprachmanipulation

Da nach der Natursprachenlehre die Geheimnisse der Schöpfung in der Sprache und ihren Lauten verborgen sind, kann man durch die Aufdeckung lautlicher und klanglicher Entsprechungen – und durch gewagte Etymologien – zu der Bedeutung der Dinge vordringen und die latenten tieferen Zusammenhänge bis hin zu Mikrokosmos-Makrokosmos-Analogien ans Licht bringen, obwohl die Adamitische Ursprache – sie wäre eine Art Universalsprache der Menschheit[6] – letztlich nicht völlig wiederhergestellt werden kann. Ihr wenigstens näherzukommen, kann dann auch zur Aufgabe der Dichtung werden.

Jedenfalls erhält mit dieser kreativen Spurensuche nach der verschütteten Ursprache die laut- und klangmalende Poesie, eine Domäne Zesens und der Dichter des Nürnberger Pegnesischen Blumenordens, eine über die spielerischen Aspekte hinausgehende sprachphilosophische bzw. sprachmystische Legitimation. Das gilt ebenfalls für die kombinatorische Anverwandlung der von Schottelius hervorgehobenen Doppelkunst, die über den lexikalischen Gewinn hinaus der Erkenntnis dient und zudem ästhetisches Potential besitzt.

Schottelius meint damit die Fähigkeit der deutschen Sprache, durch die Zusammensetzung von Stammwörtern neue Wörter zu bilden und so die Ausdrucksfähigkeit des Deut-

6 Zu den Sprachreflexionen und -konzepten in der Frühen Neuzeit, auch zu den verschiedenen Ansätzen zu einer Universalsprache, vgl. Andreas Gardt, *Sprachreflexion in Barock und Frühaufklärung. Entwürfe von Böhme bis Leibniz*, Berlin / New York 1994; Andreas B. Kilcher, *Die Sprachtheorie der Kabbala als ästhetisches Paradigma. Die Konstruktion einer ästhetischen Kabbala seit der Frühen Neuzeit*, Stuttgart/Weimar 1998; *The Language of Adam. Die Sprache Adams*, hrsg. von Allison P. Coudert, Wiesbaden 1999.

schen zu steigern. Er demonstriert es an zahllosen Beispielen, u.a. an den »mannigfaltigen Unterscheidungen der Farben«, deren Nuancenreichtum sich durch die Kombination mit anderen Wörtern noch weiter vergrößern lasse.[7] Durch die »Teutsche Doppelkunst« werde es möglich, ohne »neue / unteutsche und unbekante Wörter« zu bilden, flexibel auf neue Inhalte zu reagieren und so »die Teutsche Sprache aus der Teutschen Sprache ferner zuerheben«.[8]

Die Fähigkeit zur Wortzusammensetzung, »warlich kein geringes Kunst-Stükk und Geheimniß der Teutschen Sprache«, lasse sich »aufs aller schiklichste und andeutlichste in Formirung der Kunstwörter« anwenden.[9] Durch ihre »künstliche Art und Kraft« sei es möglich, »die Händel der Natur und die Verenderungen des menschlichen Wesens abzubilden / vorzustellen / auszutrükken / und also aus den innersten Geheimnissen der Sprachen mit uns zu reden / daß ein Teutscher / der es verstehet / sich nicht gnugsam über diese Teutsche Wörterlein verwunderen / und in Gegenstellung der anderen Sprachen oftmaligen Mangel daselbst erspüren kan«.[10]

Wie eine poetische Umsetzung der begeisterten Lobrede aussehen kann, demonstriert Catharina Regina von Greiffenberg in ihrem »zu Gottseeligem Zeitvertreib« verfassten Gedichtband *Geistliche Sonnette / Lieder und Gedichte* (1662). In artistischer Weise nutzt sie hier Schottelius' Anleitung zur Kombinatorik zur Erfindung ungewöhnlicher Komposita: Herzgrund-Rotes Meer, Herzerleuchtungs-Sonn', Anstoß-Wind, Himmels-Herzheit, Meersands-Güt', Sorgen-Augen, Freuden-Seufzer-Wind, Wort-Safft usw. Das gibt manchen

7 Schottelius (Anm. 4), Bd. 1, S. 81 ff.
8 Ebd., S. 96, 98.
9 Ebd., S. 76.
10 Ebd., S. 88.

Sonetten einen manieristischen Anstrich, doch hat diese Technik neben ihrem ästhetischen Reiz auch einen tieferen Sinn: Die Wortzusammensetzungen ermöglichen die Erkenntnis verborgener Analogien und Zusammenhänge und zeigen die Welt als einen Ort, in dem die verschiedenen Bereiche aufeinander verweisen und Mensch, Gott und Natur in enger Beziehung zueinander stehen.

So rühmen zahlreiche Gedichte auf die Jahreszeiten in der Feier der Natur die göttliche Schöpferkraft und zeigen, wie im Jahreslauf Heilsgeschichte sichtbar wird. Allein 15 Sonette – die Mehrzahl der Jahreszeitensonette – tragen die Überschrift *GOtt-lobende Frülings-Lust*, darunter das bekannte tänzerische »JAuchtzet / Bäume / Vögel singet! danzet / Blumen / Felder lacht!«[11] Im Frühling zeigt sich die Schöpferkraft Christi in der Natur am nachdrücklichsten; implizit ist die Parallele zwischen dem Erwachen der Natur und dem Beginn des Erlösungswerks in der Osterzeit. Und im Einklang mit Vorstellungen vom Buch der Natur und vom Verweis der Natur auf den Schöpfer heißt es abschließend in einem der Frühlingssonette, das die wirkende Kraft des göttlichen Worts feiert: »Ja alls / was sichtbar nur / ist GOttes Ebenbild / | wie schön / süß / gut er sey / wie hoch! wie reich! wie mild.«[12]

Wie dieses Lob Gottes in der Natur die Wortkombinatorik und Metaphernbildung inspiriert, macht das Sonett *Auf die Fruchtbringende Herbst-Zeit* exemplarisch deutlich. Die Erfahrung des Göttlichen in der Natur spiegelt sich nicht nur in der Bewegung des Sonetts von der Natur zum Religiösen, sondern sie konkretisiert sich auch in der Metaphorik der sprachschöp-

11 *Gedichte des Barock*, hrsg. von Volker Meid, 2., überarb. Aufl., Stuttgart 2014, S. 237.

12 Catharina Regina von Greiffenberg, *Geistliche Sonette, Lieder und Gedichte*, mit einem Nachw. von Heinz Otto Burger, Darmstadt 1967, S. 224.

ferischen Komposita, in denen sich in der Schlusswendung natürlicher und religiöser Bereich, Konkreta und Abstrakta miteinander verbinden:

FReud'-erfüller / Früchte-bringer / vielbeglückter
Jahres-Koch /
Grünung-Blüh und Zeitung-Ziel / Werkbeseeltes
Lustverlangen!
lange Hoffnung / ist in dir in die That-Erweisung gangen.
Ohne dich / wird nur beschauet / aber nichts
genossen noch.
Du Vollkommenheit der Zeiten! mache bald
vollkommen doch /
was von Blüh' und Wachstums-Krafft halbes Leben
schon empfangen.
Deine Würkung kan allein mit der Werk-Vollziehung
prangen.
Wehrter Zeiten-Schatz! ach bringe jenes blühen auch
so hoch /
schütt' aus deinem reichen Horn hochverhoffte
Freuden-Früchte.
Lieblich süsser Mund-Ergetzer! lab' auch unsern
Geist zugleich:
so erhebt mit jenen er deiner Früchte Ruhm-Gerüchte.
zeitig die verlangten Zeiten / in dem Oberherrschungs-
Reich.
Laß die Anlas-Kerne schwarz / Schickungs-Aepffel
safftig werden:
daß man GOttes Gnaden-Frücht froh geniest und isst
auf Erden.[13]

13 *Gedichte des Barock* (Anm. 11), S. 238; Zeitung-Ziel: Zeitung: Zeitigung, Reifung; »zeitig«: zeitigen: zur Reife bringen.

Catharina Regina von Greiffenberg stand in enger persönlicher und poetischer Beziehung zu den Dichtern des Nürnberger Pegnesischen Blumenordens, von deren Sinn für eine artistische Sprachbehandlung und ihrer tieferen Bedeutung sie sich inspirieren ließ. Allerdings setzten Johann Klaj, Georg Philipp Harsdörffer und Sigmund von Birken andere Prioritäten, als sie mit den neuentdeckten ästhetischen Möglichkeiten der deutschen Sprache und Verskunst experimentierten. Sie interessierten sich neben der Erweiterung des formalen Spektrums der Dichtung vor allem für die Klangmöglichkeiten der Sprache, die sie durch die gehäufte Verwendung von Alliteration, Assonanz und Binnenreim auszuschöpfen suchten. Ihr Markenzeichen wurden so Lautmalerei und Lautsymbolik, die direkte Nachahmung von Naturlauten bzw. die Zuordnung von Lauten zu bestimmten Sachverhalten.

Auch sie beziehen sich im Anschluss an Justus Georg Schottelius auf das Konzept der besonderen Nähe des Deutschen zur Ursprache, die sie vor allem durch ihre onomatopoetischen Qualitäten bezeugt sehen. Harsdörffer schreibt:

> Sie [die deutsche Sprache] redet mit der Zungen der Natur / in dem sie alles Getön und was nur einen Laut / Hall und Schall von sich giebet / wol vernemlich ausdrucket; Sie donnert mit dem Himmel / sie blitzet mit den schnellen Wolken / stralet mit dem Hagel / sausset mit den Winden / brauset mit den Wellen / rasselt mit den Schlossen [Hagel] / schallet mit dem Luft / knallet mit dem Geschütze / brüllet wie der Löw / plerret wie der Ochs / brummet wie der Beer / beeket wie der Hirsch / blecket wie das Schaaf / gruntzet wie das Schwein […] / mauet wie die Katz / schnattert wie die Gans / qwacket wie die Ente / summet wie die Hummel / kacket wie das Huhn / klappert wie der Storch / kracket wie der Rab / schwieret wie die Schwalbe / silket wie

der Sperling / und wer wolte doch das wunderschickliche Vermögen alles ausreden. [...] Ich sage nochmals: *Die Natur redet in allen Dingen / welche ein Getön von sich geben / unsere Teutsche Sprache* [...].[14]

Der besondere Rang der deutschen Sprache schließt die Verpflichtung zu einer über einfache Reimereien hinausgehenden ›Teutschen Verskunst‹ ein. Es müsse, spricht der von sprachmystischen Vorstellungen geprägte Johann Klaj in seiner *Lobrede der Teutschen Poeterey* (1645), »das Gedicht voller Kern / Geist und Feuer seyn / daher dann unser Dicht- und Verskunst viel hefftiger der Menschen Sinn und Gemüt durchdringet als einig andere / weil kein Wort in Teutscher Sprache ist / das nicht dasjenige / was es bedeute / worvon es handele / oder was es begehre / durch ein sonderliches Geheimniß außdrükke: also daß man sich über die unausdenkige Kunst / die Gott unserer Sprachen verliehen / wundern muß.«[15]

Diese Kunst geht über die bloße Nachahmung von Naturlauten hinaus, sie gilt allen akustischen Phänomenen. So gibt es im ersten Teil von Harsdörffers und Klajs *Pegnesischem Schäfergedicht* Versuche, frühindustrielle Produktionsprozesse wiederzugeben, wobei es neben den akustischen Reizen auch um das Verfahren selbst geht. Als Strefon (Harsdörffer) und Clajus (Klaj) auf ihrem poetischen Spaziergang durch die Pegnitzauen an einer Drahtmühle und danach an einer Papiermühle vorbeikommen, inspiriert sie deren Lärm zu »Klingreimen« (Sonetten) und im Fall der Papiermühle zu einer Beschreibung der Vorgänge mit Fachvokabular – »Sind Kunst-

14 Harsdörffer, *Frauenzimmer Gesprächspiele* (Anm. 2), Tl. 1, S. 355, 357.

15 Johann Klaj, *Redeoratorien und »Lobrede der Teutschen Poeterey«*, hrsg. von Conrad Wiedemann, Tübingen 1965, S. [397f.] (= *Lobrede*, S. 13f.).

wörter in den Papyrmülen bräuchlich«, heißt es in einer Marginalie –, auch das für sie ein Beleg für den Reichtum der deutschen Sprache. Auf der Tür zur Papiermühle lesen sie folgende Verse (die Mühle beschreibt sich sozusagen selbst):

Was jederman verwirfft / halt ich mit Recht für mein.
    Höret den Hammer die Lumpen zerklopffen /
Und durch den Pegnitztrieb zerstampffen auf dem Stein /
    Sehet / was brudelt und wudelt im Stopffen /
Der Flächsinlumpenbrey wil Zeug genennet seyn /
    Pantschet die Formen und lasset sie tropffen:
Filtzt jeden Bogen wol und streicht ihn Schlittenein /
    Diesem Nichts sol man das Wissen einpfroffen.[16]

Daneben zeigen die Nürnberger eine Vorliebe für die Evokation von Kriegs- und Waffenlärm, die sich in zahlreichen Gedichten äußert: »Die Donnerkartaunen durchblitzen die Lufft / | Es schüttern die Thäler / es splittert die Grufft / | Es knirschen die Räder / es rollen die Wägen / | Es rasselt und prasselt der eiserne Regen«.[17] Klaj geht aber noch weiter. In seiner enthusiastisch-patriotischen *Lobrede der Teutschen Poeterey* kommt er über den Lobpreis der Ausdrucksfähigkeit der deutschen Sprache und der Leistung der deutschen Poeten übergangslos zu dem auf den ersten Blick überraschenden Vergleich von Kriegskunst und Dichtung: »Eben wie die Teutsche Kriegs- also ist auch die Verskunst viel höher gestiegen«.[18] Das führt ihn wiederum zu dem Gedanken, dass Dichter und Dichtkunst der Kriegskunst beistehen können, wie »dann un-

16 Georg Philipp Harsdörffer / Sigmund von Birken / Johann Klaj, *Pegnesisches Schäfergedicht 1644–45*, hrsg. von Klaus Garber, Tübingen 1966, Tl. 1, S. 18 f.

17 Ebd., S. 14.

18 Klaj (Anm. 15), S. [397] (= *Lobrede*, S. 13).

sere Heldenvorfahren« – Anspielung auf Tacitus' *Germania* – bewiesen hätten.[19]

Philipp von Zesen teilt mit den Nürnbergern das Interesse an den Klangwirkungen der Sprache und rhythmischer Beweglichkeit. Eines der schönsten Beispiele für Zesens Klangpoesie ist das der Kaiserin Eleonora auf dem Regensburger Reichstag von 1653 gewidmete und zuerst als Einblattdruck erschienene *Meien-lied* (»GLimmert ihr sterne / | schimmert von ferne«).[20] Wie bei den Nürnbergern allerdings lassen auch bei Zesen manche virtuose Reihenbildungen die Freude am Spiel mit den Klängen und Rhythmen den Bedeutungsgehalt zur Nebensache werden. Im *Weinlied an eine lustige Geselschaft* heißt es (3. Strophe):

Es gischen die gläser / es zischet der zukker:
man schwenkt sie / und schenkt sie euch allen vol ein.
Es klukkert verzukkert dem schlukker fein lukker /
fein munter hinunter der Reinische wein.
So klinkern und flinkern und blinkern die flöhten!
so können die sinnen entrinnen aus nöhten![21]

Die unübersehbaren ästhetisch-spielerischen Aspekte gehen bei Zesen, stärker als bei Harsdörffer oder Klaj, Hand in Hand mit sprachmystischen und sprachtheoretischen Theorien und Spekulationen, die sich an Justus Georg Schottelius und seine Stammworttheorie und die Natursprachenlehre Jacob Böhmes und anderer anlehnen. Zesen beteiligte sich mit mehreren Büchern an der zeitgenössischen Sprachdiskussion, deren zentra-

19 Ebd., S. [405] (= *Lobrede*, S. 21).
20 *Gedichte des Barock* (Anm. 11), S. 144–146.
21 *Das Spiel der Zeit. Deutsche Barockgedichte*, hrsg. von Volker Meid, Stuttgart 2015, S. 87.

le Punkte er in der Schrift *Rosen-mând: das ist in ein und dreissig gesprächen Eröfnete Wunderschacht zum unerschätzlichen Steine der Weisen* (1651) behandelt. Sinn seiner weitreichenden mystisch-kabbalistischen Spekulationen ist es, die seit der Sprachverwirrung im Klang der Wörter verborgene wahre, unverfälschte Bedeutung auch der einzelnen Laute zu entdecken.

Dass sich im Klang das wahre Wesen der Dinge offenbart, wie es Böhmes Natursprachenlehre postuliert, gilt nicht nur im Sinn der Lautmalerei, sondern alle Laute haben eine Bedeutung. Wenn dann Zesen Reihen von analogen Klängen bildet und z. T. ganze Gedichte auf diese Weise strukturiert, so sucht er damit ein Beziehungsnetz deutlich zu machen, das auf verwandte Bedeutungen und damit auf einen gemeinsamen Ursprung der Wörter hindeuten soll und darüber hinaus auf »eine zwangsläufige, ›naturgemäße‹ Ordnung der Sprache verweist, die ihre Begründung in dem gemeinsamen kosmischen Ursprung findet«. Auch die gelegentlich recht kuriosen Etymologien und manieriert erscheinenden Wortspiele sind Folge dieser Suche nach den gemeinsamen Wurzeln und des Versuchs »der Schaffung einer der ›Natur‹ adäquaten Ordnung des Sprachraums«.[22]

Sinnbildliche Natur, Emblematik

Natur als göttliche Schöpfung hat, wie erwähnt, zeichenhaften Charakter. Der einflussreiche lutherische Theologe Johann Arndt handelt im letzten Buch seiner weitverbreiteten *Vier Bücher Von wahrem Christenthumb* (Buch 1, 1605, erster voll-

22 Ausführliche Darstellung dieses Konzepts bei Renate Weber, »Die Lautanalogie in den Liedern Philipp von Zesens«, in: *Philipp von Zesen 1619–1969. Beiträge zu seinem Leben und Werk*, hrsg. von Ferdinand van Ingen, Wiesbaden 1972, S. 156–181; die zitierten Stellen S. 170.

ständiger Druck 1610) vom »grossen WeltBuch der Natur« (Vorrede) und spricht, beeinflusst von neuplatonisch-paracelsischer Naturspekulation, vom Verweischarakter der Schöpfung, deren Betrachtung den Menschen zu Gott und damit zu sich selbst führt: »Es sol dich aber dieser vnuergenglicher Himmel höher führen zu dem verborgenen Himmel / da das liebliche wesen da Frewde ist [...]. Ja es sol dich dieser vergengliche eusserliche Himmel in dich selbst führen / in dein eigen Hertz vnnd Seele. Da hat auch Gott seinen Himmel / in welchem Er wohnet.«[23]

Wie Jacob Böhme in der Schöpfung nichts anderes »als eine offenbahrung deß allwesenden vnergründlichen Gottes« sieht[24] und mit seiner Signaturenlehre die Sprachtheoretiker und -mystiker anregte, so wirkte auch Arndts Verfahren einer ›natürlichen Theologie‹ auf die Erbauungsliteratur ebenso wie auf die religiöse Dichtung des 17. Jahrhunderts und darüber hinaus. Auch die Kunstform der Emblematik nutzte die Zeichen der Natur, die selbst emblematischen Charakter besitzen und die verborgenen Geheimnisse durch Bilder offenbaren. Dabei leben neben Vorstellungen des Humanismus und der Renaissance auch Denkformen der mittelalterlichen Allegorese weiter. Naturschilderungen, so detailliert sie sein mögen, sind in diesem Kontext weder Selbstzweck noch Ausdruck subjektiver Erlebniswelten.

Beispielhaft für den Verweischarakter von Naturbildern ist Paul Gerhardts berühmter *Sommer-Gesang* »GEh aus mein Hertz und suche Freud / | In dieser lieben Sommerzeit | An deines Gottes Gaben: | Schau an der schönen Garten-Zier [...]«.

23 Johann Arndt, *Vier Bücher Von wahrem Christenthumb. Die erste Gesamtausgabe 1610*, hrsg. von Johann Anselm Steiger, Buch 3 und 4, Hildesheim [u. a.] 2007, Buch 4, S. 27.

24 Böhme (Anm. 5), S. 774.

Etwa die Hälfte des langen Liedes besteht aus einer Reihung von idyllischen Natur- und Genrebildchen aus Fauna und Flora mit uncharakteristischen Gemeinplätzen bis hin zur »unverdroßne[n] Bienenschaar«. Dann machen die weiteren Strophen die Zeichenfunktion der Natur deutlich: Die (vergängliche) Schönheit auf »dieser armen Erden« ist nur ein Abglanz dessen, was den Gläubigen »in dem reichen Himmelszelt«, »in Christi Garten« mit Sehnsucht erwartet.[25]

Die religiös geprägte Naturbetrachtung führt auch ohne die eschatologische Perspektive immer wieder zum Lobpreis Gottes als Schöpfer dieser Wunder: Das Lob Gottes in der Natur ist eines der zentralen Themen der ›Naturdichtung‹ des Barock. Das gilt für protestantische wie katholische Dichter. So charakterisieren Gedichtüberschriften wie *Anleitung zur erkandnuß vnd Liebe des Schöpffers auß den Geschöpffen* oder *Lob Gottes auß einer weitleuffigen Poetischen beschreibung der frölichen SommerZeit* den Tenor einer Gruppe von Lobgesängen in Friedrich Spees Liederbuch *Trutznachtigall.*[26] Dabei lässt der Titel in der Reinschrift des Autors von 1634 keinen Zweifel an seinem künstlerischen Anspruch (s. S. 82): *Trvtz-Nachtigal. oder Geistliches Poëtisch Lvst-waeldlein. Als noch nie zuvor in Teutscher Spraach auff recht Poëtisch gesehen ist.*[27]

Spee hat einen besonderen Blick für die Schönheiten der Natur, für Landschaften, für Tages- und Jahreszeiten mit ihren charakteristischen Attributen. Doch bei aller Liebe zum Detail und poetischer Spielfreude ist das Naturverständnis Spees nicht anders als das Paul Gerhardts, Catharina Regina von Greiffenbergs oder anderer religiöser Dichter der Zeit. Die Na-

25 *Gedichte des Barock* (Anm. 11), S 185–188.
26 Friedrich Spee, *Trvtz-Nachtigal*, krit. Ausg. nach der Trierer Handschrift, hrsg. von Theo G. M. van Oorschot, Stuttgart 1985, S. 104 ff., 110 ff. – Die erste Druckausg. erschien postum 1649.
27 Ebd., S. 3.

tur hat zeichenhafte Bedeutung; sie verweist in ihrer Schönheit auf die Vollkommenheit des Paradieses, steht für Gottes Liebe, und ihre Betrachtung führt notwendig zum Lobgesang auf den Schöpfer: »O Mensch ermeß im hertzen dein, | Wie wunder muß er Selber [bzw.: der Schöpffer] sein!«[28] Mit diesem Refrain endet jede der 18 Strophen von Spees *Anleitung zur erkandnuß vnd Liebe des Schöpffers auß den Geschöpffen*, einem poetischen Überblick über die Schöpfung von der kosmischen Ordnung bis hin zur detailreichen Aufzählung der Schönheit und Vielfalt der irdischen Natur und ihrer Fauna und Flora.

In Umberto Ecos Roman *Die Insel des vorigen Tages* (*L'isola del giorno prima*, 1994) macht der Held neben seiner Seefahrt eine Bildungsreise durch Themen, Denkweisen, wissenschaftliche Erkenntnisse und Weltbilder des 17. Jahrhunderts, wobei Sprache, Dichtung und Kunst nicht zu kurz kommen, etwa wenn er – ohne Namen zu nennen – auf Madeleine de Scudérys berühmte »Karte der Zärtlichkeit« (»La Carte de Tendre«) in ihrem Roman *Clélie, histoire romaine* (1654–60) oder auf das »Aristotelische Fernrohr«, d.h. auf Emanuele Tesauros Theorie des scharfsinnigen Stils, anspielt. In Tesauros Poetik[29] geht es um die Metapher als höchsten Gipfel manieristischer Sprachkunst, die es dem ingeniösen Poeten ermöglicht, überraschende, neue Verbindungen zu ›erfinden‹, um Verwunderung und Erstaunen hervorzurufen: »Erinnern wir uns daran«, heißt es über Roberto, den Protagonisten von Ecos Roman, »daß er in einer Zeit lebte, in der man ständig Bilder aller Art erfand oder neu erfand, um in ihnen verborgene und enthüllende Bedeu-

28 Ebd., S. 110.

29 Emanuele Tesauro, *Il Cannocchiale Aristotelico, O sia dell' Arguta et Ingegnosa Elocutione* (1654, definitive Ausgabe 1670). Eco spielt nur auf den Titel der Poetik an, den Verfasser nennt er wie bei den anderen Anspielungen nicht.

tungen zu entdecken. Man brauchte bloß, ich sage gar nicht: eine schöne Blume zu sehen oder ein Krokodil, es genügte ein Körbchen, eine Treppe, ein Sieb oder eine Säule, und schon versuchte man, ein Netz von Dingen rings um sie zu knüpfen, die auf den ersten Blick dort niemand gesehen hätte.«[30]

Mit diesem Verfahren, »die ganze Welt in einen Wald von Symbolen zu übersetzen«, verweist Eco auf die Emblematik und verwandte Bild und Text verbindende Gattungen, die sich seit 1531, dem Erscheinungsjahr von Andrea Alciatos (bzw. Alciatis) *Emblematum liber*, bis ins frühe 18. Jahrhundert hinein geradezu zu einer europäischen Modeerscheinung entwickelten.[31] Alciatos Emblembuch gab den für die Gattung charakteristischen dreiteiligen Aufbau vor: Überschrift (Motto, Lemma, *inscriptio*), Bild (*pictura*, Icon, Symbolon) und deutende Bildunterschrift meist in epigrammatischer Form (*subscriptio*).

»Diese Figuren und Schrift«, heißt es bei Harsdörffer über die Vereinigung »zwischen der Mahlerey / und der Poeten Dichtkunst«, »sollen also miteinander verbunden seyn / daß keines ohne das ander könne verstanden werden«.[32] Während vom Poeten bei der Erfindung von Emblemen neben Scharfsinn ein breites Wissen einschließlich der Kenntnis der sinnbildlichen und ikonographischen Traditionen gefordert ist, muss sich der Rezipient bei der Auflösung des Beziehungsspiels bewähren.

Die bildlichen Darstellungen nehmen ihre Gegenstände aus der Natur, dem menschlichen Leben, der Bibel, der Geschichte oder der Mythologie. Da Bilder in der Regel verschieden gedeutet werden können, gibt das Motto die Deutung der *pictura*

30 Umberto Eco, *Die Insel des vorigen Tages*, übers. von Burkhart Kroeber, München 1995, S. 346; das folgende Zitat ebd. S. 347.

31 Vgl. *Companion to Emblem Studies*, hrsg. von Peter M. Daly, New York 2008.

32 Harsdörffer, *Frauenzimmer Gesprächspiele* (Anm. 2), Tl. 1, S. 81.

vor, die dann durch das Epigramm genauer ausgeführt wird. Ein Beispiel aus der zweisprachigen Ausgabe von Alciatos Emblembuch von 1542:[33]

Ex bello pax. **XLV.**

En galea intrepidus quam miles geſſerat, & quæ
Sæpius hoſtili ſparſa cruore fuit.
Parta pace apibus tenuis conceßit in uſum
Alueoli, atque fauos, gratáque mella gerit.
Arma procul iaceant, fas ſit tunc ſumere bellum,
Quando aliter pacis non potes arte frui.

Frid auſs krieg. XLV.

Was ſeltzam anndrung gſicht auff erd:
Der helm gefuert in ſchlacht vnd ſtreit
Vil iar, vnd offt mit bluet berert,
Iezund in rwe vnd frides zeit
Iſt zu aim pinen korb verkert,
Darinn gezogen honigs vil:
O Furſt all krieg mit ernſt vermeyd,
Wo du mit rwe magſt ſitzen ſtil.

Die unterschiedliche Herkunft der konstitutiven literarischen und bildkünstlerischen Elemente und Verfahren sorgt für ein breites inhaltliches Spektrum. Neben der Aufnahme antiker bzw. humanistischer Traditionen (Epigramm, Sentenz, Text-Bild-Formen nach der *Anthologia graeca*, Renaissance-Hieroglyphik, Impresenkunst) spielt die christliche Allegorese mit ihrer spezifischen Bildwelt aus der Bibel bzw. dem ›Buch der Natur‹ und ihrem Deutungsverfahren eine wichtige Rolle: »Denn die gantze Natur / vnd alle Elementa, Animalia, Vegetabilia, mineralia, sind voller wünderlicher Figuren / Zeichen vnd Bilder [...]. Vnd sindt also diese Bilder in der Natur / Gottes Buchstaben / dadurch Er die Natur gründtlich außleget /

33 Andreas Alciatus, *Emblematum Libellus*, reprogr. Nachdr. der Ausg. Paris 1542, Darmstadt 1975, S. 106 f.

allen denen / die es verstehen / vnd diese wünderliche Schrifft vnd Buchstaben Gottes lesen können«, heißt es bei Johann Arndt in einer gegen die Bilderfeindlichkeit des Calvinismus gerichteten Schrift im Anschluss an die Signaturen- und Natursprachenlehre.[34]

Viele Bedeutungen und Bedeutungsvarianten der christlichen Allegorese sind durch die biblische Tradition und Werke wie den frühchristlichen *Physiologus* vorgegeben. Feste Bedeutungen gibt es bis zu einem gewissen Grad auch bei der humanistischen Bildtradition, doch spielt hier die künstlerische oder dichterische Freiheit bis hin zur scharfsinnigen Erfindung von Emblemen eine wesentlich größere Rolle. Zur Funktion des Textes gehört es dann, die mögliche Bedeutungsvielfalt des Bildes auf den intendierten spezifischen Sinn des Emblems zu reduzieren. Dass sich allerdings der Sinn mancher Embleme nur schwer erschließt, ist ein Erbe esoterisch-alchimistischer Traditionen und der Hieroglyphik, in der die Humanisten verschlüsselte ägyptische Weisheiten vermuteten. Johann Fischart sprach 1581 von »Gemälmysterien vnd verdeckten Lehrgemälen«.[35]

Bei der engen Beziehung zwischen Emblem, Metapher und Allegorie überrascht es nicht, dass die Emblematik zu einer wichtigen Quelle der frühneuzeitlichen Dichtung und ihres Bildstils wird. Zahlreiche thematisch organisierte Emblembücher – naturkundliche, ethisch-moralische, politische, alchimistische, erotische, religiöse – stellen das Material bereit. Die

34 Johann Arndt, *Ikonographia. Gründtlicher vnd Christlicher Bericht / Von Bildern / jhrem vhrsprung / rechtem gebrauch vnd mißbrauch / im alten vnd newen Testament*, Halberstadt 1996, Bl. 32v.

35 Johann Fischart in seinem »Vorbericht« zu: Mathias Holtzwart, *Emblematum Tyrocinia*, hrsg. von Peter von Düffel und Klaus Schmidt, Stuttgart 1968, S. 10.

universale Tendenz der Emblematik deutet Filippo Picinellis Emblem-Enzyklopädie mit dem sprechenden Titel *Mondo simbolico* (1653) bzw. *Mundus symbolicus* (1681) an. Die vielfältigen außerliterarischen Wirkungen der Emblematik reichen von der Gestaltung von Titelkupfern, Illustrationen und Gemälden über die Bildprogramme repräsentativer geistlicher und weltlicher Bauten bis hin zu Entwürfen für Feste, Feuerwerke oder selbst Festessen.

Der Literatur des 16. und 17. Jahrhunderts steht mit der Emblematik ein großes Bildrepertoire zur Verfügung. So heißt es in der zweiten Strophe von Philipp von Zesens *Siegeslied der himmelsflammenden Deutschen Dichtmeister; daß sie oben / ihre Neider aber unten / schweben*:

Doch je mehr und mehr beschweeret
eine Palme sich befindt /
des zu mehr sie kraft gewint /
ja sich mehr / als vor / entpöhret [in die Höhe hebt].
So wird auch / durch Neidesdunst /
nie erdrükt die Dichterkunst […].[36]

In der vierten Strophe vergleicht Zesen das Streben der Poeten mit dem Flug des Adlers: »Dan wie Adler selbst sich schwingen | nach der sonnenkugel hin: | so bemüht sich unser sinn | nach dem höchsten ziel zu ringen […].« Das Gedicht, das humanistisch geprägtes Dichterselbstgefühl artikuliert, lebt von Bildern, die von der Emblematik vorgeprägt wurden: Schon bei Alciato findet sich das Bild von der durch ein Gewicht be-

36 *Gedichte des Barock* (Anm. 11), S. 147; das folgende Zitat ebd., S. 148. – Abbildungen von entsprechenden Emblemen in: *Emblemata. Handbuch zur Sinnbildkunst des 16. und 17. Jahrhunderts*, hrsg. von Arthur Henkel und Albrecht Schöne, Stuttgart 1967, Sp. 192 f. (Palme), Sp. 773 ff. (Adler).

schwerten und durch Widerstand gestärkten Palme als Sinnbild der Beständigkeit und der Tugend. »Die edle Palme wächst je mehr man sie beschweret«, argumentiert der unbeugsame, allein dem Recht verpflichtete Papinianus in Gryphius' Trauerspiel.[37] Auch der Adler, der als einziges Wesen ohne schädliche Folgen in die Sonne blicken kann, hat als Sinnbild des Adels, der Vortrefflichkeit, der Tugend usw. eine breite emblematische Tradition.

Beispiele für eine virtuose Steigerung der Verwendung von Emblemen als Argumente, Belege und Exempel in dramatischen Konfrontationen finden sich vor allem in den spätbarocken Trauerspielen Daniel Caspers von Lohenstein und Johann Christian Hallmanns. Albrecht Schöne beschreibt in einem Kapitel seines Buches über *Emblematik und Drama im Zeitalter des Barock* das »Spiel der Sinnbilder in Lohensteins Sophonisbe«[38] und zitiert an anderer Stelle aus Hallmanns Trauerspiel *Die Göttliche Rache / Oder Der Verführte Theodoricus Veronensis* (1684). Hier bekräftigt einer der intriganten Räte mit gleich drei emblematischen Argumenten die Hoffnung, dass sich der König nicht von seiner Tochter umstimmen lässt, die um Gnade für unschuldig Eingekerkerte bittet. Wie der Adler, der doch den Blick in die Sonne aushält, dieser nichts anhaben kann, wie der Salamander unverletzt durch Feuer geht, wie dem die Tugend verkörpernden Lorbeerbaum Blitze nichts anhaben können – so werde der König den Bitten widerstehen:

37 Andreas Gryphius, *Großmütiger Rechtsgelehrter oder Sterbender Aemilius Paulus Papinianus*, hrsg. von Ilse Marie Barth, bibliogr. erg. Ausg. Stuttgart 2000, S. 87 (IV, v. 287).

38 Albrecht Schöne, *Emblematik und Drama im Zeitalter des Barock*, 3. Aufl. mit Anm. 1993, München 1993. S. 102–119.

Den scharffen Adlers-Augen
Kan nicht der Sonnen-Gluth die edle Krafft aussaugen /
Dem Salamander raubt die Flamme nicht den Geist;
Und ob der rothe Blitz mit hundert Keilen schmeiß't /
Wird doch der Lorber-Baum im minsten nicht
verletzet [...].[39]

Darüber hinaus hat die emblematische Bildlichkeit auch strukturelle Bedeutung. So kehrt die Struktur von Emblemen mit der Abfolge von Überschrift, bildlicher Darstellung und Deutung wieder im Aufbau barocker Trauerspiele, und man kann mit Albrecht Schöne das barocke Theater insgesamt als »emblematisches Schaugerüst« interpretieren.[40] Auch im Typus des allegorisch-auslegenden Gedichts, zu dem etwa Paul Gerhardts *Sommer-Gesang* mit seiner Folge von Naturbild und geistlicher Deutung oder manche Sonette von Andreas Gryphius zählen, wird auf emblematische Strukturen verwiesen.

Gryphius zielt, wenn er von der Natur zu sprechen scheint, auf die religiöse Bedeutungsebene. So sind weder das *Einsamkeit*-Sonett noch die Tageszeiten-Sonette Natur- oder Landschaftsgedichte, sondern die Betrachtung der Dinge dieser Welt lenkt die Gedanken auf den Menschen und seine Bestimmung. Die Naturgegenstände und -elemente haben verweisenden Charakter, sind ›Sinnenbilder‹, deren Bedeutung häufig in der Tradition der christlich-allegorischen Naturauslegung zu suchen ist.[41]

39 Johann Christian Hallmann, *Sämtliche Werke*, hrsg. von Gerhard Spellerberg, Bd. I/1, Berlin / New York 1975, S. 16. – Vgl. Schöne (Anm. 38), S. 93 f. – Für die entsprechenden Embleme vgl. *Emblemata* (Anm. 36), Sp. 773 (Adler), Sp. 739 f. (Salamander), Sp. 204 (Lorbeerbaum).

40 Schöne (Anm. 38), S. 203–231.

41 Vgl. Dietrich Walter Jöns, *Das »Sinnenbild«. Studien zur allegorischen Bildlichkeit bei Andreas Gryphius*, Stuttgart 1966.

Ein charakteristisches Beispiel für diesen Gedichttyp ist Gryphius' Sonett *An die Welt* mit der zur Allegorie erweiterten Schifffahrtsmetapher, das mit seiner Dreiteiligkeit den Aufbau eines Emblems spiegelt. Der Überschrift folgt in den ersten beiden Quartetten entsprechend der *pictura* des Emblems die Darstellung der gefährlichen Schifffahrt auf stürmischer See als Bild des menschlichen Lebens, während die abschließenden Terzette vom Ziel her die Deutung bringen, auf den Tod als Erlösung verweisen und der Not des irdischen Daseins den himmlischen Frieden entgegenstellen:

Ade / verfluchte Welt: du See voll rauer Stürme!
Glück zu mein Vaterland / das stette Ruh' im Schirme
  Und Schutz und Friden hält / du ewig-lichtes Schloß![42]

›Barocker‹ Bildstil

Im Verlauf des 17. Jahrhunderts verlor die humanistische Harmonievorstellung, die klassizistisch-ausgewogene Zuordnung von Sachen und Wörtern, an Geltung. Angemessenheit und Deutlichkeit traten als Kriterien in den Hintergrund, während artistische Form und Ornatus das Übergewicht gewannen. Dieser ›barocke‹ Bildstil – gespeist aus verschiedenen Quellen wie den manieristischen Tendenzen der Literaturen Italiens und Spaniens oder der neulateinischen Dichtung – wird in der zweiten Jahrhunderthälfte zeitweise zur dominierenden Möglichkeit lyrischen Sprechens.

Voran ging Christian Hoffmann von Hoffmannswaldau, der sich schon gegen Mitte des Jahrhunderts für die »gutten Erfin-

42 Andreas Gryphius, *Gedichte*, hrsg. von Thomas Borgstedt, Stuttgart 2012, S. 34.

dungen« der »Welschen« interessierte,[43] aber seine Texte zunächst nicht veröffentlicht hatte, so dass sie nur einer ständisch und regional begrenzten Öffentlichkeit durch zirkulierende Abschriften zugänglich waren. Diese »gutten Erfindungen« der Italiener haben weniger mit den Themen und Motiven der Texte zu tun als mit der Kunst, bekannten Vorwürfen neue Seiten abzugewinnen, wie im emblematischen Beziehungsspiel überraschende Verbindungen herzustellen, ein altes Thema in neuem Licht erscheinen zu lassen und durch Wort- und Sinnspiele verblüffende Effekte zu erzielen. Von *stupore* oder *meraviglia*, von dem Ziel, Staunen oder Verblüffung beim Hörer oder Leser zu erregen, schreiben die manieristischen Poetiker der Zeit. Giovan Battista Marino, Verfasser des berühmt-berüchtigten *Adone* (1623), fasst diese Anschauung so zusammen:

È del poeta il fin la meraviglia
(parlo de l'eccelente, non del goffo):
chi non sa far stupir, vada alla striglia![44]

Gerade in den Sinn- und Wortspielen, den Concetti, zeigt sich die *acutezza* oder *argutezza*, der ingeniöse Scharfsinn des Poeten. Italienische Poetiker waren richtungsweisend. Die umfassendste Abhandlung über den scharfsinnigen Stil stammt von

43 Christian Hoffmann von Hoffmannswaldau, *Deutsche Übersetzungen und Gedichte*, hrsg. von Franz Heiduk, Hildesheim [u. a.], Tl. 1, S. [34].

44 Zit. nach: Manfred Hardt, *Geschichte der italienischen Literatur. Von den Anfängen bis zur Gegenwart*, Düsseldorf/Zürich bzw. Darmstadt 1996, S. 379. – Übersetzung etwa: »Das Ziel des Dichters ist die Verwunderung (das Staunen) – ich spreche vom wahren Dichter, nicht vom Stümper –: wer nicht Staunen machen kann, der soll Pferde striegeln gehen!«

Emanuele Tesauro, dem die Metapher als höchster Gipfel der scharfsinnigen Figuren gilt (s. S. 216 f.). Sein *Cannocchiale Aristotelico* steht nicht allein. Schon 1639 war Matteo Pellegrinis Abhandlung *Delle Acutezza* erschienen, und in Spanien beteiligte sich Baltasar Gracián an diesen poetologischen Überlegungen mit der Schrift *Agudeza y Arte de Ingenio* (1642; erw. 1648). In Deutschland folgte der Jesuit Jacob Masen mit seiner neulateinischen *Ars nova argutiarum* (1649).

Auch Georg Philipp Harsdörffer beschäftigte sich, angeregt von italienischen Vorbildern,[45] intensiv mit der Bildlichkeit der Dichtung. Das geschieht in seiner Poetik, dem *Poetischen Trichter*, vor allem aber in den acht Bänden seiner *Frauenzimmer Gesprächspiele* (1641–49). Er macht deutlich – man kann dies als Apologie des bildlichen Sprechens verstehen –, dass die uneigentliche Sprechweise zur Erkenntnis der Welt beitrage, einer hierarchisch gegliederten Weltordnung, in der alles mit allem in Zusammenhang stehe: »Die schöne Verfassung dieses gantzen Weltgebäus / ist an sich selbsten nichts anders / als eine durchgehende Vergleichung in allem und jedem; und hat der höchstmächtige Gott dem Menschen eine sondere Begierde eingepflantzet / solche Wunderfügnisse zu erlernen«.[46] Ohne Bilder, ohne Vergleiche sei es nicht möglich, »hohe sachen« zu verstehen. Drastisch formuliert es Harsdörffer im *Poetischen Trichter*, wenn er das Gleichnis den »Hebel oder die Hebstangen« nennt, »welche durch Kunstfügige Ein- und Anwen-

45 Vgl. Italo Michele Battafarano, *Glanz des Barock. Forschungen zur deutschen als europäischer Literatur*, Bern [u. a.] 1994, S. 75–136 (»Ideale Sozietät im Zeichen von Wissen und Ästhetik«); umfassende bibliogr. Hinweise zu Harsdörffer in: *Harsdörffer-Studien. Mit einer Bibliografie der Forschungsliteratur von 1847 bis 2005*, hrsg. von Hans-Joachim Jakob und Hermann Korte, Frankfurt a. M. 2006.

46 Harsdörffer, *Gesprächspiele* (Anm. 2), Tl. 3, S. 356; das folgende Zitat ebd., S. 359.

dung aus dem Schlamm der Unwissenheit empor schwinget / was man sonder solche Geretschafft unbewegt muß erliegen lassen«.[47]

Verdeckte Beziehungen aufzudecken oder Zusammenhänge zwischen weit entfernten Dingen herzustellen, bringt neben Erkenntnisgewinn auch ästhetisches Vergnügen.[48] Das zeigt sich nicht zuletzt in der Vorliebe für die epigrammatische Pointe, wie sie sich etwa im Genre der populären fiktiven satirischen Grabschrift manifestiert. So galten schon den Zeitgenossen Hoffmannswaldaus *Poetische Grabschriften* mit ihrer scharfsinnigen Metaphorik, mit ihrem Spiel mit dem eigentlichen und bildlichen Sinn eines Wortes bzw. der verschiedenen Bedeutung gleich oder ähnlich lautender Wörter als ›unvergleichlich‹. Und dass die Liebe »gleichsam der wetzstein« sei, an dem die Poeten »jhren subtilen Verstand« schärften,[49] dieses Wort von Opitz könnte für die Kunst Hoffmannswaldaus geprägt worden sein. Das wird besonders deutlich in seinen Texten (und denen seiner Anhänger), die Benjamin Neukirch in seiner Anthologie *Herrn von Hoffmannswaldau und andrer Deutschen auserlesene und biß her ungedruckte Gedichte* (1695 ff.) veröffentlichte.

Denn trotz einer Anzahl von geistlichen Liedern, Begräbnisgedichten und dichterischen Reflexionen über philosophische und religiöse Gegenstände herrscht bei Hoffmannswaldau das Thema der Liebe in all seinen Facetten und Widersprüchen von neuplatonischer Geistigkeit bis zu unverblümter Lust vor. In diesen Gedichten inszeniert er ein artistisches Spiel, in dem

47 Georg Philipp Harsdörffer, *Poetischer Trichter*, reprogr. Nachdr. der Ausg. 1650 (Tl. 1), 1648 (Tl. 2), 1653 (Tl. 3), Darmstadt 1969, Tl. 3, S. 57.

48 Vgl. Harsdörffer, *Gesprächspiele* (Anm. 2), Tl. 8, S. 193.

49 Martin Opitz, *Buch von der Deutschen Poeterey (1624)*, Studienausgabe, hrsg. von Herbert Jaumann, Stuttgart 2005, S. 21.

die sinnliche Liebe dominiert und die Feier einer anarchischen Sexualität sich in einer komplexen, vieldeutigen Metaphernsprache – nicht ohne religiösen Hintersinn bis hin zur Blasphemie – ausdrückt. Die Motive und Situationen sind dabei recht beschränkt. Im Hintergrund steht die petrarkistische Tradition, deren Grundvorstellungen, Motive und Bilder in einem virtuosen Spiel variiert und ironisiert werden.

Das gilt nicht zuletzt für die Sonette in der Neukirchschen Sammlung, die konsequent auf die epigrammatische Schlusspointe hin ausgerichtet sind (Beispiel: *Auff ihre schultern*). Ironischer und emphatischer Preis der weiblichen Schönheit liegen nahe beieinander; die Zutaten sind bekannt. Die einzelnen ›Schönheiten‹ der Frau werden mit Vergleichen und Genitiv-Metaphern benannt und gegebenenfalls mit der ebenso wenig originellen Vorstellung von der hartherzigen Geliebten verbunden (*Beschreibung vollkommener schönheit*). Wenn diese Gedichte gleichwohl einen eigenen Charakter annehmen, so liegt das an der formalen Eleganz, mit der Hoffmannswaldau diese Themen abhandelt und auf die Pointe zuführt, an dem überlegenen Spiel mit traditionellen Komponenten.

Im Fall des Sonetts *Vergänglichkeit der schönheit* kommt die zwanglose Virtuosität hinzu, mit der er zwei Grundthemen der Dichtung der Zeit, das horazische *carpe diem* und das christliche *memento mori*, mit schon leicht parodistisch anmutender Metaphorik aufeinander bezieht. Im Vergleich mit der klassizistischen Zurückhaltung, mit der Martin Opitz das Thema nach einem französischen Muster in die deutsche Barockliteratur eingeführt hatte (»Ach Liebste / laß uns eilen / | Wir haben Zeit«), zeigt sich hier die neue stilistische Qualität der erotischen Überredungskunst, mit der die angeredete Schöne mit dem Herzen aus Diamant durch die Beschwörung von Vergänglichkeit und Tod zur Hingabe bewegt werden soll:

ES wird der bleiche tod mit seiner kalten hand
Dir endlich mit der zeit umb deine brüste streichen /
Der liebliche corall der lippen wird verbleichen;
Der schultern warmer schnee wird werden kalter sand /
Der augen süsser blitz / die kräffte deiner hand /
Für welchen solches fällt / die werden zeitlich weichen /
Das haar / das itzund kan des goldes glantz erreichen /
Tilgt endlich tag und jahr als ein gemeines band.
Der wohlgesetzte fuß / die lieblichen gebärden /
Die werden theils zu staub / theils nichts und nichtig werden /
Denn opfert keiner mehr der gottheit deiner pracht.
Diß und noch mehr als diß muß endlich untergehen /
Dein hertze kan allein zu aller zeit bestehen /
Dieweil es die natur aus diamant gemacht.[50]

»Der schultern warmer schnee«: Formulierungen dieser Art, die Bildung von wirklichen oder scheinbaren Gegensätzen durch Oxymora und Antithesen, leben von der Spannung zwischen Realität und Bild und gehören zu den beliebtesten Möglichkeiten des scharfsinnigen Sprechens. Noch eher kritisch kommentiert Martin Kempe in seinen Anmerkungen zu Georg Neumarks *Poetischen Tafeln* (1667) dieses Verfahren am Beispiel einer Zeile wie »Dein *warmer* Mund weiß meine Glut zu *kühlen*«: »Es solt heissen dein *kühler* Mund: denn eine Hitze kan ja die andere nicht kühlen; sondern mehrt vielmehr die Flammen. Es sey denn / daß man schertzweise redet / oder die Heftigkeit eines Dinges vorstellet.«[51] Doch die Kon-

50 *Gedichte des Barock* (Anm. 11), S. 273; das Opitz-Gedicht ebd. S. 24.

51 Georg Neumark, *Poetische Tafeln oder Gründliche Anweisung zur Teutschen Verskunst*, hrsg. von Joachim Dyck, Frankfurt a. M. 1971, S. 301 f.

struktion von Scheingegensätzen dieser Art – logische Zwischenglieder werden ausgelassen, Metaphern wörtlich genommen, die Vergleichsbereiche manipuliert – wurde trotz klassizistischer Kritik eine Lieblingsbeschäftigung der Manieristen und Concettisten. Vom Oxymoron vom ›warmen schnee‹ ist es dann nicht weit zum »schnee-gebürg / in welchem funcken glimmen«[52] – und weiteren Zuspitzungen dieser Art. Geradezu Übungen der Scharfsinnigkeit und der Metaphernerfindung sind die sogenannten ›Abrisse‹ oder ›Ikon‹-Gedichte, in denen ein Gegenstand in einer – häufig sehr langen – Reihe von Vergleichen und Metaphern ›definiert‹ wird.

Neben der scharfsinnigen spielt die ›dekorative‹ Metaphorik,[53] die Vorliebe für eine exquisite, sensualistische Bildlichkeit, eine bedeutende Rolle im Selbstverständnis der Dichter um die Wende zum 18. Jahrhundert: Blumen, kostbare Stoffe und Edelsteine, süße Speisen und Getränke, exotische Duftstoffe und dekorativ-emblematische Tiere sind die wichtigsten Vergleichsbereiche, mit deren Hilfe beispielsweise Benjamin Neukirch die Illusion eines paradiesischen Gartens erzeugt, der die Sinne anregt und in dem die Liebe regiert:

Mein lieben war bißher ein paradieß gewesen /
  Ein garten / den ich offt verwundert angeschaut /
Der mich so blumen ließ wie palmen-früchte lesen /
  Wenn ihn dein freundlich-seyn mit zucker überthaut.

52 *Benjamin Neukirchs Anthologie. Herrn von Hoffmannswaldau und andrer Deutschen auserlesene und biß her ungedruckte Gedichte*, hrsg. von Angelo George de Capua und Ernst Alfred Philippson, Tl. 2, Tübingen 1965, S. 4 (Hoffmannswaldau).

53 Manfred Windfuhr, *Die barocke Bildlichkeit und ihre Kritiker. Stilhaltungen in der deutschen Literatur des 17. und 18. Jahrhunderts*, Stuttgart 1966, S. 233 ff.

Die nelcken blühten mir auff deinen zarten wangen /
Dein amber-voller mund trug purpurnen jesmin /
Und machte / daß ich offt mehr safft und krafft gefangen /
Als bienen honigseim aus hyacinthen ziehn.
Der hals schwamm voller milch von reinen lust-narcissen /
Die brüste fiengen an mit rosen auffzugehn /
Und wilst du mein gelück in einer zeile wissen?
Dein auge / Flavia / war auch mein tausendschön.[54]

54 *An Flavien*, in: *Benjamin Neukirchs Anthologie* (Anm. 52), Tl. 1 (1961), S. 104.

IX. Literarische Öffentlichkeit

Buchmarkt

Bücher-menge

Deß Bücherschreibens ist so viel / man schreibet sie mit hauffen;
Niemand wird Bücher schreiben mehr / so niemand sie wird kauffen,[1]
(Friedrich von Logau)

Das wäre allerdings nicht im Sinn der Buchhändler, Verleger und Drucker, die in der Verbindung von ›Verlegersortimenter‹ und ›Druckerverleger‹ den Buchhandel der Barockzeit bestimmen und selbstbewusst von ihrer bedeutenden Funktion im geistigen Leben sprechen: »So wenig ein Gebäu sonder Stein / Holtz und Kalck / eben so wenig kan auch die Gelehrsamkeit sonder Bücher aufgeführet und befestiget werden. Die Bücher sind es / die alle Wissenschafften unterstützen / mit deren Untergang auch diese bald sich verlieren würden«, schreibt beispielsweise der Stecher und Verleger Christoph Weigel in seiner *Abbildung Der Gemein-Nützlichen Haupt-Stände* (1698) einleitend im Kapitel über den Buchhändler. Und er schließt mit der Bemerkung, dass »jeder / wes Standes und Würden er immer seye«, gestehen müsse, »daß keine nützlichere Handlung jemahls gewesen / oder seyn könne / als der Buchhandel«.[2]

Die ironische Klage über die »Bücher-menge« mag diese

1 Zit. nach: *Gedichte des Barock*, hrsg. von Volker Meid, 2., überarb. Aufl. Stuttgart 2014, S. 158.

2 Zit. nach: *Der deutsche Buchhandel in Urkunden und Quellen*, hrsg. von Hans Widmann, Hamburg 1965, Bd. 1. S. 212, 216.

Selbsteinschätzung in Frage stellen, denn auch im 17. Jahrhundert diente der Buchhandel nicht nur der ›Wissenschaft‹ bzw. – in der allgemeineren Bedeutung des Wortes – dem Erwerb von Wissen. Aber was macht einen »hauffen« Bücher aus? Gegen Ende des Jahrhunderts beklagt sich der Schweizer reformierte Pastor und einschlägig belesene Romanhasser Gotthard Heidegger darüber, dass die Romane »würcklich ein ohnendlich Meer« geworden seien: »Wann ein Quartal verstreicht / da nicht einer oder mehr Romans auß / und in die Catalogos kommet / ist es so seltsam / als eine grosse Gesellschaft / da einer nicht *Hanß* hiesse.«[3] Die Messkataloge bestätigen übrigens dieses Bild – für 1690 hat man sieben Romane gezählt –, wie überhaupt ein Blick auf die tatsächliche Bücherproduktion die Klagen relativiert.[4]

3 Gotthard Heidegger, *Mythoscopia Romantica: oder Discours Von den so benanten Romans*, hrsg. von Walter Ernst Schäfer, Bad Homburg v. d. H. [u. a.] 1969, S. 13.

4 Die folgenden Ausführungen beruhen v. a. auf: *Geschichte des Deutschen Buchhandels*, Bd. 1: Friedrich Knapp, *Geschichte des Deutschen Buchhandels bis in das siebzehnte Jahrhundert*, Leipzig 1886, Bd. 2: Friedrich Goldfriedrich: *Geschichte des Deutschen Buchhandels vom Westfälischen Frieden bis zum Beginn der klassischen Litteraturperiode (1648–1740)*, Leipzig 1908; Alberto Martino, »Barockpoesie, Publikum und Verbürgerlichung der literarischen Intelligenz«, in: *IASL. Internationales Archiv für Sozialgeschichte der deutschen Literatur* 1 (1976), S. 107–145 (mit weiterem ausführlichen Zahlenmaterial und Literaturangaben); Marian Szyrocki, »Buchproduktion und das literarische Publikum im 17. Jahrhundert«, in: *Probleme der Literatursoziologie und der literarischen Wirkung*, hrsg. von Thomas Höhle und Dietrich Sommer, Halle 1978, S. 19–28; Rolf Engelsing, *Analphabetentum und Lektüre. Zur Sozialgeschichte des Lesens in Deutschland zwischen feudaler und industrieller Gesellschaft*, Stuttgart 1973, S. 42–52; Reinhard Wittmann, *Geschichte des Buchhandels. Ein Überblick*, München 1991 [u. ö.], S. 75–110.

Allerdings sind die Angaben in den Messkatalogen, die jeweils im Frühjahr und Herbst zu den Messen in Frankfurt und Leipzig erschienen, wenig zuverlässig und zudem lückenhaft. So gibt es wiederholte Ankündigungen von Büchern, die dann doch nicht oder erst viel später gedruckt wurden. Beispiel ist die erste deutsche Übersetzung des *Don Quijote* von Cervantes, die Messkataloge seit 1621 mehrmals verzeichnen, bis sie schließlich 1648 – in fragmentarischer Form – erschien. Vor allem jedoch fehlen in diesen Katalogen weite Bereiche der Buchproduktion fast völlig: Das gilt für das umfangreiche Gelegenheitsschrifttum, für die Literaturproduktion Süddeutschlands und nicht zuletzt für die zahlenmäßig bedeutende volkstümliche Literatur (Kalender, Flugblätter und -schriften, ›Volksbücher‹ usw.). Die Messkataloge reflektieren den Standpunkt der akademischen Elite.

Es ist kaum möglich, zu exakten Angaben über Größe und Art des Lesepublikums im 17. Jahrhundert zu gelangen. Es fehlt an zuverlässigen Daten – auch über die (hohe) Analphabetenrate –, ebenso an genauen Abgrenzungen: Je nachdem, ob man sich auf das potentielle Publikum ›gelehrter‹ Literatur beschränkt oder die Rezipienten der erbaulichen und ›volkstümlichen‹ Literatur mit einbezieht, kommt man zu völlig verschiedenen Ergebnissen. Außerdem gibt es neben dem Lesen auch andere Rezeptionsformen. Einigermaßen überschaubar ist die von Adrian Beier angesprochene Gruppe der akademisch Gebildeten, die als Käufer und Leser der gelehrten, großenteils lateinischsprachigen Literatur in Frage kommt.[5] Dieser Kreis umfasst in erster Linie die Personen mit Universitäts-

5 Vgl. Adrian Beier, *Kurtzer Bericht / von Der Nützlichen und Fürtrefflichen Buch-Handlung und Deroselben Privilegien,* Jena 1690, S. 44, 5. (Faksimiledr. in: *Quellen zur Geschichte des Buchwesens*, hrsg. von Reinhard Wittmann, Bd. 1: *Das Buchwesen im Barock*, München 1981.) – Vgl. dazu Erich Trunz, »Der deutsche Späthumanismus um

abschluss: Man rechnet hier für den Anfang des 17. Jahrhunderts mit etwa 50 000 Personen im deutschen Sprachraum, am Ende mit etwa 80 000. Dazu kommen Absolventen von Lateinschulen, Angehörige des Adels bzw. der städtischen Oberschichten und ihre Frauen als mögliche Leser anspruchsvoller Literatur und moderner deutschsprachiger Kunstdichtung. Aber selbst wenn sich daher die Anzahl von Personen, die fähig waren, ›gelehrte‹ Literatur in lateinischer oder deutscher Sprache zu lesen, insgesamt auf etwa 100 000 belief, so ist damit noch nichts über die Zahl der tatsächlichen Leser poetischer oder schöngeistiger Werke gesagt.

Das Leseverhalten innerhalb dieser Gruppe möglicher Leser war höchst unterschiedlich, wie – allerdings nur punktuelle – Untersuchungen annehmen lassen. So finden sich in Bibliotheksverzeichnissen bzw. Nachlassinventaren von Fachgelehrten (Juristen, Mediziner, Theologen) kaum Werke moderner deutscher Dichtung, während bei Adligen bzw. Patriziern und den Beamteneliten eine deutliche Vorliebe für die deutsche Kunstdichtung zu erkennen ist. Dabei bleibt insbesondere beim Adel das Interesse an der Literatur der romanischen Länder in der Originalsprache ungebrochen. Hingegen lässt die ausgesprochene Fiktionsfeindlichkeit religiöser Bewegungen wie des Pietismus die Lektüre weltlicher Literatur zwar von vornherein als verdächtig erscheinen, führt aber zu einer wachsenden Produktion erbaulicher Texte. Gleichzeitig mit dem Aufschwung der pietistischen Literaturproduktion seit dem ausgehenden 17. Jahrhundert wächst mit der galanten Literatur ein entschieden diesseitiges Literatursegment, das durch die Propagierung karrierefördernder höfischer Umgangsformen und Verhaltensnormen, aber auch durch seinen Unterhal-

1600 als Standeskultur«, in: E.T., *Deutsche Literatur zwischen Späthumanismus und Barock. Acht Studien*, München 1995, S. 17 ff.

tungswert neue Leserkreise in einer Schicht aufstrebender Kaufleute und Staatsbeamter fand.

Neben einer entsprechenden Bildung und einer keineswegs selbstverständlichen Aufgeschlossenheit für weltliche Lektüre gehörte auch ein gewisser Wohlstand zu den Voraussetzungen eines potentiellen Käufers ›schöner Literatur‹ gleich welcher Sprache. Bücher waren verhältnismäßig teuer. Zwar gab es noch keine Festpreise, doch Regeln, nach denen sich der Verkaufspreis richtete. Bestimmend waren vor allem Umfang, dann Auflagenhöhe, Ausstattung (Illustrationen) und Entfernung des Druckorts vom Verkaufsort. Die umfangreichen höfisch-historischen Romane der Zeit z. B. konnten sich nur relativ begüterte Leute wie hohe Beamte oder Adelige leisten. Der Preis von acht Reichstalern für die zwei Quartbände des *Arminius* (1689–90) von Daniel Casper von Lohenstein entsprach etwa dem Monatsgehalt eines einfachen Beamten oder, in Naturalien ausgedrückt, dem Preis von 130 Kilogramm Rindfleisch ohne Knochen oder 80 Kilo Speck.[6]

Werke geringeren Umfangs waren natürlich wesentlich billiger. Das förderte die Verbreitung gerade der unterhaltenden Literatur, aber selbst den halben Reichstaler (12 Groschen), den Grimmelshausens immer noch recht umfangreicher *Simplicissimus* (1668–69) ungefähr gekostet haben muss, hätten sich breite Schichten der Bevölkerung, hätte sich der ›Herr Omnis‹ kaum leisten können, für den Grimmelshausen zu schreiben vorgibt:[7] Für den Betrag mussten ein Barbier, ein Schulmeis-

6 Martino (Anm. 4), S. 112.

7 Hans Jacob Christoph von Grimmelshausen, *Der Abentheurliche Simplicissimus Teutsch und Continuatio des abentheurlichen Simplicissimi*, hrsg. von Rolf Tarot, Tübingen [2]1984, S. 472. – Hier begründet Grimmelshausen seinen satirischen Stil damit, dass »der Theologische Stylus beym Herrn Omne (dem ich aber diese meine Histori erzehle) zu jetzigen Zeiten leyder« nicht so beliebt sei – eine Behaup-

ter oder eine Magd etwa ein bis zwei Wochen arbeiten.[8] Zudem: Trotz der volkstümlichen Pose setzte Grimmelshausens Roman mit seiner Verwendung ›moderner‹ poetischer Verfahren, seinen allegorischen Strukturen, seinem Anspielungsreichtum und seinem ironisch-distanzierten Umgang mit den Konventionen der humanistischen Gelehrtendichtung gerade entsprechende Kenntnisse voraus.

Auch in den Schichten ohne höhere Schulbildung wurde gelesen, allerdings nicht gerade die zeitgenössische Kunstdichtung. Belegen lässt sich das nur sehr eingeschränkt. So fehlen bei den untersuchten Nachlassinventaren von Handwerkern und einfachen Kaufleuten meist Hinweise auf dichterische Werke. Sie besaßen neben religiös-erbaulichen Schriften vor allem berufsbezogene Bücher. Und es verwundert nicht, dass Nachlassinventare aus bayerischen Dörfern oder von Frankfurter Tagelöhnern und Dienstboten keine Bücher verzeichnen. Denn obwohl in einigen Territorien die allgemeine Schulpflicht im Verlauf des 17. Jahrhunderts wenigstens auf dem Papier eingeführt worden war, blieb die Analphabetenrate auf dem Land und in den Städten weiterhin hoch, d. h. die Landbevölkerung war großenteils illiterat, ebenso die Unterschichten in den Städten. Aber wenn auch diese und andere Gruppen mit fehlender oder nur geringer Lesefähigkeit als Rezipienten für anspruchsvolle Literatur ausfielen, bedeutete das keineswegs, dass sie ganz ohne Dichtung waren.

Denn trotz der geringen Bildungsvoraussetzungen stellten die städtischen Unterschichten und die Landbevölkerung (bzw. der Teil mit rudimentärer Lesefähigkeit) einen ›Markt‹

tung, die angesichts der zahlreichen Bestsellererfolge gerade bei der zeitgenössischen Erbauungsliteratur wenig überzeugend klingt.

8 Über Bücherpreise und Löhne vgl. Hans Dieter Gebauer, *Grimmelshausens Bauerndarstellung. Literarische Sozialkritik und ihr Publikum*, Marburg 1977, S. 401–415.

für Druckerzeugnisse dar. Er wurde von reisenden Kleinhändlern, sogenannten Kolporteuren, versorgt, die Kalender, illustrierte Flugblätter, Lieder, Schwankbücher, Gebetbücher und Traktate aller Art anzubieten hatten. Daneben spielten mündliche und auditive Überlieferungs- und Rezeptionsformen weiterhin eine große Rolle. Pfarrer oder Schulmeister lasen vor, es gab Aufführungen der Wanderbühne während der Messen und Auftritte von reisenden Zeitungs- und Bänkelsängern. Auch Predigten trugen durch ihre Verwendung als Exempelgeschichten zur Verbreitung von literarischen Kurzformen und Stoffen bei.[9] Selbst über den *Simplicissimus* Grimmelshausens konnte man durch Predigtmärlein etwas erfahren.[10]

Publizistik

Nicht verzeichnet in den Messkatalogen sind die verschiedenen publizistischen Medien. Die illustrierten Flugblätter, Flugschriften und Kalender führen Traditionen des vorigen Jahrhunderts weiter, mit den Zeitungen tritt Anfang des 17. Jahrhunderts ein neues ›Massenmedium‹ hinzu. Flugblatt und Flugschrift – die Begriffe stammen aus dem späten 18. Jahrhun-

9 Vgl. allgemein zur Exempelliteratur: *Predigtmärlein der Barockzeit. Exempel, Sage, Schwank und Fabel in geistlichen Quellen des oberdeutschen Raumes*, hrsg. von Elfriede Moser-Rath, Berlin 1964; Urs Herzog, *Geistliche Wohlredenheit. Die katholische Barockpredigt*, München 1991; *Volkserzählung und Reformation. Ein Handbuch zur Tradierung und Funktion von Erzählstoffen und Erzählliteratur im Protestantismus*, hrsg. von Wolfgang Brückner, Berlin 1974; Ernst Heinrich Rehermann, *Das Predigtexempel bei protestantischen Theologen des 16. und 17. Jahrhunderts*, Göttingen 1977.

10 Vgl. Peter Heßelmann, *Simplicissimus Redivivus. Eine kommentierte Dokumentation der Rezeptionsgeschichte Grimmelshausens im 17. und 18. Jahrhundert (1667–1800)*, Frankfurt a. M. 1992, S. 22 ff.

dert – dienten seit der Frühzeit des Buchdrucks zur schnellen Verbreitung von Neuigkeiten und Meinungen ebenso wie zur Beeinflussung und Meinungsbildung. Flugblätter waren in der Regel großformatige einseitig, später auch beidseitig gedruckte Blätter (Einblattdrucke), die durch eine attraktive Aufmachung Käufer bzw. Leser anzulocken suchten. Dabei kam den Illustrationen – Holzschnitte im 16., im 17. Jahrhundert meist Kupferstiche – eine entscheidende Rolle zu. Die mit ihnen verbundenen Texte gehören den unterschiedlichsten kleinen Gattungen und Formen an: Lied, Epigramm, Traktat- oder Predigtprosa, Rätsel und Bilderrätsel, Satire, Parodie, Kontrafaktur usw. Lateinische Texte und eine sorgfältige ästhetische Gestaltung zahlreicher Blätter weisen darauf hin, dass sie auch auf das gebildete Lesepublikum zielten.

Die Flugschrift, in der zeitgenössischen Terminologie u. a. als ›Relation‹ oder wie illustrierte Flugblätter ebenfalls als ›Neue Zeitung‹ bezeichnet, unterscheidet sich durch den größeren Umfang und in der Regel auch durch das Fehlen von Illustrationen vom Flugblatt; die Themen sind jedoch ähnlich: Erbauung, Moral, Religion und Konfession, Politik, Kriege, Türkengefahr, wirtschaftliche Missstände, Kometen, ›Sensationen‹ (Katastrophen, Missgeburten, Wunderzeichen). Im politischen und konfessionellen Kampf der Reformationszeit war die Flugschrift das wichtigste publizistische Medium, während im Dreißigjährigen Krieg vor allem die illustrierten Flugblätter, massenhaft verbreitet, die politische und religiöse Propaganda öffentlichkeitswirksam dominierten (Kap. IV). Im 17. Jahrhundert traten als weitere thematische Schwerpunkte der Flugblätter und Flugschriften kulturelle Erscheinungen mit nationaler Note (Alamode-Wesen), Verfassungsfragen sowie eine umfangreiche Diskussion der Revolution in England und damit auch der Legitimität des Rechts auf Widerstand hinzu.

Als Nachrichtenmedium gewann im Verlauf des 17. Jahrhunderts die Zeitung die Oberhand über die anderen Publikationsformen. Die ersten Zeitungen, d. h. regelmäßig, mindestens einmal wöchentlich erscheinende Blätter, entstanden aus den älteren handgeschriebenen Nachrichtenbriefen für Kaufleute und konnten damit bereits auf ein entwickeltes Korrespondentennetz und Postsystem zurückgreifen. Die ältesten deutschen Zeitungen sind Anfang des 17. Jahrhunderts nachweisbar, 1605 in Straßburg, 1609 u. a. in Wolfenbüttel:

> Avisa [bzw. Aviso] Relation oder Zeitung. Was sich begeben vnd zugetragen hat / in Deutsch: vnd Welschland / Spannien / Niederlandt / Engellandt / Franckreich / Vngern / Osterreich / Schweden / Polen / vnnd in allen Provintzen / in Ost: vnnd WestIndien etc. So alhie den 15. Januarij angelangt. Gedruckt im Jahr / 1609.[11]

Es handelte sich um Wochenblätter; die erste Tageszeitung erschien 1650 in Leipzig. Die territoriale Zersplitterung des Reiches führte zu einer vielfältigen Zeitungslandschaft, wobei der Verlauf der großen Postrouten Druckorte und Distributionswege vorgab. Um 1700 erschienen bereits etwa 60 miteinander konkurrierende Blätter mit z. T. großer Reichweite und hohen Auflagenzahlen. Die Zeitungen verstanden sich bis ins 18. Jahrhundert als reine Nachrichtenorgane. Sie referierten politische, militärische, dynastische und andere Nachrichten kommentarlos, in der Regel nicht nach sachlichen Kriterien angeordnet, sondern in der Reihenfolge des Posteingangs.

11 Else Bogel / Elger Blühm, *Die deutschen Zeitungen des 17. Jahrhunderts*, Bd. 1, Bremen 1971, S. 4. – Faksimile des Titels in: *Die Zeitung. Deutsche Urteile und Dokumente von den Anfängen bis zur Gegenwart*, ausgew. und hrsg. von Elger Blühm und Rolf Engelsing, Bremen 1967, vor dem Titelblatt.

›Objektivität‹ war dabei – gerade in Kriegs- und Krisenzeiten – keineswegs garantiert.

Das neue Medium wurde kontrovers diskutiert. Der Satiriker Johann Michael Moscherosch gibt im ›Gesicht‹ »Höllen-Kinder« seiner *Gesichte Philanders von Sittewalt* (Tl. 1, 1640) den »Fuchsschwäntzischen Historimachern vnnd Zeitungsschreibern« einen Platz in der Hölle »hart neben dem Sécrét oder Privét deß Lucifers«, da sie »auß Forcht / auß Hass / auß Liebe / auch dasjenige schreiben vnd vberschreiben / dessen sich die Kinder in den Schulen zu referiren, schämen vnnd schewen solten«.[12] Andere Kritiker wie der Rudolstädter fürstliche Rat Ahasver Fritsch äußern Bedenken, die sich weniger gegen die Zeitungen selbst als gegen ihre allzu große Verbreitung richten. Er befürchtet schädliche Auswirkungen der Zeitungslektüre beim ›gemeinen Mann‹, der durch die vielen Informationen überfordert sei und in Versuchung geführt werde, sich in öffentliche Belange einzumischen und so die gesellschaftliche Ordnung störe. Das Zeitungslesen sei nützlich und notwendig für Fürsten und Amtspersonen, während der Neugier der ›Privatpersonen‹ Schranken gesetzt werden sollten.

Korrespondenten und Herausgeber sahen sich als Chronisten des Weltgeschehens. Auf diesem Verständnis gründete sich auch die Hochschätzung der Zeitungen bei zahlreichen Gelehrten des 17. und 18. Jahrhunderts. Christian Weise, Verfechter eines auf Erfahrung und Weltklugheit beruhenden Bildungsideals, hob in seinen *Curieusen Gedancken von den Nouvellen oder Zeitungen* (1703; kürzere lateinische Version bereits 1676) den Nutzen der Zeitungen für Personen des öffentlichen Lebens und für Studierende hervor, ein Nutzen, »der sich

12 Johann Michael Moscherosch, *Wunderliche und Wahrhafftige Gesichte Philanders von Sittewalt*, ausgew. und hrsg. von Wolfgang Harms, Stuttgart 1986, S. 52.

hauptsächlich in der Geographie, Genealogie, Historie und Politique« finde. Zumal für Studierende müsse es »billig eine Schande seyn [...] / wenn sie in dem Studio dieser Curiosité, auch jezuweilen von Kauffleuten / welche man mit allem Recht Custodes Novellarum nennen kan / übertroffen werden.«[13]

Einen neuen Aspekt bringt Kaspar Stieler in seinem Buch *Zeitungs Lust und Nutz* (1695), der ersten umfassenden Darstellung dieses publizistischen Genres, in die Diskussion, wenn er ausdrücklich auch auf »die sonderbahre Vergnügung und Ergetzlichkeit« der Zeitungslektüre verweist: »Die Lesung der Zeitungen ist eine Freude.«[14] Dazu passt, dass die Zeitungen seit der zweiten Hälfte des 17. Jahrhunderts auch eine Rolle im literarischen Leben spielen. Nicht nur, dass sich Literaten wie Christian Weise oder Kaspar Stieler mit dem Genre auseinandersetzen oder wie Georg Greflinger als Zeitungsherausgeber fungieren, auch die Zeitungen selbst sind offen für Beiträge der verschiedensten Art über das kulturelle Leben im In- und Ausland. Und in Greflingers *Nordischem Mercurius* erscheint 1668 auch erstmals in der deutschen Literaturgeschichte eine Erzählung in Fortsetzungen, *Die Entdeckung Der Insul Pines*, die deutsche Fassung von Henry Nevilles parodistisch-satirischer Robinsonade *The Isle of Pines* (1668), von Grimmelshausen dann für die *Continuatio des abentheurlichen Simplicissimi* (1669) verwertet.

13 Zit. nach: *Die Zeitung* (Anm. 11), S. 56.
14 Kaspar Stieler, *Zeitungs Lust und Nutz.* Vollständiger Neudr. der Originalausg. von 1695, hrsg. von Gert Hagelweide, Bremen 1969, S. 21.

Bis auf wenige Ausnahmen wie Grimmelshausen oder Jacob Böhme hatten die bürgerlichen deutschen Schriftsteller in ihrer Universitätsausbildung die Artistenfakultät durchlaufen und hatten somit die gelehrte philologische Vorbildung erworben, die als unerlässlich für die Ausübung der Dichtkunst galt. Die war allerdings kein Beruf, selbst wenn ihre schriftstellerische Tätigkeit mit ihrer beruflichen zusammenhing, etwa im Fall in der meist von Pfarrern stammenden umfangreichen geistlichen Lieddichtung oder dem protestantischen oder katholischen Schul- bzw. Ordensdrama. Die Autoren, denen der Aufstieg in die städtisch-patrizische oder höfische Beamtenelite gelang, verdienten ihren Lebensunterhalt als Geistliche, Universitäts- und Gymnasialprofessoren, Ärzte oder Juristen. Für Angehörige einer halbgelehrten Zwischenschicht, die nur eine Lateinschule besucht oder ihr Universitätsstudium nicht abgeschlossen hatten, blieben in der Regel nur Positionen oder Berufe wie Schreiber, Korrektor, Notar, Apotheker oder Hauslehrer. Grimmelshausens ›Karriere‹ – einfacher Soldat, Regimentsschreiber, Regimentssekretär – endete in untergeordneten Verwaltungspositionen (Gutsverwalter, Schultheiß). Für Frauen war in diesem System kein Platz.

Auch wenn Martin Opitz schreibt, dass »es mit der Poeterey alleine nicht auß gerichtet sey / vnd weder offentlichen noch Privatämptern mit versen könne vorgestanden werden«,[15] so gehörten doch – zusätzlich zur spezifischen fachlichen Qualifikation – literarisch-rhetorische Fähigkeiten ganz im Sinne humanistischer Vorstellungen zu den Voraussetzungen für diese Tätigkeiten. Das bedeutete auch, dass man mit dichterischen

15 Martin Opitz, *Buch von der Deutschen Poeterey (1624)*, Studienausg., hrsg. von Herbert Jaumann, Stuttgart 2005, S. 8.

Hervorbringungen für sich werben konnte. Es war nicht ungewöhnlich, dass die dichterische Produktion gerade dann aufhörte, wenn der Verfasser sein Ziel, eine feste Anstellung, erreicht hatte.

›Freie‹ Schriftsteller waren Ausnahmen: Philipp von Zesen etwa, der sich vergeblich um eine feste Anstellung bemühte, auch weil er mit seinem humanistischen Eliteanspruch Anstoß erregte, Sigmund von Birken in Nürnberg, der mit Auftragsarbeiten für den deutschen Hochadel sowie einer vorteilhaften Heirat ein ausreichendes Einkommen erzielte, oder Autoren wie Georg Greflinger und Eberhard Werner Happel, die dem wachsenden Informationsbedürfnis größerer Leserkreise als Zeitungsherausgeber und Verfasser von Sachbüchern entgegenkamen. Gleichwohl war ein Leben als freier Schriftsteller in der Regel eher unfreiwillig und keine erfolgversprechende Alternative zu einer festen Anstellung.

Autoren waren nur sehr begrenzt an der ökonomischen Verwertung ihrer geistigen Arbeit beteiligt. Zwar konnten sie seit der Mitte des 17. Jahrhunderts mit einem Honorar für ihr Manuskript rechnen und mussten sich nicht mehr mit einigen Freiexemplaren begnügen, aber eine rechtlich abgesicherte weitergehende Beteiligung am ökonomischen Erfolg gab es nicht: »Seit sich der Begriff ›Honorar‹ als Bezeichnung für die Abfindung des Autors durch den Verleger eingebürgert hatte, konservierte er die Vorstellung, das Verfassen eines Buches sei ein nebenberufliches und unentgeltbares ›nobile officium‹.«[16]

Eine von Verlegern unabhängige Einnahmequelle war das Verfertigen von Gelegenheitsgedichten, eine Praxis, die sich im Verlauf des 17. Jahrhunderts zu einem Massenphänomen

16 Helmut Kiesel / Paul Münch, *Gesellschaft und Literatur im 18. Jahrhundert. Voraussetzungen und Entstehung des literarischen Markts in Deutschland*, München 1977, S. 144.

auswuchs und zahlreichen Dichtern Nebeneinnahmen verschaffte: »Mein Gewerb' und Handel sind Reime«, schrieb Simon Dach,[17] schlecht bezahlter Lehrer und Professor, der die Angehörigen des Königsberger Bürgertums und z. T. auch des Adels von der Wiege bis zur Bahre mit Auftragsgedichten begleitete und sich zudem das Wohlwollen des preußischen Königshauses durch panegyrische Dichtungen erhielt. Dass es Autoren ausnahmsweise möglich war, ansehnliche Einkünfte zu erzielen, zeigen Einträge in Sigmund von Birkens Tagebuch, wo etwa für das Jahr 1665 Einkünfte in Höhe von 450 Gulden registriert sind. Das war zwar nur die Hälfte von Lohensteins Jahresgehalt als Syndikus der Stadt Breslau im Jahr 1670, aber ein Vielfaches der 24 Gulden, die ein Schulmeister 1676 in München verdiente.

Für vermögende oder in anderen Berufen gut verdienende Autoren mochten finanzielle Erwägungen keine oder nur eine untergeordnete Rolle spielen, doch Schriftsteller wie Birken oder Zesen konnten es sich nicht leisten, nur um der Kunst und des Ruhmes willen zu publizieren. Zesen schreibt in einem Brief an den Wolfenbütteler Bibliothekar David Hanisius, dass er 1679 in einer prekären finanziellen Situation eigens die Ostermesse besucht habe, um »so vieles Geldes« als möglich zusammenzubringen, um den geplanten Leinwandhandel seiner Frau zu ermöglichen.[18] Angesichts der Schwierigkeiten, denen er sich in seinem Leben gegenübersah, wird der Stoßseufzer in einem Brief an Hanisius aus dem Jahr 1674 nur zu verständlich: »Ach! Gott gebe mir, nach so langem

17 Simon Dach, *Gedichte*, hrsg. von Walter Ziesemer, Bd. 2, Halle/Saale 1937, S. 100.

18 Zitiert nach dem Abdruck von Zesen-Briefen in: Klaus Kaczerowsky, *Bürgerliche Romankunst im Zeitalter des Barock. Philipp von Zesens ›Adriatische Rosemund‹*, München 1969, S. 185.

herümschwärmen, endlich einmahl einen festen und gewissen sitz.«[19]

Die Aufstiegschancen von Akademikern bürgerlicher Herkunft in die Beamtenaristokratie verschlechterten sich im Lauf des 17. Jahrhunderts generell. Zum einen ging der Bedarf zurück, als sich die neuen Verwaltungsstrukturen konsolidiert hatten, zum andern hatte sich der Adel den neuen Realitäten angepasst und durch ein Universitätsstudium die erforderlichen Qualifikationen für die gehobene Beamtentätigkeit erworben. Bildung allein war somit kein Argument mehr. Die Folge war eine Abnahme der sozialen Mobilität und eine sich seit der zweiten Hälfte des 17. Jahrhunderts entschieden verschärfende Krise der bürgerlichen Intelligenz, die dann im 18. Jahrhundert weitgehend aus den Zentren der Macht verdrängt wurde, sich mit untergeordneten Positionen begnügen musste oder sich von Arbeitslosigkeit bedroht sah. Die Konsequenz aus diesen Veränderungen war die zunehmende Distanzierung der bürgerlichen Autoren von der höfischen Repräsentationskultur und der Rückzug auf ein moralisch überlegenes bürgerliches Tugendmodell, ein Vorgang, der seine Parallele in der Literaturentwicklung seit dem frühen 18. Jahrhundert findet.[20]

In dem Wunschbild, das Opitz im *Buch von der Deutschen Poeterey* vom Erfolg der Poeten in der großen Welt zeichnet, kommen Frauen nur als schöne, bewundernde Leserinnen in einer höfischen Umgebung vor. Aber schreibende Frauen waren keine Seltenheit mehr, wenn ihre schriftstellerischen Fähigkeiten ihnen auch keine beruflichen Perspektiven eröffneten. Während ihr Wirkungsfeld im Mittelalter weitgehend auf Klöster und Höfe beschränkt war, entstand in Renaissance und

19 Ebd. S. 180.
20 Martino (Anm. 4), S. 135 ff.

Johanna Elisabeth Westonia (1582–1612), Prag um 1610. Drei Ausgaben ihrer *Poemata* erschienen zwischen 1602 und 1609. Zahlreiche Zeitgenossen rühmten sie in Lobgedichten als Wunder ihrer Zeit; Beispiel in *Gedichte des Barock* (Anm. 1), S. 102.

Barock von Italien ausgehend der Typus der gelehrten Frau und gebildeten Poetin, die sich durch Veröffentlichungen einen Platz im literarischen Leben sicherte. Da Frauen vom institutionalisierten höheren Bildungswesen ausgeschlossen waren – Mädchen werden im 17. Jahrhundert nur in Ordnungen für Elementarschulen erwähnt –, konnte der Weg zur Bildung für sie nur über den häuslichen Unterricht führen, den sich allerdings außer Adel und wohlhabendem Bürgertum niemand leisten konnte. Voraussetzung war zudem neben den finanziellen Mitteln eine Aufgeschlossenheit für weibliche Bildung, die keineswegs selbstverständlich war.

Alle Bemühungen um weibliche Bildung – wie die von Georg Philipp Harsdörffer in seinen *Frauenzimmer Gesprächspielen* (8 Tle., 1641–1649) – setzen voraus, dass es nicht um einen gelehrten ›Beruf‹ gehen kann, sondern um gesellschaftliche Fähigkeiten. Gleichwohl gab es trotz der institutionellen und gesellschaftlichen Hindernisse eine Reihe gebildeter und gelehrter Frauen von europäischem Ruhm. Beispiele sind etwa die aus England stammende Neulateinerin Johanna Elisabeth Westonia aus dem Kreis um Rudolf II. in Prag, die fromme Dichterin und Gelehrte Anna Maria Schuurman aus Utrecht, die Astronomin und Mathematikerin Maria Cunitz oder die Malerin und Naturforscherin Maria Sibylla Merian.

Wenn Frauen ihre intellektuellen Fähigkeiten ausbilden konnten, verdankten sie das vor allem günstigen familiären Konstellationen. Die besten Möglichkeiten ergaben sich dabei in kulturinteressierten Fürsten-, Adels-, Patrizier- und Gelehrtenfamilien. Lexikalische Verzeichnisse deutscher gelehrter Frauen – das erste in deutscher Sprache erschien bereits 1631 – hatten seit dem Ende des 17. Jahrhunderts Konjunktur (u. a. Christian Franz Paullini: *Das Hoch und Wohl-gelahrte Teutsche Frauen-Zimmer*, 1706, vermehrt 1712;

Georg Christian Lehms: *Teutschlands galante Poetinnen*, 1715).[21]

Die Anregungen, die Harsdörffer mit den *Frauenzimmer Gesprächspielen* gab, fielen im Pegnesischen Blumenorden auf fruchtbaren Boden. Vor allem Sigmund von Birken, der nach Harsdörffers Tod der Gesellschaft vorstand, erwies sich als ausgesprochener Förderer der weiblichen Mitglieder seiner Gesellschaft. Sie beteiligten sich mit zahlreichen Dichtungen am literarisch-gesellschaftlichen Leben des Blumenordens,[22] und mit Maria Katharina Stockfleth gehörte eine bedeutende Romanschriftstellerin zu diesem Kreis. Birken sorgte auch für den Druck der *Geistlichen Sonnette / Lieder und Gedichte* (1662) von Catharina Regina von Greiffenberg (und später auch für den ihrer Erbauungsbücher).

Gute Voraussetzungen für die Ausbildung literarischer Interessen boten einige kulturinteressierte Höfe wie Wolfenbüttel, Rudolstadt oder Baden-Durlach, die auch den Frauen Entfaltungsmöglichkeiten boten. In der pietistischer Frömmigkeit zugeneigten Atmosphäre am Rudolstädter Hof verfasste Aemilia Juliana, Gräfin von Schwarzburg-Rudolstadt, neben zahlreichen geistlichen Liedern eine Reihe von Andachts- und Erbauungsbüchern, die – wie die Lieder ihrer Schwägerin Ludmilla Elisabeth – für Tendenzen zu einer verinnerlichten Frömmigkeit stehen. Anna von Baden-Durlach veröffentlichte *Tausend merckwürdige Gedenck-Sprüch* (1685)

21 Zum Hintergrund vgl. das Kapitel »*Querelle des femmes*: ein europäischer Streit um die Geschlechter« in Gisela Bocks Buch *Frauen in der europäischen Geschichte. Vom Mittelalter bis zur Gegenwart*, München 2005, S. 13–52.

22 Vgl. *Die Pegnitz-Schäferinnen. Eine Anthologie*, hrsg. von Ralf Schuster, Passau 2009. – In der Einleitung (S. 17 ff.) beschäftigt sich Schuster auch mit der Diskussion über Birkens Frauenbild.

in Alexandrinern, die der Tugendlehre und Erbauung dienen sollten.[23]

Vielseitiger ging es am ›welfischen Musenhof‹ in Wolfenbüttel zu. Herzogin Sophie Elisabeth, die zweite Frau des gelehrten Herzogs August d. J., hatte schon als junges Mädchen, wie es in der Leichenpredigt heißt, »eine fast unvergleichliche Lust und Fähigkeit zu hohen Fürstlichen Tugenden / auch zu Erkundigung und Erkennung der Wissenschaften und Sprachen« gezeigt.[24] In Wolfenbüttel komponierte sie Musik zu höfischen Festspielen, verfasste neben Erbauungsschriften u. a. ein antimachiavellistisches Schauspiel und übersetzte einen Handlungsstrang aus Honoré d'Urfés großem Schäferroman *L'Astrée* (1607–27/28) ins Deutsche (*Historie der Dorinde*). Sie sorgte für die Erziehung der Kinder Herzog Augusts aus erster Ehe, die u. a. durch Justus Georg Schottelius und Sigmund von Birken auch an die Literatur herangeführt wurden. Sibylla Ursula, die ältere Schwester Anton Ulrichs, teilte das Interesse ihrer Stiefmutter am französischen höfischen Roman. Sie korrespondierte mit Madeleine de Scudéry, arbeitete an (teilweise handschriftlich erhaltenen) Übersetzungen von Romanen La Calprenèdes (*Cassandre*, *Cléopâtre*) und war an der ersten Konzeption der *Aramena* Anton Ulrichs beteiligt. Die Phase der engen Zusammenar-

23 Einen Eindruck von dem Umfang und der Vielseitigkeit der Literatur von Frauen im Barock über die großen Namen hinaus vermittelt das Lexikon von Jean M. Woods und Maria Fürstenwald: *Schriftstellerinnen, Künstlerinnen und gelehrte Frauen des deutschen Barock*, Stuttgart 1984.

24 Zit. nach Ute Brandes, »Kunstfertige Kommunikation, inspiriertes Dichterinnenwort«, in: *Deutsche Literatur von Frauen*, hrsg. von Gisela Brinker-Gabler. Bd. 1: Vom Mittelalter bis zum Ende des 18. Jahrhunderts, München 1988, S. 238.

beit mit ihrem Bruder endete mit Sibylla Ursulas Hochzeit 1663.[25]

Ebenfalls in die höfische Welt, aber mit großer Distanz zum Regelwerk der humanistischen Poetiken wie auch zur Formelhaftigkeit des galanten Stils ihrer Zeit, führen die Briefe der Herzogin Elisabeth Charlotte von Orléans, Liselotte von der Pfalz, die seit 1671 als Frau eines Bruders von Ludwig XIV. am französischen Hof lebte und in zahllosen Briefen – etwa 5000 sind erhalten – über ihr Leben am französischen Hof berichtete: Briefeschreiben war für sie zu einem Mittel der Selbstbehauptung und Selbstvergewisserung, der Bekämpfung der Melancholie in der Zeit geworden, als sich ihre Stellung am Hof zunehmend und drastisch verschlechterte.

Ihre berühmten Briefe sind keine akademischen oder galanten Stilübungen. Es hätte sie, nimmt man die Anweisungen der zeitgenössischen Briefsteller als Maßstab, gar nicht geben dürfen. Sie folgen keinen bestimmten Aufbauprinzipien, springen von Thema zu Thema, gerade wie es der Autorin in den Sinn zu kommen scheint, und auch die drastische Anschaulichkeit, ihre unverblümte, das Skatologische einbeziehende Sprache werden durch kein Lehrbuch und schon gar nicht durch den ›guten Geschmack‹ gedeckt. Zu den charakteristischen Merkmalen ihres Briefstils gehören aber auch souveräne Selbstironie, eine Vorliebe für Anekdoten und witzige Einfälle, für Sprichwörter aus verschiedenen Sprachen und zahlreiche literarische Anspielungen, die von einer breiten Kenntnis der Romanliteratur und des Theaters zeugen.

Die autobiographischen Texte von Frauen sind vielfach von Religiosität geprägt oder entstehen im Rahmen religiöser In-

25 *Die durchleuchtige Syrerinn Aramena* erschien 1669–73 in fünf Bänden, von Sigmund von Birken für den Druck eingerichtet.

stitutionen.[26] Hier verfassen Klosterfrauen Chroniken, Register und nüchterne Berichte über ihre Klöster, die aber durchaus autobiographische Relevanz besitzen können. Das gilt nicht zuletzt für Dokumente aus dem Dreißigjährigen Krieg, die über die die Klosterwirtschaft betreffenden Umstände hinaus auch über den Krieg berichten und zugleich angesichts des Ausnahmezustandes der Kriegszeit auch der Selbstvergewisserung der Autorinnen dienen. Beispiel dafür sind etwa die Aufzeichnungen der Priorin des Augustinerklosters Mariastein bei Eichstätt Clara Staiger, die seit 1621 über einen Zeitraum von mehr als 20 Jahren entstanden.[27]

Neue Impulse erhielt die religiös geprägte autobiographische Literatur seit dem späten 17. Jahrhundert durch den Pietismus und verwandte Strömungen mit ihren Tendenzen zur Innerlichkeit. Dabei sind die Schreibmotivationen ebenso unterschiedlich wie die soziale Herkunft der Autorinnen. Aus gegensätzlichen Welten stammen beispielsweise die aus einem eher ›bildungsfernen‹ Milieu stammenden Aufzeichnungen der Visionärin Anna Vetter auf der einen und die Lebensgeschichte Johanna Eleonora Petersens, einer gebildeten Frau von Adel, auf der anderen Seite.

In eine völlig andere Welt führt das bedeutendste Werk weiblicher Autobiographik aus der Tradition der Familien- und

26 Vgl. Eva Kormann, *Ich, Welt und Gott. Autobiographik im 17. Jahrhundert*, Köln 2004. – Zusammenfassend zu den ›Ego-Dokumenten‹ des Barock Michaela Holdenried, *Autobiographie*, Stuttgart 2000, S. 118–126; Literatur zur »Autobiographik von Frauen« ebd., S. 283–286.

27 *Verzaichnus Und beschreibung Wenn ich S Clara staigerin geborn. in das closter komen Und was sich für die jar fürnems begeben.* – Kommentierte Edition: *Klara Staigers Tagebuch. Aufzeichnungen während des Dreißigjährigen Krieges im Kloster Mariastein bei Eichstätt*, hrsg. von Ortrun Fina, Regensburg 1981.

Hausbücher. Es handelt sich um die in jüdisch-deutscher Sprache verfassten *Memoiren* – so die Übersetzung des Originaltitels *Sichronot* – der Hamburger Kauffrau Glückel (Glikl) von Hameln, in denen die Lebensgeschichte ein breites Spektrum von Reflexionen, Belehrungen, Erzählungen und Mitteilungen aus dem Familien- und Geschäftsleben strukturiert. Die von 1690 bis 1719 entstandenen Aufzeichnungen wurden zuerst 1896 gedruckt.[28]

Zensur

Die Literatur bildete keine autonome Sphäre, sondern war wie alle Bereiche des öffentlichen und privaten Lebens der staatlichen und kirchlichen Regulierung unterworfen. Ausdruck dafür ist die Zensur, die in der Frühen Neuzeit eine allgemein anerkannte Aufgabe staatlicher und kirchlicher Behörden darstellte. Während kirchliche Zensurmaßnahmen schon bald nach der Erfindung des Buchdrucks mit beweglichen Lettern einsetzten, griff die weltliche Macht seit dem Ausbruch der Reformation mit Verordnungen in das Druck- und Verlagswesen ein. Am Anfang steht ein Edikt Karls V. von 1521, gefolgt von Bestimmungen in verschiedenen Reichsabschieden und Erlassen bis hin zur revidierten Reichspolizeiordnung vom 9. November 1577 als Abschluss der Reichspressegesetzgebung. Die Verordnungen des 16. Jahrhunderts bildeten die gesetzliche Grundlage für die Bücherzensur bis zum Ende des Reiches 1806; sie waren auch Vorbild für die Zensurbestim-

28 Vgl. Gabriele Janke, »Die זכרונות (Sichronot, Memoiren) der jüdischen Kauffrau Glückel von Hameln zwischen Autobiographie, Geschichtsschreibung und religiösem Lehrtext. Geschlecht, Religion und Ich in der Frühen Neuzeit«, in: *Autobiographien von Frauen. Beiträge zu ihrer Geschichte*, hrsg. von Magdalene Heuser, Tübingen 1966, S. 93–134.

mungen in den Territorialstaaten und den Städten und prägten die Arbeit der kaiserlichen Bücherkommission in Frankfurt. Daneben fand weiterhin kirchliche Zensur statt; der *Index librorum prohibitorum* erschien 1564 zum ersten Mal.

Die Territorien und freien Städte schufen sich ihre eigene Zensurgesetzgebung, wobei die Reichsgesetze bzw. die kirchlichen Zensurmaßnahmen als Vorbild dienten. Die Vorschriften und ihre Durchführung mochten von unterschiedlicher Strenge und Konsequenz sein, zensiert wurde jedoch überall. Eine rigorose Zensurpolitik wurde schon früh in Bayern betrieben, wo sich gegenreformatorische Zielsetzungen mit Bestrebungen zur Konsolidierung des absolutistischen Territorialstaats verbanden. Zu dem Zweck der »Abschließung des Landes gegen alles Nichtkatholische« erging ein Verbot, Druckerzeugnisse zu verkaufen bzw. zu erwerben, die nicht aus bekannten katholischen Druckereien stammten. Überdies suchte man die verbotene Literatur, die sich schon im Land befand, durch rigorose Maßnahmen auszumerzen, etwa durch »Ablieferungspflicht für verbotene oder auch nur verdächtige Bücher, Kontrolle der Bibliotheken, Haussuchungen, Visitationen von Druckereien, Buchläden und Jahrmarktständen, Kontrolle des Nachlasses Verstorbener« usw.[29]

Dagegen war die strikte Zensurpolitik mancher Reichsstädte Ausdruck ihrer schwierigen Lage zwischen den konfessionellen und politischen Lagern. So unterwarf das lutherische Nürnberg das Bücherwesen einer strengen Aufsicht und suchte die Publikation aller Schriften zu unterbinden, die die politische Situation der Stadt beeinträchtigen konnten. Der Rat duldete sogar eine Druckerei, die vorwiegend katholische Schriften produzierte, ging aber auf der anderen Seite mit Nachdruck

29 Dieter Breuer, *Geschichte der literarischen Zensur in Deutschland*, Heidelberg 1982, S. 39, 40.

gegen Georg Philipp Harsdörffer vor, dessen *Lobgesang Dem Hoch-Wolgebornen Herrn Carl Gustav Wrangel [...] Zu unterthäniger Ehrbezeugung gesetzet* kurz vor Kriegsende als »Pasquill« gegen den Kaiser und Bayern verstanden und daraufhin eingezogen wurde.

Während der Drucker zwei Tage in einem »versperten Thurm« verbringen musste, erhielt der Patrizier Harsdörffer Hausarrest und wurde zur Rede gestellt, »warumb er dieses, hiesiger Statt sehr nachtheiliges lobgesang nit nur gemacht, sondern wider deß Herrn Kirchenpflegers außdrückliches Verbott, drucken vnd außtheilen laßen«. Ihm gebühre es »alß einem priuato« nicht, »große Potentaten in seinem vermainten lobgesang durch zuziehen, vielweniger solches ohne vorhergehende censur oder bewilligung [...] trucken zulaßen«. Die Einhaltung der Zensurvorschriften, so heißt es zur Bekräftigung, müsse deswegen durchgesetzt werden, »weil das trucken und Componirn allerhand lieder allzugemain worden, die iezige Zeit aber ein solches nicht leiden will«.[30]

Der Rat sah durch das inkriminierte Gedicht seine Neutralitätspolitik, vielleicht auch seine Rolle bei den Friedensverhandlungen und -feiern gefährdet. Zwar fallen Harsdörffers Verse auf den schwedischen General keineswegs aus dem Rahmen der üblichen Lobgesänge auf Helden des protestantischen Lagers, doch hatte der Rat nicht ganz unrecht, wenn er den Lobgesang als »Pasquill« auf die kaiserliche bzw. bayerische Sa-

30 Zit. nach: Dietrich Jöns, »Literaten in Nürnberg und ihr Verhältnis zum Stadtregiment in den Jahren 1633–1650 nach Zeugnissen der Ratsverlässe«, in: *Stadt – Schule – Universität – Buchwesen und die deutsche Literatur im 17. Jahrhundert*, hrsg. von Albrecht Schöne, München 1976, S. 90–92; vgl. auch: John Roger Paas, »Poeta incarceratus. Georg Philipp Harsdörffers Zensur-Prozeß, 1648«, in: *Literatur und Gesellschaft im deutschen Barock. Aufsätze*, GRM-Beiheft 1, Heidelberg 1979, S. 155–164.

che auffasste, denn das Gedicht feiert den ausschlaggebenden Sieg der Schweden und Franzosen über das kaiserliche Heer im Frühjahr 1648 und stellt Wrangel als den Mann dar,

> der Käiser und König' in Waffen gebracht /
> geschwächet der Mächtigen prächtige Macht /
> wie solches ohn eitele Falschheit zu melden.

Seine Siege in Dänemark, in Nord- und vor allem Süddeutschland und Böhmen werden gerühmt, bayerische Niederlagen besonders hervorgehoben. Und schließlich zeigt der Beginn der sechsten Strophe alles andere als eine kaiserliche Gesinnung:

> Christina / Regentin der Gohten und Schweden /
> verlanget nicht mehrere Leute noch Land:
> Gebietet nun schiedlichen friedlichen Stand /
> und rettet die Teutschen von blutigen Feden.[31]

Harsdörffers Schwierigkeiten mit der Zensur stellten sicherlich keinen Einzelfall dar. Allerdings eröffneten die territoriale Zersplitterung des Reichs und die unterschiedlichen Interessen der Territorien und Städte gewisse Freiheiten und Ausweichmöglichkeiten. Zudem war es gängige Praxis, sich hinter Pseudonymen und falschen Druckorten zu verstecken. Für religiös anstößige Literatur – das gilt nicht zuletzt für das protestantische Sektiererschrifttum – bot sich zudem das tolerante Amsterdam als Druckort an. Während sich direkte Zensureingriffe in Akten niedergeschlagen haben, ist der indirekte Einfluss der Zensur auf Autoren und Verleger als bewusste oder schon verinnerlichte Reaktion auf das Vorhandensein von

31 *Gedichte des Barock* (Anm. 1), S. 164, S. 166

Zensurbehörden zwar anzunehmen, aber konkret schwer zu fassen. Die Frage liegt nahe, ob der Hang zum Allgemeingültigen und Exemplarischen der dichterischen Aussage, der weite Bereiche der Dichtung des 17. Jahrhunderts charakterisiert, oder die Zurückhaltung bei manchen Themen nicht auch andere als poetologische Gründe haben könnte.

Literaturhinweise

Die Literaturhinweise sollen der ersten Orientierung dienen und beschränken sich auf eine knappe Auswahl vorwiegend selbständiger Veröffentlichungen allgemeiner Sekundärliteratur aus den letzten Jahrzehnten. Die Anmerkungen nennen zahlreiche weitere Titel, die wiederum – wie die in den Literaturhinweisen aufgeführten Arbeiten – z. T. ausführliche Bibliographien enthalten. Als umfassende Dokumentation der älteren Forschung versteht sich die *Bibliographie zur deutschen Literaturgeschichte des Barockzeitalters*, hrsg. von Ilse Pyritz (3 Bde., Bern 1985–94). Umfangreiches Material bietet das systematisch gegliederte Literaturverzeichnis in: Volker Meid, *Die deutsche Literatur im Zeitalter des Barock. Vom Späthumanismus zur Frühaufklärung 1570–1740* (München 2009, S. 915–957 [= allgemeiner Teil; er verzeichnet auch Anthologien]; der Autorenteil ist im Internet unter www.chbeck.de/Meid zugänglich). Aktuelle Literaturangaben weit über den literarischen Bereich hinaus finden sich in der periodischen Bibliographie, die in den *Wolfenbütteler Barock-Nachrichten* erscheint (seit 1974; derzeit 2 Hefte jährlich). Einige Zeitschriften enthalten vor allem bzw. fast ausschließlich Forschungsbeiträge zur Literatur der Frühen Neuzeit: *Daphnis. Zeitschrift für Mittlere Deutsche Literatur* (seit 1972), *Morgen-Glantz. Zeitschrift der Christian-Knorr-von-Rosenroth-Gesellschaft* (seit 1991), *Simpliciana. Schriften der Grimmelshausen-Gesellschaft* (seit 1979), *Spee-Jahrbuch* (seit 1994).

Drucke des 17. Jahrhunderts der wichtigsten Barockautoren verzeichnet Gerhard Dünnhaupts Handbuch *Personalbibliographien zu den Drucken des Barock*, zweite, verbesserte und wesentlich vermehrte Auflage des *Bibliographischen Handbuchs der Barockliteratur* (6 Bde., Stuttgart 1990–93). Zahlreiche Drucke des 17. Jahrhunderts stehen in digitalisierter Form zur Verfügung. Hilfreich bei der Suche sind hier u. a. der Karlsruher Virtuelle Katalog und die Online-Datenbank VD 17 (Verzeichnis der im deutschen Sprachraum entstandenen Drucke des 17. Jahrhunderts).

Allgemeines zur Literatur der Epoche

Die Literatur des 17. Jahrhunderts. Hrsg. von Albert Meier. München 1999. (Hansers Sozialgeschichte der deutschen Literatur. Bd. 2.)

Meid, Volker: Die deutsche Literatur im Zeitalter des Barock. Vom Späthumanismus zur Frühaufklärung 1570–1740. München 2009. (Geschichte der deutschen Literatur von den Anfängen bis zur Gegenwart. Begründet von Helmut de Boor und Richard Newald. Bd. V.)

Niefanger, Dirk: Barock. Lehrbuch Germanistik. 3., aktualisierte und erweiterte Auflage. Stuttgart 2012.

Deutsche Dichter des 17. Jahrhunderts. Ihr Leben und Werk. Hrsg. von Harald Steinhagen und Benno von Wiese. Berlin 1984.

German Baroque Writers, 1580–1660. – German Baroque Writers, 1661–1730. Hrsg. von James Hardin. Detroit [u. a.] 1996. (Dictionary of Literary Biography. Bd. 164. Bd. 168.)

Barner, Wilfried: Barockrhetorik. Untersuchungen zu ihren geschichtlichen Grundlagen. Tübingen [2]2002.

Breuer, Dieter: Geschichte der literarischen Zensur in Deutschland. Heidelberg 1982.

Companion to Emblem Studies. Hrsg. von Peter M. Daly. New York 2008.

Dyck, Joachim: Ticht-Kunst. Deutsche Barockpoetik und rhetorische Tradition. Bad Homburg 1966. [3., ergänzte Auflage. Mit einer Bibliographie zur Forschung 1966–1986. Tübingen 1991.]

Europäische Sozietätsbewegung und demokratische Tradition. Die europäischen Akademien der Frühen Neuzeit zwischen Frührenaissance und Spätaufklärung. Hrsg. von Klaus Garber [u. a.]. 2 Bde. Tübingen 1996.

Garber, Klaus: Literatur und Kultur im Europa der Frühen Neuzeit. Gesammelte Studien. München 2009.

Gardt, Andreas: Sprachreflexion in Barock und Frühaufklärung. Entwürfe von Böhme bis Leibniz. Berlin 1994.

Grimm, Gunter E.: Literatur und Gelehrtentum in Deutschland. Untersuchungen zum Wandel ihres Verhältnisses vom Humanismus bis zur Frühaufklärung. Tübingen 1983.

Harms, Wolfgang / Schilling, Michael: Das illustrierte Flugblatt der frühen Neuzeit. Traditionen – Wirkungen – Kontexte. Stuttgart 2008.

Ingen, Ferdinand van: Die Sprachgesellschaften im 17. Jahrhundert. Versuch einer Korrektur. In: Daphnis 1 (1972), S. 14–23.

– Überlegungen zur Erforschung der Sprachgesellschaften. In: Dokumente des internationalen Arbeitskreises für deutsche Barockliteratur. Bd. 1. Wolfenbüttel 1973. S. 82–106.

Kaminski, Nicola: Ex bello ars oder Ursprung der ›Deutschen Poeterey‹. Heidelberg 2004.

Kühlmann, Wilhelm: Gelehrtenrepublik und Fürstenstaat. Entwicklung und Kritik des deutschen Späthumanismus in der Literatur des Barockzeitalters. Tübingen 1982.

Scholz, Bernhard F.: Emblem und Emblempoetik. Historische und systematische Studien. Berlin 2002.

Stockhorst, Stefanie: Reformpoetik. Kodifizierte Genustheorie des Barock und alternative Normenbildung in poetologischen Paratexten. Tübingen 2008.

Stoizismus in der europäischen Philosophie, Literatur, Kunst und Politik. Eine Kulturgeschichte von der Antike bis zur Moderne. Hrsg. von Barbara Neymeyr [u. a.]. Bd. 2. Berlin 2008.

Stukenbrock, Anja: Sprachnationalismus. Sprachreflexion als Medium kollektiver Identitätsstiftung in Deutschland (1617–1945). Berlin 2005.

Wesche, Jörg: Literarische Diversität. Abweichungen, Lizenzen und Spielräume in der deutschen Poesie und Poetik der Barockzeit. Tübingen 2004.

Windfuhr, Manfred: Die barocke Bildlichkeit und ihre Kritiker. Stilhaltungen in der deutschen Literatur des 17. und 18. Jahrhunderts. Stuttgart 1966.

Wittmann, Reinhart: Geschichte des deutschen Buchhandels. Ein Überblick. München 1991. Durchgesehene und erweiterte Auflage München 1999.

Zu einzelnen Gattungen: Lyrik/Versdichtung, Drama/Theater, Prosa

Adam, Wolfgang: Poetische und Kritische Wälder. Untersuchungen zu Geschichte und Formen des Schreibens ›bei Gelegenheit‹. Heidelberg 1988.

Conrady, Karl Otto: Lateinische Dichtungstradition und deutsche Lyrik des 17. Jahrhunderts. Bonn 1962.

Forster, Leonard: Das eiskalte Feuer. Sechs Studien zum europäischen Petrarkismus. Kronberg i. T. 1976.

Gedichte und Interpretationen. Bd. 1: Renaissance und Barock. Hrsg. von Volker Meid. Stuttgart 1982 [u. ö.].

Kemper, Hans-Georg: Deutsche Lyrik der frühen Neuzeit. 10 Bde. Tübingen 1987–2006.

– Von der Reformation bis zum Sturm und Drang. In: Geschichte der deutschen Lyrik. Bd. 2. Stuttgart 2012. S. 95–260.

Meid, Volker: Barocklyrik. 2., aktualisierte und erweiterte Auflage Stuttgart 2007.

Rohmer, Ernst: Das epische Projekt. Poetik und Funktion des ›carmen heroicum‹ in der deutschen Literatur des 17. Jahrhunderts. Heidelberg 1998.

Segebrecht, Wulf: Das Gelegenheitsgedicht. Ein Beitrag zur Geschichte und Poetik der deutschen Lyrik. Stuttgart 1977.

Wagenknecht, Christian: Weckherlin und Opitz. Zur Metrik der deutschen Renaissancepoesie. Mit einem Anhang: Quellenschriften zur Versgeschichte des 16. und 17. Jahrhunderts. München 1971.

Alexander, Robert J.: Das deutsche Barockdrama. Stuttgart 1984.

Brauneck, Manfred: Die Welt als Bühne. Geschichte des europäischen Theaters. Bd. 2. Stuttgart 1996.

Hinck, Walter: Das deutsche Lustspiel des 17. und 18. Jahrhunderts und die italienische Komödie. Commedia dell'arte und Théâtre italien. Stuttgart 1965.

Mehnert, Henning: Commedia dell'arte. Struktur – Geschichte – Rezeption. Stuttgart 2003.

Niefanger, Dirk: Geschichtsdrama der Frühen Neuzeit 1495–1773. Tübingen 2005.
Schöne, Albrecht: Emblematik und Drama im Zeitalter des Barock. Dritte Auflage mit Anmerkungen 1993. München 1993.
Sprengel, Peter: Der Spieler-Zuschauer im Jesuitentheater. Beobachtungen an frühen deutschen Ordensdramen. In: Daphnis 16 (1987), S. 47–106.

Autobiographien von Frauen. Beiträge zu ihrer Geschichte. Hrsg. von Magdalene Heuser. Tübingen 1996.
Bauer, Matthias: Der Schelmenroman. Stuttgart 1994.
Brenner, Peter J.: Der Reisebericht in der deutschen Literatur. Ein Forschungsüberblick als Vorstudie zu einer Gattungsgeschichte. Tübingen 1990.
Herzog, Urs: Geistliche Wohlredenheit. Die katholische Barockpredigt. München 1991.
Kormann, Eva: Ich, Welt und Gott. Autobiographik im 17. Jahrhundert. Köln 2004.
Meid, Volker: Von der Frühen Neuzeit bis zur Aufklärung. In: Geschichte des deutschsprachigen Romans. Hrsg. von V. Meid. Stuttgart 2013. S. 17–162.
Meierhofer, Christian: Alles neu unter der Sonne. Das Sammelschrifttum der Frühen Neuzeit und die Entstehung der Nachricht. Würzburg 2010.
Rötzer, Hans Gerd: Der Roman des Barock. 1600–1700. Kommentar zu einer Epoche. München 1972.
– Der europäische Schelmenroman. Stuttgart 2009.
Trappen, Stefan: Grimmelshausen und die menippeische Satire. Eine Studie zu den historischen Voraussetzungen der Prosasatire im Barock. Tübingen 1994.
Treue, Wolfgang: Abenteuer und Anerkennung. Reisende und Gereiste in Spätmittelalter und Früher Neuzeit (1400–1700). Paderborn 2014.
Voßkamp, Wilhelm: Romantheorie in Deutschland. Von Martin Opitz bis Friedrich von Blanckenburg. Stuttgart 1973.